高等院校经济学管理学系列教材

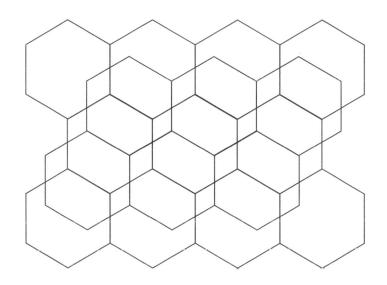

基本有用的
计量经济学

Mostly Useful Science of Econometrics

赵西亮 著

图书在版编目(CIP)数据

基本有用的计量经济学/赵西亮著. —北京：北京大学出版社，2017.7
（高等院校经济学管理学系列教材）
ISBN 978-7-301-28481-0

Ⅰ.①基…　Ⅱ.①赵…　Ⅲ.①计量经济学—高等学校—教材　Ⅳ.①F224.0

中国版本图书馆 CIP 数据核字(2017)第 154391 号

书　　　名	基本有用的计量经济学 JIBEN YOUYONG DE JILIANG JINGJIXUE
著作责任者	赵西亮　著
策 划 编 辑	杨丽明　姚文海　吕正
责 任 编 辑	朱梅全　杨丽明
标 准 书 号	ISBN 978-7-301-28481-0
出 版 发 行	北京大学出版社
地　　　址	北京市海淀区成府路 205 号　100871
网　　　址	http://www.pup.cn　新浪微博：@北京大学出版社
电 子 邮 箱	zpup@pup.cn
电　　　话	邮购部 010-62752015　发行部 010-62750672　编辑部 021-62071998
印 刷 者	三河市北燕印装有限公司
经 销 者	新华书店
	730 毫米×980 毫米　16 开本　17 印张　296 千字 2017 年 7 月第 1 版　2025 年 7 月第 10 次印刷
定　　　价	45.00 元

未经许可，不得以任何方式复制或抄袭本书之部分或全部内容。
版权所有，侵权必究
举报电话：010-62752024　电子邮箱：fd@pup.cn
图书如有印装质量问题，请与出版部联系，电话：010-62756370

序

经过三十多年的努力,中国经济已经从计划经济模式成功转型为以公有制为主导的社会主义市场经济模式。在经济转型与发展过程中,从中央到地方的各种经济政策发挥了主导作用。在国家层次上,有"五年计划"、《中国制造2025》《新劳动合同法》《社会保险法》等规划或法律法规,国家支持新兴战略产业政策,京津冀一体化战略,长江流域发展战略,自贸区战略,"一带一路"愿景,当然也包括财政、货币政策等。在地方层次上,有地方"五年计划"、地方产业政策以及地方性财政政策等。

各级政府的各种经济政策,大都是在调查研究、智库论证、征求有关各方意见的基础上形成的。但是,不少调查研究、征求意见并不一定经过充分、仔细的论证。尤其是各级政府领导人政务繁忙,很多人没有充分时间进行系统的调研与征求意见,也有不少停留在召开座谈会或会议讨论,存在一定程度的形式主义。由于时间等因素的限制,很难充分征求社会各方面的意见。一些从属于各级政府部门的智库,本身可能并不具有很高的专业性,有时还需要揣摩上级主要领导的意图,缺乏必要的独立性。相反,身在中国高校与科研机构、立场比较超然的经济学者的经济政策研究,往往具有较高的专业性和独立性。但是,中国经济学者在从事经济政策研究时,经常是在经过比较简单的定性分析之后,即提出自己的观点、政策建议。这些观点与政策建议,大多不是基于经济数据进行分析,通过严谨的推断过程所获得的结论,因此不具备较高的科学性。诚然,除经济数据外,还必须对经济的现状、历史有深刻的理解与丰富的感性认识。但是,只有建立在经济数据基础上的严谨的实证研究,才能从复杂的经济现象中揭示经济变量之间的因果关系和内在规律,从而使结论以及建立在结论基础上的政策建议具有较高的科学性。

因此,中国经济学者关于经济政策研究的一个努力方向,是提倡以数据分析为基础的实证研究,特别是对各个时期的各种经济政策进行量化评估。最近二十年来,计量经济学出现了一个新的领域,称为政策(或项目)评估计量经济学(econometrics of program evaluation),并广泛应用于评估各种社会经济政策。

所谓政策评估计量经济学,是在经济数据的基础上应用计量经济学方法与工具对社会经济政策进行量化分析,其主要目的是测度某个政策实施后对某个群体、某个行业或某个地区的"因果"影响。由于经济现象的不可实验性(如四万亿元刺激计划不可能再重复一次),政策评估的最主要困难是识别因果关系和测量政策效应的大小或强弱。政策评估计量经济学因此提出了各种条件下的量化评估方法,其核心是估计无法观测到的虚拟事实(counterfactuals),即没有实施某种政策时的效果,这样,某项政策的效应可测度为实际政策作用下的结果与虚拟事实之差。在国外,政策评估计量经济学已被广泛应用于经济学和社会科学很多领域,包括劳动经济学、工业组织、发展经济学、社会学等。例如,Card and Krueger (1994)运用双重差分法(difference in difference)考察了美国最低工资调整对就业的影响。Dehejia and Wahba (1999)使用倾向得分匹配(propensity score matching)估计就业再训练政策对于收入的影响。Hahn et al. (1999)应用断点回归方法评估了美国反歧视联邦法对少数族裔就业的影响。Abadie et al. (2002)则使用分位数处理效应模型估计美国大型的就业再培训计划对于收入分配的影响。Jacob and Lefgren (2004)利用美国芝加哥公立学校1996年教育改革数据评估了芝加哥公立学校所实施的设立暑期培训班以及学生成绩不好需要留级的教育政策对学习成绩的影响。Lalive (2008)评估了奥地利"区域扩展福利计划"(regional extended benefits program)实施后对男性与女性工人失业持续期的影响。

政策评估计量经济学,渊源于统计学科的流行病(epidemiological statistics)统计以及所谓的处理效应(treatment effect)统计。作为政策评估的重要方法论,政策评估计量经济学可用于对中国各种社会经济政策进行严谨的定量评估,这将大大提高中国社会经济政策研究的科学性。特别是现在已进入大数据时代,各种形式的经济数据非常丰富,也便于运用强大的计算机进行处理。事实上,一段时间以来,已有一些智库和学者开始运用计量经济学方法评估中国各种经济政策,并提出相关的经济政策建议。例如,中国科学院预测科学研究中心汪寿阳教授所带领的政策研究团队,多年来运用计量经济学方法,研究各种中国经济政策,很多建议获得政府采纳。美国南加州大学萧政教授等(Hsiao et al.,2012)提出了一种面板数据的政策评估方法,并评估了中国内地与香港的经济关系,他们发现虽然"九七"回归这一政治事件对香港经济增长没有显著影响,但是内地和香港关于建立更紧密经贸关系的安排(CEPA)对香港实际GDP增长贡献了约4%。韩乾、洪永森(2014)利用上海证券交易所提供的一组市场交易数据,评估了国务院2010年通过的支持七大新兴战略产业的政策对证券市场投资的影响,他们发现这个利好产业政策只是为少数机构投资者提供了操作机会并造成财富从大量散户向机构投资者转移,并没有起到引导证券市场投资者向七大产业投资。Ouyang and Peng(2015)扩展了 Hsiao et al.(2012)的方法,使用半参数的方法评估2008—2009年实施四万亿元财政刺激计划的效果。他们的研究发现,财政刺激政策起初的确促进了经济增长,特别是在2009年第三季度左右,GDP增速提高了约5.4%,但这一政策效果随后迅速降低,在2010年第四季度之后甚至变成了负值。因此,四万亿元的财政刺激政策只是临时对经济有促进作用,并无长期影响。

与其他经济学研究方法一样,计量经济学并不是放之四海而皆准的"灵丹妙药",它既有科学性,也有局限性。在应用计量经济学方法与工具评估社会经济政策时,首先需要注意,每种方法和工具都有其适用的范围与条件,特别因为经济现象具有不可操控实验的特点,很多方法与工具是建立在一些假设基础之上,在应用时需要注意这些假设条件的合理性。

其次,计量经济学的方法论基础是概率论与统计学,因此数据样本的选择是一个实际应用中必然遇到的重要问题。如何选取一个具有代表性的数据样本,避免样本选择偏差,与方法和工具的选择一样重要。另外,数据质量也是一个潜在问题。大数据时代,数据收集与处理成本越来越低,数据质量越来越高。但是在中国,各个地区特别是各地政府部门所收集的数据,可能会存在这样那样的系统性偏差。应该提倡随机抽样调查,或者收集整理数据,建立比较具有独立性和代表性的经济数据库。

再次,经济政策定量评估还必须与定性分析以及其他各种研究方法相结合,包括理论逻辑分析、历史逻辑分析、实地调查研究等,而不是去取代现有研究方法。中国高校的经济学者经常被批评不熟悉中国经济实际状况,因此必须通过调查研究等方法获得第一手资料,丰富自己的感性认识。但是,感性认识并不能确保政策研究的科学性,我们还需要科学的理论思维和分析方法。天文物理学家正是依靠科学的研究方法与工具探索天体物体的运动规律,这值得我们学习和借鉴。

最后,对经济政策的定量评估与分析,需要注意对量化结果进行经济解释。经济政策评估与分析不是以严谨的学术期刊论文发表为主要目的,应该用通俗的语言和直观的表达方式向政府部门和社会公众传播研究结果。当然,直观表达和通俗解释并不意味着降低量化评估分析的标准。社会经济政策评估是经济政策研究的重要组成部分和重要方法,是提升经济政策研究与政策咨询之科学性和有效性的重要途径。尤其在目前经济下行态势下,研究如何制定最佳经济政策组合促进中国经济持续稳定快速发展,具有重要的现实意义,而定量评估各种社会经济政策的实际效果是制定最佳政策组合的关键环节。中国经济学者应该大力倡导应用计量经济学等现代经济学分析方法与工具对中国各种社会经济政策进行定量评估与分析，从而推动建设有中国特色的高水平的新型经济智库。

关于政策评估计量经济学，目前国内暂无详细介绍的计量经济学教材，最近，厦门大学经济学系赵西亮博士写了一本《基本有用的计量经济学》，该书利用潜在结果语言，从总体视角出发，集中探讨了政策评估过程中常用的因果效应识别策略。全书以随机化实验为基础，首先介绍了潜在结果和分配机制的概念，并利用潜在结果定义因果效应。然后介绍了随机化实验，一种特殊的分配机制，可以消除选择偏差，成为观测研究中各种识别策略的基础。所有的识别策略都是通过一定的设计模拟随机化实验，从而得到可信的因果效应估计。另外，作者还简要介绍了因果图方法，它是与潜在结果框架完全等价的因果模型，但是更加直观，容易使用。在这三个理论的基础上，该书介绍了线性回归、匹配方法、工具变量法、面板数据方法和断点回归设计等几种在观测研究中常用的因果效应识别策略。全书的主要特色是用潜在结果语言和因果图介绍各种识别策略。对于每种识别策略，作者还利用具体实例讲解各策略在 Stata 软件中的实现。当然，该书介绍的方法也有一定的局限性，正如我上文及该书结语中所述，各种识别策略模拟随机化实验，可以得到更为可信的因果效应，但是往往不能回答具体的内在影响机制，读者在使用的时候需要了解各识别策略的假设前提和内在限制。

赵西亮博士嘱我为该书作序，我欣然命笔，并认为该书是有关政策评估计量经济学的一本很好的入门教材，推荐给大家。是为序。

洪永淼

康奈尔大学 Ernest S. Liu 经济学与国际研究讲席教授

厦门大学经济学院和王亚南经济研究院院长

2017 年 2 月 6 日

前　言

目前，国内计量经济学的训练（无论是本科生还是研究生）主要集中于统计推断（statistical inference），即如何利用样本信息获得总体信息的估计以及如何进行假设检验以判断估计结果的统计显著性。在经济学实证中，我们拿到的往往是总体的一个样本，利用样本信息进行的估计是否能够反映总体，是实证研究中一个非常重要的问题。但是，统计推断本身往往很少能够给出因果关系的信息。随着信息技术的发展，数据获取的成本越来越低，我们开始进入一个大数据的时代，这意味着我们可以获得的数据样本容量越来越大，甚至可以获得总体信息。这样，统计推断的作用可能就越来越小，比如，如果拿到了总体数据，那么传统意义上的统计推断就没有用武之地了。但是，就算我们有总体数据，也不能回答因果关系的问题。比如，假设我们有中国人口普查的数据，想考察教育如何影响个人收入，仍然是没有办法获得因果效应的知识的。因而，因果效应无关样本大小，对于因果效应的探讨是更加底层的问题，是任何科学获得知识的关键。所以，要获得变量之间因果效应的知识，必须要进行因果推断（causal inference）。

目前，经济学的经验研究正在经历一场研究范式的转变（paradigm shift）（Panhans and Singleton，2016），从统计推断向因果推断转变。越来越多的实证研究开始探讨如何才能科学地识别经济变量之间的因果影响，而非集中于估计量的统计显著性问题，统计推断往往是相对次要的问题（second order problem），而因果推断才是获取知识的首要问题。这种研究范式的转变被 Angrist and Pischke（2010）称为经济学经验研究的"可信性革命"，其关键特征是引入潜在结果框架清晰定义因果，利用随机化实验的思想作为因果效应识别的基础，因而新研究范式有时也被称为"以实验设计为基础的计量经济学"或计量经济学的"实验学派"（Angrist and Pischke，2017）。尽管其他计量经济学家并不一定完全认同"可信性革命"的说法，但是，"实验学派"的计量经济学确实使经济学经验研究获得很多"基本有用的经验知识"（Rust，2016）。最近二十多年来，"实验学派"计量经济学方法在经济学经验分析中的影响越来越大，研究范式的"技术进步"也不断在其他学科中"技术扩散"（Bowen et al.，forthcoming），但是在经济学教学中，本科生和研究生所使用的《计量经济学》教材仍然沿用了老的研究范式,在经济学经验研究文献中广泛采用的因果推断方法仍然没有进入《计量经济学》教科书。Angrist and Pischke(2017)指出,传统计量经济学教材中的很多指导是过时的,比如有关异方差、序列相关等问题的讨论,这些问题都不会影响因果效应的识别,而这些问题的解决只需要利用 White(1980)的异方差一致性标准误差或 Newey and West(1987)的序列相关及异方差一致性标准误差进行修正。Angrist and Pischke(2017)提议新的研究范式更加有趣、相关性更强、识别结果更加令人满意,为什么不能让我们的学生也获得这些技能呢?

本书顺应了 Angrist and Pischke(2017)的号召,将经济学经验研究新范式介绍给我们的学生。本书分成两大部分:理论基础和识别策略。理论基础部分,首先介绍潜在结果框架。潜在结果概念的引入,便于清晰定义因果效应,从而避免 Lord 悖论。然后,介绍随机化实验。随机化实验是所有识别策略的基础,本书介绍的所有识别策略在一定的识别条件下都可以看作是一种随机化实验。另外,我们还介绍了因果图。因果图是与潜在结果框架完全等价的因果模型(Pearl, 2009),但是更加直观。

第二部分主要介绍了经济学经验研究中常见的几种识别策略。首先是线性回归,主要关注在什么样的识别条件下,线性回归系数可以解释为因果效应参数。我们强调在线性回归中,我们关心的解释变量和其他控制变量的地位是不同的,其他控制变量的引入是为了识别我们关心的解释变量的因果效应,为强调这一点,我们将关心的解释变量称为原因变量或干预变量。然后,我们讨论了匹配方法的识别条件。线性回归和匹配方法有着密切的联系,具有相同的识别条件。我们强调回归和匹配的识别条件都是 CIA,都不能解决内生性问题。接着是工具变量法。工具变量法是经济学中一种相对比较成熟的方法,但是利用潜在结果语言和引入异质性之后,工具变量法有了新的内涵,工具变量所能识别的因果效应参数是依从者的因果效应,并且在异质性框架下,不同的工具变量识别不同的因果效应参数。在有多期数据的情况下,可以利用多期数据的特点,消除不随时间变化的混杂因素的影响,从而使双重差分法模拟增量上的随机化实验。另外,我们还讨论了可以允许时变混杂因素的合成控制法和回归控制法。最后,我们讨论了最接近完全随机化实验的一种识别策略——断点回归设计(RDD),它利用断点附近个体具有高度相似性的特点来识别因果效应。另外,对最新发展的弯折回归设计(RKD)也进行了简要介绍。

本书主要根据我为厦门大学经济学院研究生和高年级本科生开设的"应用微观计量经济学"课程讲义修改而成。本书的主要特色是利用潜在结果语言和因果图讲解各种识别策略,另外辅以具体案例讲解各种识别策略在 Stata 软件中的实现。适合从事经济学经验研究的学者和本科生、研究生使用,也适合从事社会学、政治学、流行病学等相关学科研究的学者作为因果推断方面的参考书。限于作者水平有限,时间紧迫,定有很多错漏之处,欢迎读者批评指正。

赵西亮

2017 年 2 月 20 日

致 谢

首先感谢北京大学出版社杨丽明编辑，没有她两年前的邀请，可能就没有本书今天的出版。另外，在本书的出版过程中，杨编辑做了大量细致的工作。特别感谢洪永淼教授在百忙之中为本书作序。洪永淼教授是国际计量经济学领域的著名学者，一直致力于中国的计量经济学教育事业，对国内年轻学者也给予了很多帮助。非常感谢洪永淼教授对笔者的鼓励和对本书的评价。

感谢上海交通大学安泰经济与管理学院朱喜教授与笔者的有益讨论，感谢上海交通大学安泰经济与管理学院博士后梁文泉博士为笔者提供的相关资料，另外，梁文泉博士还通读了初稿，指出了文中的多处错别字，在此一并感谢。感谢厦门大学研究生院副院长方颖、厦门大学经济学系主任龙小宁、厦门大学经济学系副系主任赵建等教授对笔者的帮助和支持。

非常感谢选修笔者课程的学生，自2013年开课以来，已有四届7个班（4个本科生班、3个研究生班）近200名学生选修了以本书为基础的课程，与学生的讨论使本书内容不断完善。本书初稿完成后，部分学生分别阅读了部分章节，并修改了明显的错别字及语句问题，他们是厦门大学经济学系博士研究生范振中、彭骏，硕士研究生陶宇、张惠杰、唐梦莹等，在此表示感谢。

目录
Contents

第一章　绪论 ……………………………………………………………… (1)
　第一节　引言 …………………………………………………………… (1)
　第二节　因果推断简史 ………………………………………………… (3)
　第三节　经济学研究的基本问题 ……………………………………… (5)
　第四节　本书安排 ……………………………………………………… (6)

第一篇　理论基础

第二章　潜在结果框架 …………………………………………………… (9)
　第一节　潜在结果 ……………………………………………………… (9)
　第二节　稳定性假设 …………………………………………………… (12)
　第三节　分配机制 ……………………………………………………… (13)
　第四节　潜在结果和 Lord 悖论 ……………………………………… (15)
　第五节　因果效应参数 ………………………………………………… (19)
　第六节　总结 …………………………………………………………… (24)

第三章　随机化实验 ……………………………………………………… (25)
　第一节　随机化实验的作用 …………………………………………… (25)
　第二节　随机化实验与选择偏差 ……………………………………… (28)
　第三节　随机化实验的分类 …………………………………………… (30)
　第四节　随机化实验的分析 …………………………………………… (32)

第五节　随机化实验的缺陷 …………………………………… (37)
　　第六节　总结 …………………………………………………… (38)

第四章　因果图
　　第一节　基本概念 ……………………………………………… (40)
　　第二节　因果图和边际独立性 ………………………………… (41)
　　第三节　选择偏差和因果效应识别 …………………………… (45)
　　第四节　选择偏差的处理 ……………………………………… (50)
　　第五节　总结 …………………………………………………… (52)

第二篇　识别策略

第五章　线性回归
　　第一节　条件期望函数和线性回归 …………………………… (55)
　　第二节　线性回归和因果效应 ………………………………… (66)
　　第三节　回归方法的软件实现 ………………………………… (72)
　　第四节　总结 …………………………………………………… (75)

第六章　匹配方法
　　第一节　协变量匹配方法 ……………………………………… (77)
　　第二节　倾向指数匹配方法 …………………………………… (80)
　　第三节　匹配方法的基本步骤 ………………………………… (83)
　　第四节　倾向指数匹配方法的软件实现 ……………………… (97)
　　第五节　总结 …………………………………………………… (117)

第七章　工具变量法
　　第一节　同质性工具变量法 …………………………………… (119)
　　第二节　异质性工具变量法 …………………………………… (130)
　　第三节　工具变量法的软件实现 ……………………………… (140)
　　第四节　总结 …………………………………………………… (145)

第八章 面板数据方法 (147)
第一节 固定效应方法 (147)
第二节 双重差分法 (149)
第三节 合成控制法 (162)
第四节 回归合成方法 (171)
第五节 面板评估方法的软件实现 (176)
第六节 总结 (185)

第九章 断点回归设计 (186)
第一节 断点回归设计 (186)
第二节 断点回归设计的图形分析 (194)
第三节 断点回归设计的估计 (199)
第四节 弯折回归设计 (208)
第五节 断点回归设计的软件实现 (217)
第六节 总结 (229)

第十章 结语 (231)

附录 Stata 数据处理编程简介 (234)
第一节 常用命令 (234)
第二节 do 文件 (235)
第三节 结果呈现利器:estout 软件包 (240)
第四节 练习 (246)

参考文献 (250)

第一章 绪　　论

物有本末,事有终始,知所先后,则近道矣。

——《大学》

第一节　引　　言

在经济学研究中,我们非常关心经济变量之间的因果关系。尽管其他相关关系也很重要,但是在政策评价中,因果关系是更根本的。关于因果关系的讨论,可以有两个方向。一个是看到结果,寻找结果背后的原因,即考察"结果的原因"(cause of effect)。这种研究非常重要,往往是科学研究的起点。但寻找结果背后的原因,非常复杂。某一种结果产生的原因可能有很多,需要通过详细的调查、深入的分析才能找到。另一个是看"原因的结果"(effect of cause),主要关注某一干预对结果的影响。对于政策评价而言,往往仅关注某一项原因,考察这一原因变动时,结果会有怎样的变动。相对而言,这一方向更加简单,可操作性更强。事实上,两个方向的分析是密切相关的,搞清楚了"原因的结果",才有利于考察"结果的原因"以及每一种原因在产生结果中的作用。因而,很多情况下,我们更关注"原因的结果"。比如,在微观经济学中,我们关心某些措施或干预对个体行为的影响,比如班级规模对儿童学习效果有什么影响? 安全带是否可以增加乘客在车祸中的生还机会? 教育对个人就业及未来收入有什么样的影响? 助学金是否可以增加贫困大学生的升学率? 对农民工进行职业培训是否可以增加他们的就业机会和收入水平? 在宏观经济学中,我们关心大学生扩招是否增加了大学毕业生的就业难度? 货币政策调控是否能够抑制通货膨胀? 限购政策是否能够抑制房价的持续上涨? 2008 年的 4 万亿刺激方案是否促进了我国的经济发展和就业扩张? 这些问题都是在探讨"原因的结果",也是本书的主要研究对象。

一项干预[①]对结果变量产生的影响通常称为因果效应(causal effects)或干

[①] 干预可以指一项措施、政策、行动或暴露,在英文中对应词有 manipulation, treatment, intervention, exposure 等,本书中我们通称为干预,对应的变量我们称为干预变量或原因变量。

预效应(treatment effects)。① 类似于在医学领域对病人的治疗,如果采用某一种新药或治疗措施,会对病人的康复有什么样的影响? 在医学领域称为治疗效果(treatment effects),在经济学及其他社会科学中也经常遇到类似的问题,对这些问题的考察称为因果效应分析。下面看两个简单的例子,了解因果推断的困难。

例 1.1(新药的治疗效果) 假设现在想考察一项新药的治疗效果,通过调查获得了某医院的新药使用情况,见表 1.1。

表 1.1 Yule-Simpson 悖论

总样本	生还	死亡	生还率
干预组	20	20	50%
控制组	16	24	40%
男性样本	生还	死亡	生还率
干预组	18	12	60%
控制组	7	3	70%
女性样本	生还	死亡	生还率
干预组	2	8	20%
控制组	9	21	30%

从总样本看,共调查了 80 个病人,40 个病人使用了新药,另外 40 个病人没有使用新药。使用了新药的病人归为干预组,没有使用新药的病人归为控制组。结果显示,干预组生还率为 50%,控制组生还率为 40%,干预组生还率更高。从总体样本上看,新药采用与生还率正相关,但这并不一定说明新药真的有治疗效果。表 1.1 的第 2 部分和第 3 部分分别按照性别列出男性和女性病人的结果。可以看出,对于男性而言,干预组生还率低于控制组;对于女性而言,也是干预组生还率低于控制组。从而出现,按照性别分层后,男性和女性群体中,均出现了新药使用与生还率的负相关关系。这种现象在统计学中称为 Yule-Simpson 悖论。

上面的例子来自 Pearl (2009),是人为构造的,下面看一个真实的案例。

例 1.2(美国加州大学伯克利分校研究生录取存在性别歧视吗?) 1973 秋季,美国加州大学伯克利分校研究生招生录取工作中,有 12763 名学生申请,男

---

① 本书关注因果关系,所关注的变量具有明确的干预,从而关注的结果变量会有多个状态的水平。实验研究中干预状态分配是由研究者控制的,观测研究(observational studies)中干预不是由研究者控制的。另一类研究,没有干预,从而结果变量只有一个水平,这种研究称为描述性研究(Holland and Rubin, 1982),比如研究男性身高比女性身高高多少,今年我国的宏观经济形势如何等。

生 8442 人，女生 4321 人。最终录取 5232 人，其中男生录取 3738 人，女生录取 494 人，男生录取率为 44%，女性录取率为 35%。男生录取率高于女生，因而一些人认为伯克利分校研究生录取中存在性别歧视。真的存在性别歧视吗？Bicke et al. (1975)对此进行了研究，发现尽管总体上，男生录取率高，但如果按照专业划分之后，几乎每个专业中均是女生的录取率更高。表 1.2 给出了两个专业的假想数据，[①]总体上看，男生录取率为 44%，高于女生的录取率 38%，但是每个专业中，女生的录取率都更高。为什么总体而言，男生录取率更高呢？因为男女生的专业分布不同，男生大多数集中于申请录取率相对较高的(或是冷门)专业 2，而女生却集中于相对录取率较低的专业 1。

表 1.2　伯克利分校的研究生录取率

专业	男生			女生		
	申请人数	录取数	录取率	申请人数	录取数	录取率
专业 1	200	40	20%	400	120	30%
专业 2	800	400	50%	100	70	70%
合计	1000	440	44%	500	190	38%

上面两个例子告诉我们，简单的直观印象往往是错误的，真理的揭示是非常困难的，需要更加深入地分析，才有可能找出现象背后的真相。同时也说明，寻找真理的过程是非常吸引人的。

第二节　因果推断简史

在哲学领域很早就有关于因果的讨论，但真正可以操作的因果概念还是来自于统计学领域。统计学领域流行的观点是统计工具只能考察和识别相关关系，不能考察因果关系，相关关系不是因果关系。Neyman (1923, 1990)在研究农业实验中首次提出了潜在结果的概念，但由于其论文是用波兰语写成的，并没有引起学术界的关注。[②] Fisher (1935)提出，随机化实验(randomized experiments)是因果推断的基础。20 世纪 70 年代以来，Rubin (1974, 1977, 1978)的一系列论文，重新独立地提出了潜在结果的概念，并将之推广到观测研究，从而构造出适用于随机化实验和观测研究的基本分析框架，Rubin 提出的潜在结果框架被称为 Rubin 因果模型(Holland, 1986)。[③] Rubin 因果模型(Rubin Caus-

---

[①] 详细数据请参考 Bickel et al. (1975)。
[②] 直到 1990 年，该文才被译成英文，发表在 Statistical Science 上。
[③] 有时也称为 Neyman-Rubin Model (Pearl, 1996)。

al Model，RCM)的关键是提出了"潜在结果"的基本概念,第二章会详细介绍 Rubin 潜在结果框架。目前，RCM 已经成为因果推断的基本理论基础。①

在经济学文献中,因果推断可以追溯到 Ashenfelter(1978)、Heckman and Robb(1985)等。关于潜在结果的概念,实际上在 Haavelmo(1943)关于供求分析的联立方程理论中有所涉及,文中他区分了供给函数中"任何想像的价格 π"和"实际价格 p",但是后来的计量经济学理论发展没有沿着潜在结果的方向走下去,而是开始对观测结果直接进行建模,将潜在结果和分配机制杂糅在一起,使因果效应的识别变得难以理解,并且引入的假设也越来越多(Rubin, 2008；Imbens and Wooldridge，2009)。

经济学界历来存在着"计量经济学是否是科学"的争论(Hendry，1980；Sims，1980)，Leamer(1983)更是指出:"计量经济学的艺术就是,研究者在计算机终端中拟合许多(甚至上千个)统计模型,从中选择一个或几个符合作者预期的估计结果在论文中进行报告。""我们发现我们正处于一种令人沮丧和不科学的境地。没有人将数据分析看作严肃的事情,或者更准确地,没有人把别人的数据分析当回事。"Leamer(1983)提议让我们将计量经济学中的"谎言和欺骗"剔除出来,他提出的解决方案是"敏感性分析"(sensitivity analysis)。然而，"敏感性分析"并不能真正解决实证分析结果的"可信性"问题(Angrist and Pischke，2010)。传统计量经济学方法的"可信性危机"在当时逐渐显现出来,LaLonde(1986)利用美国 70 年代进行的一项就业培训的随机化实验数据,考察利用传统计量经济学方法是否能够模拟随机化实验的结果。他以随机化实验作为基准(benchmark),利用观测数据作为控制组,运用回归、固定效应、Heckman 选择模型等计量经济学常用方法估计了培训对收入的影响,发现这些计量经济学方法都无法复制随机化实验的结果。因而得到观察研究中,计量经济学方法无法可信地估计出因果效应的悲观结论。LaLonde(1986)的研究直接推动了经济学经验研究的"可信性革命"。经济学家开始关注计量经济学方法的可信性问题,Dehejia and Wahba(1999)利用倾向指数匹配方法重新考察了 LaLonde(1986)探讨的问题,他们发现,尽管 LaLonde 尽量通过手工方式使两组个体相似,但是, LaLonde 构造的控制组个体与实验中的干预组个体仍然具有较大的特征差异。他们利用倾向指数匹配方法,获得与干预组个体更为相似的控制组个体,发现估计的因果效应与随机化实验的结果非常相似。LaLonde

---

① 关于潜在结果框架的归属,在统计学界和经济学界存在着争议。现在经济学界(主要是 Heckman)将潜在结果框架归属于 Roy(1951)，而 Rubin 等统计学家认为 Roy(1951)并没有提出真正的潜在结果框架,因为 Roy(1951)文中全是文字表述,并没有明确的模型和潜在结果符号(Rubin，2005)。

(1986)和 Dehejia and Wahba(1999)的研究引起了很多学者的关注和讨论,从而引发了计量经济学的"可信性革命"(Angrist and Pischke,2010)。① 随后,有很多文献考察观测研究如何才能复制随机化实验的结果,如何才能使经济学的经验研究更加可信。"可信性革命"的一个重要特点是强调设计,以随机化实验作为研究设计的基础,对潜在结果直接进行建模,而不是对观测结果进行建模,将潜在结果和分配机制分离开来,通过科学的设计,让数据自动呈现因果效应,尽量避免有关函数形式和模型设定这种假设因素,与结构计量经济学学派形成清晰的差别。引领这场经济学经验研究"可信性革命"的代表人物包括加州大学伯克利分校的 David Card、普林斯顿的 Alan Krueger、斯坦福大学的 Guido Imbens、麻省理工学院的 Joshua Angrist、哈佛大学的 Alberto Abadie 等人,通常称之为计量经济学的"实验学派"。

第三节 经济学研究的基本问题

一个好的经济学研究计划,需要回答四个基本问题:感兴趣的因果效应问题是什么？为了估计因果效应所需要的理想化实验是什么？识别策略是什么？是否满足统计充分性？

在经济学经验研究中,首先要问的问题是感兴趣的因果关系是什么？因果关系是科学探索的起点。找到关心的因果关系,需要思考理想的随机化实验是什么？尽管我们手头的数据可能不是实验数据,思考理想的实验可以帮助我们进行研究设计。比如在劳动经济学中,教育对个人收入的影响是一个经典的问题。对于教育如何影响个人收入,理想的实验是如果能够对个人的教育进行随机化分配,那么不同教育程度个体收入的比较就可以得到教育的因果效应。但是,我们获得的数据往往是调查数据,而非实验数据。因而,我们需要问第三个问题,识别策略是什么？识别策略是用观测数据近似理想实验的方法(Angrist and Krueger,1999)。利用观测数据识别因果关系,就是要通过研究设计,用观测数据来模拟随机化实验。本书第二部分主要讨论各种识别策略,识别策略实际上是本书的主要内容。第四个问题讨论估计结果的统计充分性。一般经济学经验分析中,获得的数据为样本信息,利用样本信息推断总体信息,需要讨论统计量的抽样分布以判断估计结果的统计显著性。本书主要关注识别策略,因而,采用总体视角,即假设我们有总体数据,从而避免了对统计推断的讨论。②

---

① Imbens(2010)称之为"自然实验革命"。
② 关于计量经济学的统计推断问题可以参考 Hayashi(2000)、洪永淼(2011)等。

第四节 本书安排

本书分为两大部分:理论基础和研究设计。

第一部分介绍"实验学派"计量经济学的基本理论基础,包括三章。第二章介绍 Rubin 因果模型的基本内容,主要介绍潜在结果和分配机制的概念,以及因果效应参数的定义。第三章介绍随机化实验的基本思想。随机化实验是因果推断的基础,也是本书的灵魂。第四章介绍因果图,因果图是 Rubin 因果模型的一种直观表述形式,本质上与 RCM 是等价的。主要介绍三种路径结构,为因果效应识别提供一种直观分析工具。

第二部分是研究设计,主要介绍利用观测数据进行因果推断时几种常见的识别策略。这些识别策略都是以随机化实验为基础的,正如 Rubin(2008)指出的,观测研究类似于一种复杂的随机化实验,但是分配机制是缺失的,研究者必须通过科学的设计,将缺失的分配机制恢复出来。因而,观测研究的关键即如何通过研究设计让它可以模拟随机化实验,这一设计过程即识别策略。识别策略是经验研究结果可信性的关键。我们将主要介绍五种常用的识别策略,分别是回归、匹配、工具变量法、双重差分法(包括合成控制法和回归合成方法)和断点回归设计(包括弯折回归设计)。

从第二部分开始,对于每种识别策略,都会通过一个实例,讨论其在 Stata 软件中的具体实现过程。相关数据集可以到 https://github.com/zhaoxiliang/causalinference 下载,也可关注本书微信公众号 Causal-inference 获得相关信息。

推荐阅读

Imbens and Rubin(2015)第 3 章对因果推断历史进行了简要介绍。Angrist and Pischke(2009)第 1 章介绍了经济学研究需要回答的四个基本问题。Rubin(2008)提供了观测研究的基本步骤。丁鹏(2012)对因果推断方法进行了很好的简要介绍。赵西亮(2017)对经济学经验研究的"可信性革命"进行了简要梳理。

第一篇
理论基础

第二章 潜在结果框架

潜在结果的概念最早是由 Neyman(1923,1990)在研究重复随机化农业实验中提出的,由于该文用波兰语写成,当时没有引起学界的关注。Rubin(1974)重新独立地提出了潜在结果的概念,并将它的使用推广到观测研究领域,从而形成了目前的潜在结果框架,也称为 Rubin 因果模型(Holland,1986)或 Neyman-Rubin 模型(Pearl,1996)。Rubin 因果模型或潜在结果框架有三个基本构成要件:潜在结果、稳定性假设和分配机制(assignment mechanism)。

第一节 潜在结果

在因果推断中,必须有干预,没有干预就没有因果(Rubin,1974)。这里的干预可以是一项政策、一项措施或者一项活动等,比如实施 4 万亿的财政刺激方案,对农民工进行职业培训。① 本书主要关注二值的干预变量,② 两个值分别对应于积极的行动和被动的行动,分别称为(积极)干预和控制(干预),通常简称为干预和控制,受到对应干预的个体分别称为干预组和控制组。比如,对农民工进行培训,(积极)干预是参加培训,控制(干预)是没有参加培训。在这里,干预和控制只是干预变量两种状态的标签,具体哪个干预状态称为干预,哪个状态称为控制并不重要,干预状态的两种称呼实际上是对称的,可以互换,取决于研究者的目的和偏好。

对应于每个干预状态,就有一个(潜在)结果。在干预状态实现之前,有几个干预状态就有几个潜在结果,而干预状态实现之后,只有一个潜在结果是可以观测的。比如,考察大学教育对个人收入的影响,干预变量或原因变量是大学教育,那么对于任意个体 i 有两种干预状态,用 D_i 来表示,$D_i=1$ 表示个体 i 完成了大学教育,$D_i=0$ 表示个体 i 完成高中教育。无论个体实际是完成大学教育还是高中教育,事前每个个体均有两种可能的状态:完成高中教育或完成

---

① 英文表述有 manipulation, treatment, intervention, exposure 等,表示对个体的一种干预或暴露(通常在医学研究中)。
② 我们也称之为原因变量。因果效应分析中,关注的是干预对结果的影响,这项干预就是我们关心的原因。

大学教育。每一个状态下对应于一个潜在结果，Y_{1i}表示个体i在状态$D_i=1$下的潜在结果，Y_{0i}表示个体i在状态$D_i=0$下的潜在结果。对个体而言，这两个潜在结果可以看作是确定性的变量，不因个体干预变量的实现状态而改变。比如个体i完成大学教育状态下的收入为8000元，即$Y_{1i}=8000$，仅完成高中教育状态下收入为6000元，即$Y_{0i}=6000$。如果个体i最后实际完成了大学教育，那么其两种干预状态下的潜在结果仍然是(8000，6000)，如果个体i最后实际完成的是高中教育，其两种干预状态下的潜在结果还是(8000，6000)，不因个体最后实现的状态而改变。可以将潜在结果看作常数，对于每个特定的个体，他在两种干预状态下的潜在结果是给定的，不依赖于最终实现的干预状态，这一点对于理解 Rubin 因果模型很关键。[①]

当干预状态实现后，我们仅能观测到实现状态下的潜在结果，没有实现状态下的潜在结果是无法观测的。无法观测到的潜在结果，通常称为反事实结果（counterfactual outcome）。无论干预状态有几个，干预状态实现后，我们仅能观测到实现状态下的潜在结果。比如个体i最终完成了大学教育，那么观测到的干预状态是$D_i=1$，我们可以观测到潜在结果Y_{1i}，即个体i完成大学教育后的收入。他完成了大学教育，我们就不能观测到他没有完成大学教育时的潜在结果Y_{0i}，即仅完成高中教育时的收入。一个人不可能同时踏入两条河流，不可能同时处于两种状态，因而，观测研究中，不可能同时看到个体所有的潜在结果。无法同时观测到个体所有潜在结果的现象称为因果推断的基本问题（Holland，1986）。观测结果Y_i与潜在结果之间的关系，可以用下面的公式表示：

$$Y_i = D_i Y_{1i} + (1-D_i) Y_{0i}$$
$$= \begin{cases} Y_i = Y_{1i}, & 如果\ D_i = 1 \\ Y_i = Y_{0i}, & 如果\ D_i = 0 \end{cases} \quad (2.1)$$

即如果干预状态是$D_i=1$，则可以观测到潜在结果Y_{1i}，如果干预状态是$D_i=0$，则可以观测到潜在结果Y_{0i}，但不能同时观测到两个潜在结果。

潜在结果(Y_{0i}, Y_{1i})和观测结果Y_i之间的区分是现代统计学和现代计量经济学的重要标志，是经济学经验研究"可信性革命"的关键，也是区分描述性研究（descriptive study）和因果研究（causal study）的标志。描述性研究中没有干预，从而结果只有一种状态下的观测结果，因果研究中，有明确的干预，结果会依赖于不同的干预状态，每个个体都有多个潜在结果（Holland and Rubin，1982）。潜在结果的表述非常简单，但潜在结果的概念使因果效应的表述更加

[①] 事实上，假设潜在结果是固定的，只是一种简化，这种简化使我们更容易理解 Rubin 因果模型的精髓。其实，潜在结果可以是不依赖于干预状态的随机变量。

清晰。有了潜在结果的概念，个体因果效应的定义非常直观，不需要对分配机制进行任何内生性或外生性的假设，也不需要对结果变量的函数形式进行任何假设。对于个体 i，某项干预的因果效应是两种状态下潜在结果的比较，即：

$$\tau_i = Y_{1i} - Y_{0i} \tag{2.2}$$

关于因果效应的定义有两点说明：首先，因果效应的定义仅依赖于潜在结果，与哪一个潜在结果被观测到没有关系。回到前面大学教育如何影响收入的例子，无论个体 i 是否完成了大学教育，大学教育对其个人的因果影响都仅取决于其两种状态下的潜在结果，并且是固定不变的，不依赖于个体最终实现的干预状态。如果个体 i 完成了大学教育，大学教育（相对于仅完成高中教育）对其收入的影响是每月收入增加 2000 元。如果个体 i 仅完成高中教育，那么如果他能够完成大学教育，则其每月收入也是增加 2000 元。因而，因果效应的定义仅依赖于潜在结果，不依赖于实际实现的观测结果。其次，因果效应是干预后同一时间、同一物理个体潜在结果的比较。比如考察某种药对感冒的治疗效果，干预状态是吃药或不吃药，对应的潜在结果是治愈感冒或没有治愈。因果效应应该定义为我现在吃药和不吃药对应潜在结果的比较，而不能用我现在吃药和昨天我没有吃药时的潜在结果进行比较。因为昨天的"我"和今天的"我"不是同一个"我"，我今天不吃药的潜在结果和昨天不吃药的潜在结果可能是不一样的，所以在评价今天我吃药的因果效应时，应该是今天我吃药和今天我不吃药时潜在结果的比较。

因果效应的定义仅依赖于潜在结果，是不同状态下潜在结果的比较。但研究者仅能观测到一个状态下的潜在结果。因而，如果仅有一个个体，我们是没有办法得到个体因果效应的。因果推断的核心内容，实际上是想办法将未观测到的潜在结果（即反事实结果）估计出来。估计未观测的潜在结果或反事实结果必须要用到多个个体。多个个体的选择有两种方式：同一物理个体不同时间或同一时间的不同物理个体。比如，判断一种药物是否对感冒有治疗效果，我们往往根据自己以往的经历。我以前感冒的时候吃药感冒就好了，我今天没吃药，头就很痛，因而，我们认为药物有治疗效果。其实这种推断中，我们进行了很强的假设，我们假设过去的经验可以作为今天吃药的反事实结果。如果这一假设不成立，我们就不能用过去吃药的结果作为今天吃药的反事实结果。因为今天的"我"与过去的"我"是不同的个体，我今天可能心情不好，不吃药头很痛，即使吃药，头仍然是痛的。这并不一定说明药没有治疗效果，而是因为我心情沮丧，使我的头更痛了，即我的头痛还混杂了其他的影响因素，今天的"我"和昨天的"我"不可比。很多时候，我们的推断是利用同一时间不同个体的信息来估计反事实结果。比如考虑大学教育对收入的影响。在上大学之前,我们不确定大学能给我们带来什么。我们只知道目前我的结果是什么样子,或收入是什么水平。但不知道大学毕业之后收入会是什么水平。那我们在决定是否上大学时,是怎么作出决定的呢?我们可能会观察那些上了大学的人,可能是亲戚或朋友家的孩子,现在已经大学毕业了,有个很好的工作,获得比较满意的收入。那我们在作决策时是怎么做的呢?我们可能将他们的结果或收入作为我们上大学的潜在收入,从而决定是否上大学。事实上,后面章节的识别策略就是利用这种方式来推断的。这种情况下,因果推断的可信性,依赖于我们与亲戚朋友家孩子的相似性,越相似,这种推断越可信。

第二节 稳定性假设

潜在结果框架的第二个要件是稳定个体干预值假设(The Stable Unit Treatment Value Assumption, SUTVA),简称稳定性假设(Rubin, 1980)。稳定性假设有两层含义:第一,不同个体的潜在结果之间不会有交互影响;第二,干预水平对所有个体都是相同的。

稳定性假设的第一个要求是每个个体的潜在结果不依赖于其他个体的干预状态。我和你住在同一间宿舍,我们两个都感冒了。如果药物对我头痛的治疗效果依赖于你有没有吃药,那么就不满足稳定性假设。比如,我吃药但你不吃药,你的头在痛,我尽管吃药了,但你的呻吟声使我很头痛,我的头痛并没有因为吃药而消失,这并不是因为药物没有治疗效果,原因是我的潜在结果依赖于你是否吃药,你没吃药直接影响了我吃药时的潜在结果。换言之,我们的潜在结果存在交互影响。这时,我们每个人的状态不再是二值的,而是四值的,有四个潜在结果,分别对应于我们俩都吃药,我们俩都没吃药,我吃药你没吃和我没吃你吃了。但是,如果满足不存在交互影响的稳定性假设,你是否吃药不会影响我的潜在结果,每个人的干预状态只有两个,吃药还是没吃药,每个人的潜在结果也只有两个。

在社会科学中,没有交互影响的假设可能不成立。社会科学特别是经济学,研究对象往往是人的行为,个人的行为之间往往存在交互影响。比如,研究班级规模对个体学习效果的影响,同学之间往往存在一定的外部性,如果一个班级里好学生比较多,他们之间相互讨论、相互促进,产生正的外部性,从而提高大家的学习效率。相反,如果调皮的学生比较多,可能产生负外部性,整个班级的学习效果都不好。比如考察培训对农民工收入的影响,如果项目的规模比较小,不会对项目外的劳动力市场产生影响。但如果项目规模比较大,可能改变整个劳动力市场的技能结构,从而影响整个劳动力市场的技能供给。培训规模比较小,接受培训的农民工可能很容易找工作,收入也不错。但如果培训规模很大,这种技能劳动力供给很多,则接受培训的农民工工作就没有那么容易找到,收入也可能会低一些。这在经济学中称为一般均衡效应。但是不存在交互影响的假设下,因果推断更加容易,因而,在本书中通常假设不同个体之间不存在交互影响。

稳定性假设的第二个要求是对所有的个体干预水平是相同的。比如考察药物的治疗效果,那么给所有病人的药物在药效上都应该是一样的,不能有的人有效成分是全额的,有的人是半额的。考察培训对农民工收入的影响,那么,对所有农民工的培训从质量到数量都应该是相同的,不能有的人培训农业生产技术,有的人培训家政服务技术,有的人培训3天,有的人培训1周。干预要具体,当考察一项干预影响时,这项干预要对所有个体程度和水平都是一样的。干预越具体,因果效应测度越精确。但是,在经济学研究中,往往很难完全满足这一要求。比如,在大学教育对个人收入影响的例子中,干预是入学教育。这里大学教育的概念其实是比较笼统的,对不同个体而言,大学教育这一干预水平可能是不同的,专科教育、本科教育甚至研究生教育都可以称为大学教育。另外,不同大学的教育质量也有相当的差别,严格意义上是不满足稳定性假设第二项要求的。在应用中往往忽略这种差异,将大学教育看作一种相同程度的干预。因而,应用中我们更加关注稳定性假设的第一项要求,即要求不同个体潜在结果之间没有交互影响。

第三节 分配机制

潜在结果框架的第三个要件是分配机制。分配机制是描述为什么有的人在干预组,有的人在控制组,或者分配机制是描述哪个潜在结果可以被观测到的机制。[①] 因果推断中分配机制非常重要,对分配机制的了解有助于进行正确的因果推断。下面看一个简单的例子了解分配机制的作用。

---

① 分配机制的说法一般用在实验中,因为实验设计者或研究者可以控制分配机制,让哪些个体进入干预组,哪些个体进入控制组。而在观测研究中,个体往往根据自己的效用选择进入不同的群组。因而,在观测研究中,分配机制也可称为选择机制。

表 2.1 手术相对于药物的治疗效果

个体	潜在结果		因果效应	干预状态	观测结果
	1	0	$Y_{1i}-Y_{0i}$		
病人 1	7	1	6	1	7
病人 2	5	6	-1	0	6
病人 3	5	1	4	1	5
病人 4	7	8	-1	0	8
平均因果效应			2		

一个总体有 4 个病人,考察手术治疗相对于药物治疗的效果。手术治疗是积极干预,用 1 表示,药物治疗是保守治疗,用 0 表示。表 2.1 列出了每个病人两种干预状态下的潜在结果,从而可以计算出每个病人的因果效应。[①] 表 2.1 显示病人 1 手术治疗后寿命为 7 年,而药物治疗为 1 年,因而手术治疗相对于药物治疗的因果效应是 6 年。病人 2 手术治疗寿命为 5 年,而药物治疗是 6 年,手术治疗相对于药物治疗的效果是 -1 年。总体平均而言,4 个病人手术治疗比药物治疗寿命多 2 年。

假设现实中医生具有很好的医术或鉴别力,可以让病人选择对他们最有利的治疗方案,从而实现的干预状态见表 2.1 第 4 列,让 1、3 病人接受手术治疗,2、4 病人接受药物治疗,最终我们可以观测到 1、3 病人的 Y_{1i}、2、4 病人的 Y_{0i}。如果不了解分配机制,直接利用两组观测结果进行比较,将发现手术治疗平均寿命 6 年,药物治疗平均寿命 7 年,从而得到药物治疗更有效的错误结论。为了得到正确的因果效应,必须了解分配机制,即为什么 1、3 病人在干预组,而 2、4 病人在控制组。

在进行因果推断时,必须对反事实结果进行估计或预测,而这种预测往往是很困难的,涉及对分配机制或选择机制的了解。为了搞清楚分配机制,往往需要一些干预前变量(pretreatment variables)或协变量(covariates)。协变量包括两类:一类是个体属性,不随干预状态变化而变化的变量,比如性别、民族等变量。另一类是干预实施之前取值的变量,比如研究培训的作用时,培训前的收入水平及经济社会特征等都是协变量。协变量的基本特点是这些变量均不受干预变量的影响,相反,这些变量往往决定个体的干预状态。

根据分配机制是否已知,可以将分配机制分成两类:随机化实验和观测研

---

① 现实中仅能观测到一个结果,这里假设我们可以看到所有的潜在结果。

究。这两类机制有共同特点,都是研究某项干预的因果效应。[①]随机化实验中,分配机制是由实验者或研究者控制的,是已知的。观测研究中,分配机制是未知的。观测研究的目的就是想办法将未知的分配机制识别出来,从而估计因果效应。

下面引入一个关键概念——非混杂性(unconfoundedness)。非混杂性也称为条件独立性(conditional independence)或根据观测变量进行的选择(selection on observables),是指控制观测变量 X_i 后,个体干预状态的分配不依赖于潜在结果,个体到底在干预组还是在控制组是独立于潜在结果的。非混杂性可以表示为:[②]

$$(Y_{0i}, Y_{1i}) \perp\!\!\!\perp D_i \mid X_i \tag{2.3}$$

其中,$\perp\!\!\!\perp$ 表示相互独立,X_i 表示协变量。式(2.3)表示,以先决变量 X_i 为条件,干预变量 D_i 独立于潜在结果 Y_{0i}、Y_{1i} 以及潜在结果的任何函数,比如个体因果效应 τ_i 也独立于干预变量 D_i。满足非混杂性的分配机制实际上排除了 Roy(1951)的选择模型,在 Roy(1951)模型中,个体可以根据自己的潜在结果(在捕鱼或狩猎上的生产率)决定干预状态(是进行捕鱼还是狩猎),因而他们最终从事的职业类型是其根据个人的比较优势进行选择的结果,不满足非混杂性要求。

根据分配机制是否满足非混杂性条件(2.3),可以将分配机制分成三类。如果分配机制满足非混杂性且函数形式已知,称为经典随机化实验。如果满足非混杂性,但分配机制的函数形式未知,称为规则分配机制(regular assignment mechanism)。其他机制为不规则机制(irregular assignment mechanism)。

第四节 潜在结果和 Lord 悖论

有了潜在结果的概念,对理清所要研究的因果问题、定义因果效应非常有帮助。有些因果问题的探析,必须从潜在结果概念出发才能搞清楚因果效应是否有清晰的定义。从观测结果出发进行建模往往不能清晰地表述所研究的因果效应问题,从而出现各种悖论。统计学中有一个著名的 Lord 悖论(Lord's Paradox),这一悖论是由美国教育考试服务中心(Educational Testing Service,

---

[①] Rosenbaum(2002)将观测研究定义为对干预、政策或暴露和影响的一种经验研究。与实验不同,观测研究中,调查者不能控制个体干预状态的分配。

[②] 在完全随机化实验中,非混杂性可以表示为 $(Y_{0i}, Y_{1i}) \perp\!\!\!\perp D_i$,统计学中,非混杂性也称为可忽略性(ignorability)。

ETS)统计学家 Frederic Lord 于 1967 年提出来的,最终由同在 ETS 工作的另外两位统计学家 Paul Holland 和 Donald Rubin 于 1982 年圆满解决。

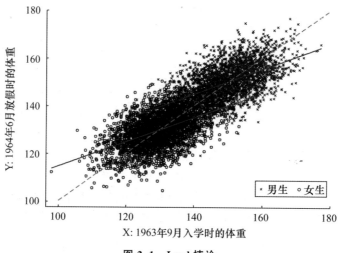

图 2.1　Lord 悖论

　　Lord(1967)构造了一个假想的案例。一所大学想考察其食堂膳食对学生体重的影响以及影响的性别差异,为此,收集了学生 9 月份入学时的体重,然后次年 6 月份又获得了学生在校一学年后的体重。两个统计学家分别利用这个数据考察了学校食堂对学生体重的影响,但得到了完全不同的结论。第一个统计学家用了比较初等的方法,计算了男生和女生入学时的平均体重,分别是 150 磅和 130 磅。然后又计算了入学 1 学年后男、女生的平均体重,发现仍然是 150 磅和 130 磅。因而,第一位统计学家认为学生食堂膳食对学生体重没有影响。第二个统计学家采用了更加高等的方法——回归分析,他认为为了考察食堂对学生体重的影响,必须比较两个初始体重相同的人,因而,他构造了一个回归模型,控制了个体入学时的体重,并考察了性别的差异。回归结果表明,同样体重的男生、女生相比,男生的体重增加更大,比女生平均高 7.3 磅。两个统计学家利用同一数据,采用不同的方法,得到几乎相反的结果,一个说无因果影响,一个说对男生的影响更大,这种矛盾的结果被称为 Lord 悖论。那么,这两个统计学家的分析,哪一个正确呢?我们首先用 Rubin 因果模型的框架套用到该问题上,见表 2.2:

表 2.2 Lord 悖论问题的基本构件

研究设计：

	总体	某大学 1963—1964 学年全部学生
	积极干预	学校食堂膳食
	控制干预	?
	干预变量	对所有的学生，均有 $D_i=1$
变量：		
	G	性别（1＝男生，2＝女生）
	X	1963 年 9 月入学时的体重
	Y	1964 年 6 月放假时的体重

表 2.2 中的问号（?）表示，尽管积极干预是非常清晰的——学校食堂膳食，它对学生体重的影响是想研究的问题，但没有清晰的控制干预，不在学校食堂吃饭时是在家吃饭还是在外下馆子，我们不清楚。这意味着潜在结果 Y_0 的定义是模糊的，这一点是解决 Lord 悖论的关键。Y_0 表示 1964 年 6 月份学生没在学校食堂吃饭时的体重。然而，没有学生在控制组，$D_i=1$，所有学生都在学校食堂吃饭。为了回答上文提出的因果效应问题，必然要引入一些有关 Y_0 的不可检验的假设。

食堂膳食对学生体重的个体影响可以写成 Y_1-Y_0，对所有学生的平均影响可以写成：

$$\Delta_i = E[Y_1 - Y_0 \mid G = i], \quad i = 1, 2 \tag{2.4}$$

平均因果影响的性别差异为：

$$\Delta = \Delta_1 - \Delta_2 \tag{2.5}$$

Δ 也可以写成：

$$\Delta = \{E[Y_1 \mid G = 1] - E[Y_1 \mid G = 2]\} \\ - \{E[Y_0 \mid G = 1] - E[Y_0 \mid G = 2]\} \tag{2.6}$$

第 1 个统计学家根据男女生入学前和放假后平均体重的对比得到没有影响的结论，他估计的参数为：

$$\delta_i = E[Y_1 - X \mid G = i], \quad i = 1, 2 \tag{2.7}$$

影响的性别差异为：

$$\delta = \delta_1 - \delta_2 \tag{2.8}$$

第 1 个统计学家观测到男、女生开学和放假时的平均体重没有变化，即 (2.7) 中的 δ_i 都为 0，从而得到学校食堂膳食对学生体重没有影响并且影响没有性别差异的结论。但是，得到这一结论，需要对潜在结果 Y_0 施加一些假设，一个可能

的假设是如果不在学校食堂吃饭,学生的体重等于其入学时的体重,即假设
$$Y_0 = X \tag{2.9}$$
在这一完全无法检验的假设下,(2.7)中的 δ_i 才会等于式(2.4)中的平均因果效应参数 Δ_i。然而,这一假设未必合理,不在学校吃饭,在家吃饭,说不定体重也会增加,从而使假设不成立。但就数据而言,该假设实际上是无法证明的。

第 2 个统计学家认为应该控制开学时的体重,比较相同体重的人放假时体重的变化。因而,同样初始体重为 X 的个体,体重的增加为:
$$\delta_i(X) = E[Y_1 - X \mid X, G = i], \quad i = 1, 2 \tag{2.10}$$
增量的性别差异为:
$$\delta(X) = \delta_1(X) - \delta_2(X) \tag{2.11}$$
为了简单起见,Lord 假设条件期望函数均为线性且男女生斜率相同,即
$$E[Y_1 \mid X, G = i] = a_i + bX, \quad i = 1, 2 \tag{2.12}$$
则 $\delta(X)$ 可以简化为:
$$\delta(X) = a_1 - a_2 \tag{2.13}$$

第 2 个统计学家将 $\delta(X)$ 解释为 6 月份男生平均体重超过女生平均体重的部分,这一解释是正确的,但并不是因果效应的差额。因为 $\delta(X)$ 与(2.4)和(2.5)中的因果效应参数 Δ_1、Δ_2 和 Δ 没有直接关系。但是,在一定的假设下,第 2 个统计学家的估计结果等于因果效应参数。比如假设
$$Y_0 = a + bX \tag{2.14}$$
假设(2.14)要求学生不在食堂吃饭时 6 月份的体重完全由 9 月份的初始体重线性决定,并且对所有性别的学生都一样。在这一假设下,则有
$$\begin{aligned}
\Delta &= E[Y_1 - Y_0 \mid G = 1] - E[Y_1 - Y_0 \mid G = 2] \\
&= E[Y_1 - a - bX \mid G = 1] - E[Y_1 - a - bX \mid G = 2] \\
&= E[Y_1 - bX \mid G = 1] - E[Y_1 - bX \mid G = 2] \\
&= E[E[Y_1 \mid X, G = 1] - bX \mid G = 1] \\
&\quad - E[E[Y_1 \mid X, G = 2] - bX \mid G = 2] \\
&= E[a_1 + bX - bX \mid G = 1] - E[a_2 + bX - bX \mid G = 2] \\
&= a_1 - a_2 = \delta(X)
\end{aligned} \tag{2.15}$$

第四行使用了全期望公式(5.2)。所以,如果假设(2.14)成立,则第 2 个统计学家得到的结果等于因果效应参数的差异。但假设(2.14)要求 Y_0 完全线性依赖于初始体重,这一假设也是不可检验的。

因而,如果要考察在食堂吃饭这一干预的影响,必须比较两种状态下的潜在结果。本例中所有学生入学后都在食堂吃饭,都在干预组,没有在控制组中

的个体,因而,根本没有办法估计食堂的因果影响,除非施加很强的假设。如果假设每个个体 1 学年后,如果不去食堂吃饭,其体重就是入学时的体重,或平均而言,等于入学时的体重,那么第 1 个统计学家的结论就是正确的。如果假设不去食堂吃饭的体重是入学时体重的线性函数,那么第 2 个统计学家的结论是正确的。然而,这些假设都不一定成立,因而,两个统计学家的结论可能都是错的。有了潜在结果的概念,有利于定义清楚要识别的因果效应问题,避免 Lord 悖论。

第五节 因果效应参数

实证研究中,我们关心的往往不是某一特定个体的因果效应,而是干预的平均因果效应。假设有 N 个个体,[①]用 $i=1,\cdots,N$ 表示。D_i 是干预变量或原因变量并且 $D_i \in \{0,1\}$。个体因果效应为:

$$\tau_i = Y_{1i} - Y_{0i}, \quad i=1,\cdots,N \tag{2.16}$$

个体因果效应往往无法估计,因而,我们关注总体平均因果效应(Average Causal Effect 或 Average Treatment Effect,ACE 或 ATE),定义为所有个体因果效应的平均值。它表示从总体中随机抽取一个个体进行干预的平均因果效应。用公式表示为:

$$\tau_{\text{ATE}} = E[Y_{1i} - Y_{0i}] \tag{2.17}$$

在政策评价中,我们更关心那些受到政策影响的个体的平均因果效应,称为干预组平均因果效应(Average Treatment Effect for the Treated,ATT),公式表示为:

$$\tau_{\text{ATT}} = E[Y_{1i} - Y_{0i} \mid D_i = 1] \tag{2.18}$$

有些时候,我们关注那些没受到政策影响的个体如果接受政策干预的话,其平均因果效应是多少,这一参数称为控制组平均因果效应(Average Treatment Effect for the Control,ATC),公式表示为:

$$\tau_{\text{ATC}} = E[Y_{1i} - Y_{0i} \mid D_i = 0] \tag{2.19}$$

这三个因果效应参数是政策评估中最常用的参数,根据研究需要,还可以定义根据不同协变量分组的平均因果效应参数,不同的因果效应参数回答不同的政策问题。比如考察入学教育对个体收入的影响,将大学教育看作一项积极干预,高中教育看作一项控制干预。如果想知道大学教育对所有国民的平均影

[①] 本书主要关注因果效应参数的识别,因而,我们主要从总体的角度进行分析,不考虑参数的抽样分布及相关统计推断问题。

响,估计的参数是总体的平均因果效应(ATE),它反映的是如果全部国民均接受大学教育相对于均接受高中教育全部国民的平均收入增长。如果关心的政策问题是大学教育给接受者带来了多大程度的收入增加,需要估计的参数是干预组平均因果效应(ATT)。如果想知道那些仅完成高中教育的个人,如果他们能够完成大学教育的话,他们的收入将增长多少,则需要估计的参数是控制组平均因果效应(ATC)。

表 2.3 构造了一个简单的例子示范三个因果效应参数的计算。假设一个总体只有 4 个个体,并且可以同时看到两种干预状态下的潜在结果(现实中只能看到一种状态下的结果),从而每个个体的个体因果效应也可以计算出来。根据干预变量 D_i 的取值,前两个个体在干预组,后两个个体在控制组。

表 2.3 因果效应参数

i	Y_{1i}	Y_{0i}	Y_i	D_i	$Y_{1i}-Y_{0i}$
1	3	0	3	1	3
2	1	1	1	1	0
3	1	0	0	0	1
4	1	1	1	0	0

首先计算总体平均因果效应(ATE),它是所有个体因果效应的平均值,因而:

$$\tau_{ATE} = E[Y_{1i} - Y_{0i}] = 3 \cdot (1/4) + 0 \cdot (1/4) + 1 \cdot (1/4) + 0 \cdot (1/4) = 1$$

即平均而言,这项干预使个体结果增加 1。由于前两个个体在干预组,那么干预组的平均因果效应为:

$$\tau_{ATT} = E[Y_{1i} - Y_{0i} \mid D_i = 1] = 3 \cdot (1/2) + 0 \cdot (1/2) = 1.5$$

受到干预的两个个体因为干预使其结果平均增加 1.5。同样地,对于在控制组中的两个个体,如果他们也接受干预的话,干预的影响为:

$$\tau_{ATC} = E[Y_{1i} - Y_{0i} \mid D_i = 0] = 1 \cdot (1/2) + 0 \cdot (1/2) = 0.5$$

因为在这个简单的小例子中,我们假设可以同时观测到两种干预状态下的潜在结果,个体因果效应也可以观测到,因而所有的因果效应参数都可以计算出来。现实中,我们仅能观测到一种状态下的潜在结果,对于前两个个体,他们在干预组,$D_i=1$,我们可以观测到它们在积极干预状态下的潜在结果 Y_{1i},即 $Y_i = Y_{1i}$,但观测不到他们在控制状态下的潜在结果 Y_{0i}。当然也没有办法观测到或计算出他们的个体因果效应 $\tau_i = Y_{1i} - Y_{0i}$。同样地,后两个个体在控制组,$D_i = 0$,可以观测到 Y_{0i},但无法观测到 Y_{1i},也没有办法观测到或计算出它们的个体因果效应 τ_i。从而,前面计算的三个因果效应参数也没有办法计算出来了。

第二章 潜在结果框架

首先看干预组平均因果效应：
$$\tau_{\text{ATT}} = E[Y_{1i} - Y_{0i} \mid D_i = 1] = E[Y_{1i} \mid D_i = 1] - E[Y_{0i} \mid D_i = 1]$$

对于干预组的个体，第一项 $E[Y_{1i} \mid D_i = 1]$ 是可以观测到的，即 $E[Y_i \mid D_i = 1] = E[Y_{1i} \mid D_i = 1]$。但第二项反事实结果 $E[Y_{0i} \mid D_i = 1]$ 是观测不到的，必须通过一定的方法将其估计出来，才能得到干预组平均因果效应的估计。同样的道理，对于控制组个体，可以观测到 $E[Y_{0i} \mid D_i = 0]$，但观测不到 $E[Y_{1i} \mid D_i = 0]$，$E[Y_{1i} \mid D_i = 0]$ 也是需要估计的反事实结果。由于 ATT 和 ATC 都不可观测，平均因果效应（ATE）也无法观测。因为

$$\begin{aligned}
\tau_{\text{ATE}} &= E[Y_{1i} - Y_{0i}] \\
&= E[E[Y_{1i} - Y_{0i} \mid D_i]]，\text{使用全期望公式 } E[Y] = E[E[Y \mid X]] \\
&= E[Y_{1i} - Y_{0i} \mid D_i = 1] \cdot \Pr[D_i = 1] \\
&\quad + E[Y_{1i} - Y_{0i} \mid D_i = 0] \cdot \Pr[D_i = 0] \\
&= \tau_{\text{ATT}} \Pr[D_i = 1] + \tau_{\text{ATC}} (1 - \Pr[D_i = 1])
\end{aligned} \tag{2.20}$$

在观测研究中，我们仅能观测到一种状态下的潜在结果。在表 2.3 中，Y_{1i} 列和 Y_{0i} 列实际上是观测不到的，只能看到 Y_i 和 D_i 两列。学过回归分析的学生可能禁不住想用 Y_i 对 D_i 回归，这也是计量经济学的基本建模方式，用观测结果 Y_i 作为被解释变量，用干预变量 D_i 作为解释变量。但是这种回归并不能识别出任何因果效应参数。比如我们建立一个简单的双变量回归模型：

$$Y_i = \alpha + \tau D_i + \varepsilon_i$$

根据初等计量经济学的知识，用一个容量为 N 的随机样本去估计上述简单回归模型，D_i 的回归系数为：

$$\hat{\tau}^{\text{ols}} = \frac{\sum_{i=1}^{N}(Y_i - \overline{Y})(D_i - \overline{D})}{\sum_{i=1}^{N}(D_i - \overline{D})^2} \tag{2.21}$$

其中，

$$\bar{x} = (1/N) \sum_{i=1}^{N} x_i, \quad x_i = Y_i \text{ 或 } x_i = D_i$$

当干预变量为二值时，可以证明回归系数 $\hat{\tau}^{\text{ols}}$ 等于干预组与控制组样本均值之差。干预变量 D_i 是二值的，取 1 表示个体在干预组，取 0 表示个体在控制组。干预组样本数 N_t 和控制组样本数 N_c 可以分别表示为：

$$N_t = \sum_{i=1}^{N} D_i, \quad N_c = \sum_{i=1}^{N}(1 - D_i) \tag{2.22}$$

干预组和控制组观测结果的样本均值可以分别表示为：

$$\bar{Y}_t = (1/N_t)\sum_{i=1}^{N} D_i Y_i, \quad \bar{Y}_c = (1/N_c)\sum_{i=1}^{N}(1-D_i)Y_i \quad (2.23)$$

首先看(2.21)的分母,

$$\sum_{i=1}^{N}(D_i-\bar{D})^2 = \sum_{i=1}^{N}[D_i^2 - 2D_i(N_t/N) + (N_t/N)^2]$$
$$= N_t - 2N_t^2/N + N_t^2/N = N_t(1-N_t/N) \quad (2.24)$$

则回归系数 $\hat{\tau}^{\text{ols}}$ 可以重新表述为:

$$\hat{\tau}^{\text{ols}} = \frac{\sum_{i=1}^{N}(D_i-\bar{D})Y_i}{N_t(1-N_t/N)} = \frac{\sum_{i=1}^{N}(D_i-N_t/N)Y_i}{N_t(1-N_t/N)}$$

$$= \frac{\sum_{i=1}^{N}(ND_i-N_t)Y_i}{N_t N_c} = \sum_{i=1}^{N}\left[\frac{D_i N_c - (1-D_i)N_t}{N_t N_c}\right]Y_i$$

$$= \sum_{i=1}^{N}[D_i/N_t - (1-D_i)/N_c]Y_i$$

$$= \sum_{i=1}^{N}(D_i Y_i/N_t) - \sum_{i=1}^{N}(1-D_i)Y_i/N_c$$

$$= (1/N_t)\sum_{i=1}^{N}D_i Y_i - (1/N_c)\sum_{i=1}^{N}(1-D_i)Y_i = \bar{Y}_t - \bar{Y}_c \quad (2.25)$$

在大样本的情况下,

$$\hat{\tau}^{\text{ols}} = \bar{Y}_t - \bar{Y}_c \xrightarrow{p} E[Y_i \mid D_i = 1] - E[Y_i \mid D_i = 0] = \tau^{\text{ols}} \quad (2.26)$$

τ^{ols} 是总体回归系数,τ^{ols} 一般不能反映任何因果效应参数,除非施加一定的假设。下面讨论总体回归系数 τ^{ols} 与三个因果效应参数之间的关系。

首先考察总体回归系数与干预组平均因果效应(ATT)之间的关系,由(2.25)(2.26)得:

$$\tau^{\text{ols}} = E[Y_i \mid D_i = 1] - E[Y_i \mid D_i = 0]$$
$$= E[Y_{1i} \mid D_i = 1] - E[Y_{0i} \mid D_i = 0]$$
$$= \underbrace{E[Y_{1i} - Y_{0i} \mid D_i = 1]}_{\text{ATT}} + \underbrace{E[Y_{0i} \mid D_i = 1] - E[Y_{0i} \mid D_i = 0]}_{\text{选择偏差}} \quad (2.27)$$

可见,回归系数和因果效应参数 ATT 之间相差 $E[Y_{0i} \mid D_i = 1] - E[Y_{0i} \mid D_i = 0]$,它表示干预组和控制组个体在控制状态下的潜在结果差异,也称为基线潜在结果差异(difference in baseline potential outcomes)。如果没有实施干预状态下,两组个体潜在结果就有显著差异,那么在干预状态下两组结果的差别就不完全是由干预造成的,即用回归结果估计干预组平均因果效应会有偏差。这一偏差通常称为选择偏差(selection bias)。(2.27)也说明,如果选择偏差为零,则回归系数就是干预组平均因果效应。因而,回归系数就是 ATT 当且仅当,

$$E[Y_{0i} \mid D_i = 1] = E[Y_{0i} \mid D_i = 0] \tag{2.28}$$

观察假设(2.28),左边是反事实结果 $E[Y_{0i}|D_i=1]$,表示干预组个体在未干预状态下的潜在结果,是观测不到的。但在假设(2.28)下,可以用控制组的观测结果 $E[Y_{0i}|D_i=0]$ 来代替干预组的反事实结果 $E[Y_{0i}|D_i=1]$,从而两组观测结果均值之差就是干预组平均因果效应,即

$$\begin{aligned}\tau_{\text{ATT}} &= E[Y_{1i} - Y_{0i} \mid D_i = 1] = E[Y_{1i} \mid D_i = 1] - E[Y_{0i} \mid D_i = 1]\\ &= E[Y_{1i} \mid D_i = 1] - E[Y_{0i} \mid D_i = 0]\\ &= E[Y_i \mid D_i = 1] - E[Y_i \mid D_i = 0]\\ &= \tau^{\text{ols}}\end{aligned}$$

比如教育收益率的例子,大学教育和高中教育两组个体收入相比较,如果大学教育具有正向选择性,潜在收入高的个体倾向于选择上大学,那么,上大学的个体即使仅完成高中教育,他们的收入也会比高中组来得高。两组个体观测收入平均值之差就不能解释为大学教育对个人收入的因果影响,选择偏差为正,回归系数将高估教育对收入的影响。如果两组个体在受高中教育状态下的潜在收入相似,满足假设(2.28),则回归系数就是大学教育对个体收入的影响(ATT)。

类似地,总体回归系数也不是控制组平均因果效应(ATC)。

$$\begin{aligned}\tau^{\text{ols}} &= E[Y_i \mid D_i = 1] - E[Y_i \mid D_i = 0]\\ &= E[Y_{1i} \mid D_i = 1] - E[Y_{0i} \mid D_i = 0]\\ &- \underbrace{E[Y_{1i} - Y_{0i} \mid D_i = 0]}_{\text{ATC}} \mid \underbrace{E[Y_{1i} \mid D_i = 1] \quad E[Y_{1i} \mid D_i - 0]}_{\text{选择偏差}}\end{aligned} \tag{2.29}$$

只有施加下列假设,回归系数才等于 ATC,

$$E[Y_{1i} \mid D_i = 1] = E[Y_{1i} \mid D_i = 0] \tag{2.30}$$

总体回归系数通常也不是平均因果效应(ATE),

$$\tau^{\text{ols}} = \underbrace{E[Y_{1i} - Y_{0i}]}_{\text{ATE}} + \underbrace{E[Y_{0i} \mid D_i = 1] - E[Y_{0i} \mid D_i = 0]}_{\text{选择偏差}} + \{1 - \Pr[D_i = 1]\}$$

$$\cdot \underbrace{\{E[Y_{1i} - Y_{01} \mid D_i = 1] - E[Y_{1i} - Y_{0i} \mid D_i = 0]\}}_{\text{两组因果效应差异}} \tag{2.31}$$

只有同时施加假设(2.28)和假设(2.30)时,总体回归系数才可解释为总体平均因果效应。

在后面章节的学习中,会发现假设(2.28)和假设(2.30)很有用。很多情况下,通过合理的设计,可以保证这两个条件或其中之一满足,从而可以利用回归

方法获得相关因果效应参数的估计。

第六节 总 结

本章主要介绍了潜在结果的三个基本要件：潜在结果、稳定性假设和分配机制。潜在结果的概念使因果效应的定义非常清晰。因果推断主要对潜在结果建模，而不是根据观测结果建模。稳定性假设是因果推断的一个技术性简化，在考察的对象可能存在着交互影响时，可以选择合适的个体定义，从而使稳定性假设得到满足。比如考察班级规模对学生成绩的影响，由于同一班级不同学生之间可能存在外溢效应（peer effect），如果个体是单个学生，可能不满足稳定性假设。但如果将研究对象定义为班级，则不同班级之间可能不存在交互影响，稳定性假设就会成立。分配机制决定了个体哪个潜在结果实现，可以被观测到。根据分配机制的特征，可以将分配机制分成三类：随机化机制、规则机制和不规则机制。对后两种机制，计量经济学中分别称为根据观测变量的选择机制（selection on observables）和根据未观测变量的选择机制（selection on unobservables）。在因果推断中，必须对个体分配机制进行深入分析，才能作出科学的推断。如果干预为二值变量，简单回归系数实际是两组个体的观测结果平均值差异。通常情况下，总体回归系数不能解释为任何因果效应参数。但在一定的假设条件下，回归系数会有因果效应的解释。对于这一点，第五章还会详细讨论。

需要注意的是，潜在结果框架仅关注因果效应，不能说明变量之间的影响机制，因果效应是一个"黑箱"，只能给出因果效应的大小，不能给出产生这一因果效应的内在机制（Heckman, 2001, 2010; Rücker et al., 2010）。

 推荐阅读

Imbens and Rubin（2015）第 1 章和 Morgan and Winship（2015）第 2 章对潜在结果框架有一个很好的介绍。Neyman（1923, 1990）首次在农业随机化实验中引入了潜在结果的概念，Rubin（1974）重新独立提出了潜在结果的概念并且推广到观测研究中，可以参考阅读。

第三章 随机化实验

本章主要介绍随机化实验的作用以及为什么随机化实验可以消除选择偏差(selection bias)。在实验中,研究者可以控制个体的干预状态,研究者可以通过一定的机制决定哪个个体进入干预组,哪个个体进入控制组。随机化实验中,干预状态可以通过一定的随机机制实现,比如利用投硬币的方式,正面去干预组,反面去控制组,每个个体均有 1/2 的可能性进入干预组和控制组。因而,随机化实验中,研究者知道随机机制及分配概率。

第一节 随机化实验的作用

随机化实验是因果推断的黄金标准(Rubin,2008;Imbens and Wooldridge,2009;Angrist and Pischke,2009),是观测研究的基础。随机化实验在统计学中不是什么新内容,但在经济学研究中是比较新的。近年来,在 MIT 经济学教授 Duflo 和 Banerjee 夫妇等人的推动下,成为经济政策研究的重要实证方法。在传统的因果推断思想中,尤其是自然科学的研究中,人们往往采用"控制"的方法,将影响结果的所有其他因素控制住,仅让关心的变量变化,看看结果如何变化。这种情况下,结果的变化就是关心的变量造成的影响。比如物理学中,自然状态下,铁球和羽毛的运行规律是不同的。物体的运动受到地球引力、空气阻力、温度、湿度等因素的影响,但物理学家主要关注地球引力对物体运动的影响。因而,他们采用控制的方法,通过抽真空的方式,将影响物体运动的其他因素控制住,发现铁球和羽毛的运行规律相同。经济学家在进行因果推断时,也经常采用"控制"方法,计量经济学所讲的"其他变量保持不变"(ceteris paribus)实际就是控制方法。保持其他变量相同,这一变量变化造成的结果变化即因果影响。随机化实验采用不同的思路,它不要求将所有其他影响因素控制住,只要求干预分配是随机化的。随机化的分配机制可以帮助排除其他因素的影响,这是与"控制法"完全不同的一种思维方式。

Fisher(1935)在其经典著作《实验设计》中首次提出了"随机化实验"的思想,指出我们不必控制其他变量差异,现实中也没有办法完全控制所有的其他变量,只要让随机机制决定干预变量的分配,就可以获得正确的因果效应。随机化的好处在于不需要控制其他的可能影响因素,因为我们关心的原因变量取值是随机化的,从而使干预组和控制组两组个体的其他影响因素差异都是偶然性的,两组个体结果变量的比较,就是该原因变量对结果变量的影响。回到教育收益率的例子,假设可以做随机化实验,考察大学教育 D 对个人收入 Y 的影响。对于一个特定总体,对他们的教育进行随机化分配,比如通过投均匀硬币的方式,正面让他接受大学教育,反面就只让他完成高中教育。如果可以完成这样一个假想的随机化实验,那么,直接比较这两类人的收入就可以得到大学教育对个人收入的平均因果效应。尽管这两组个体除随机化赋值的教育变量外,在其他方面,比如能力、家庭背景等可能仍然存在着差异,但这种差异是随机性的,由"随机定律"控制,不会影响估计结果。用经典计量经济学的语言表述,可以构建下列模型:

$$\log(Y_i) = \beta_0 + \beta_1 D_i + \varepsilon_i$$

其中左边是对数收入,右边是教育变量 D_i,ε_i 为其他影响因素。尽管还有很多其他影响收入的因素,但教育变量 D_i 的取值是随机化的,与其他未观测因素 ε_i(其他影响收入的因素)不相关,满足经典线性回归模型的基本假设,因而可以得到教育收益率 β_1 的一致估计。

随机化的关键作用是可以平衡两组个体其他因素的分布,①使得两组个体的各协变量(包括可观测变量和未观测变量)具有相同的分布。比如,前面教育变量如果是随机化取值(简单起见,假设仅取二值:大学教育或高中教育),尽管影响收入的因素还有能力等变量,但通过随机化分配,使得接受大学教育和高中教育的这两组群体,除教育变量之外,其他特征在统计分布意义上都非常相似,包括可观测的和不可观测的变量,如年龄,能力等。随机化实验的作用就是使(除原因变量之外的)因素能够分布平衡,从而使得两组个体具有可比性。

下面看一个随机化实验的例子,美国国家支持工作示范项目(National Supported Work Demonstration, NSW)是美国在 1975—1980 年实施的一项随机化实验,该实验的主要目的是考察职业培训对个体收入等方面的影响。

例 3.1(美国国家支持工作示范项目) 美国国家支持工作示范项目主要针对服务业女性和建筑业男性中的低收入群体,通常地方管理机构选择符合资格的人员,然后随机分配到干预组接受培训或分配到控制组不进行任何干预。干预组个体会得到 NSW 项目的资助以参加培训,控制组个体没有受到 NSW 的干预,仍然从事原有的职业。下面的数据来自于 Dehejia and Wahba (1999),包

---

① 这些因素应该是在干预分配之前已经确定的变量,不受干预变量的影响,通常称为协变量。

含 1975 年 12 月进入 NSW 项目、1978 年 1 月离开 NSW 项目随机化实验的男性。因为个体是 1975 年 12 月进入实验，因而，1974 年和 1975 年的收入是干预前变量，没有受到培训的影响。1978 年收入是参与 NSW 项目培训后的结果，受到 NSW 项目培训的影响。数据共有 370 个，其中 185 人在干预组，另外 185 人在控制组。相关协变量数据见表 3.1。表 3.1 显示，干预组和控制组两组个体的先决变量平均值和分布非常相似。

表 3.1 NSW 实验协变量统计表

协变量	干预状态	均值	25%	50%	75%
年龄	干预组	25.82	20	25	29
	控制组	25.70	20	25	29
教育	干预组	10.35	9	11	12
	控制组	10.19	9	10	11

协变量	干预状态	均值	Percent $0
1974 年收入	干预组	2096	71%
	控制组	2009	75%
1975 年收入	干预组	1532	60%
	控制组	1485	64%

协变量	干预状态	Percent
Black	干预组	84%
	控制组	85%
Hispanic	干预组	6%
	控制组	5%
Married	干预组	19%
	控制组	20%
No High School Degree	干预组	71%
	控制组	77%

表 3.1 首先说明，随机化可以产生相对可比的干预组和控制组；其次表 3.1 中的 8 个协变量没有影响干预状态的分配，即 NSW 项目组没有根据这 8 个变量决定个体是否进入干预组，这一点很重要。这 8 个变量不是通过人为方式进行平衡的，而是通过干预状态的随机化分配达到的，这使我们有理由相信两组个体的未观测特征也是平衡的。当然，两组个体特征并不是完全相同，这种差异是由随机化机制造成的，在统计上一般是不显著的。

例 3.2(美国田纳西州教育实验(STAR)项目) 为了考察学校的班级规模

与学生学习效果的关系,1985—1989 年,田纳西州开展了一项为期 4 年的教育改革随机化实验,称为学生教师成就率项目,简称 STAR(Student/Teacher Achievement Ratio)项目。1985—1986 学年开始,79 个学校的幼儿园学生和教师被随机分配到三种规模的班级:小班(13—17 个学生)、正常班(22—25 个学生)和正常/辅导班(22—25 个学生加上一个全职辅导老师)。每年大约 6000—7000 名学生参与项目,4 年共 11600 名学生参与。项目要求参与学校每种类型的班级至少有一个班,随机化分配是在学校内部进行的,每学年学期末会进行一次标准化的考试以检验学生学习效果。

表 3.2 STAR 实验两组特征比较

变量	班级规模			两组特征相等的 p 值
	小班	正常班	正常/辅导班	
是否提供免费午餐	0.47	0.48	0.50	0.09
白人/亚裔	0.68	0.67	0.66	0.26
1985 年时年龄	5.44	5.43	5.42	0.32
流失率	0.49	0.52	0.53	0.02
班级规模	15.10	22.40	22.80	0.00
成绩	54.70	48.90	50.00	0.00

注:摘自 Krueger(1999)表 Ⅰ。

表 3.2 给出了三种班级的主要特征变量和分数的比较统计。表 3.2 显示,前三个协变量基本相似:是否提供免费午餐、种族、年龄分布。但流失率有较大差异,小班流失率低,而正常班的流失率会高一些,在分析时需要考虑这一点。不过,表 3.2 提供了与表 3.1 相似的信息,如果干预是随机化分配的,那么,不同组特征将非常相似,从而具有可比性。

第二节 随机化实验与选择偏差

在随机化实验中,干预状态是随机化分配的。这意味着,对于每一个个体,它的两个潜在结果(Y_{1i}, Y_{0i})哪一个会实现,是由分配机制随机决定的,并且分配机制不依赖于潜在结果,即满足非混杂性:[1]

$$(Y_{1i}, Y_{0i}) \perp\!\!\!\perp D_i \tag{3.1}$$

(3.1)表示潜在结果(Y_{1i}, Y_{0i})与干预变量 D_i 是相互独立的,即干预变量 D_i 的

---

[1] 也称为可忽略性(Rubin,2005)或独立性(Angrist and Pischke,2009)。

取值完全独立于两个潜在结果(Y_{1i}, Y_{0i})。

表 3.3 随机化实验的作用

i	Y_{0i}	Y_{1i}	D_i	Y_i
1	?	3	1	3
2	?	5	1	5
3	?	0	1	0
⋮	⋮	⋮	⋮	⋮
$N-2$	4	?	0	4
$N-1$	0	?	0	0
N	1	?	0	1

假设实验对象有 N 个,则对于这 N 个个体,潜在结果 Y_{1i} 有 N 个,Y_{0i} 也有 N 个。当利用随机化机制决定分配向量后,假设 N_t 个个体进入了干预组,那么,这 N_t 个个体的 Y_{1i} 实现了,我们可以观察到,另外的 $N-N_t$ 个个体的 Y_{1i} 没有实现,我们观察不到。由于分配机制是随机化的,从而相当于观测到的 N_t 个 Y_{1i} 是来自于 N 个 Y_{1i} 总体的一个随机子样本。同样地,$N-N_t$ 个个体的 Y_{0i} 实现了,其他的 N_t 个 Y_{0i} 没有实现,从而观察到的 $N-N_t$ 个 Y_{0i} 是来自于 N 个 Y_{0i} 总体的一个随机子样本。假设 N 足够大,由大数定律,样本信息近似于总体信息,从而,我们有:

$$\bar{Y}_t = \frac{1}{N_t} \sum_{i: D_i = 1} Y_i \xrightarrow{p} E[Y_{1i}] \qquad (3.2)$$

$$\bar{Y}_c = \frac{1}{N_c} \sum_{i: D_i = 0} Y_i \xrightarrow{p} E[Y_{0i}] \qquad (3.3)$$

因而,在随机化实验中,两组观测结果的平均值之差(或回归系数)将趋近于总体平均因果效应,即

$$\hat{\tau}^{\text{dif}} = \bar{Y}_t - \bar{Y}_c \xrightarrow{p} \tau_{\text{ATE}} = E[Y_{1i} - Y_{0i}] \qquad (3.4)$$

随机化实验可以消除选择偏差,为什么? 因为可以随机化分配,(3.1)意味着下列两式成立:

$$E[Y_{0i} \mid D_i = 1] = E[Y_{0i} \mid D_i = 0] \qquad (3.5)$$

$$E[Y_{1i} \mid D_i = 1] = E[Y_{1i} \mid D_i = 0] \qquad (3.6)$$

从而,选择偏差 $E[Y_{0i} \mid D_i=1] - E[Y_{0i} \mid D_i=0] = 0$。

因而,在随机化实验中,两组观测结果之差为:

$$E[Y_i \mid D_i = 1] - E[Y_i \mid D_i = 0]$$
$$= E[Y_{1i} - Y_{0i} \mid D_i = 1] + E[Y_{0i} \mid D_i = 1] - E[Y_{0i} \mid D_i = 0]$$

$$= E[Y_{1i} - Y_{0i} \mid D_i = 1]$$
$$= E[Y_{1i} - Y_{0i}] \quad (因为潜在结果独立于干预变量 D_i)$$

事实上,两组观测结果之差 $\hat{\tau}^{\text{dif}}$ 反映的是变量 D_i 和观测结果 Y_i 之间的相关性,因而,在随机化实验中,相关关系就是因果关系,下面的式子说明了上述结论。

$$\begin{aligned} \text{Cov}(D_i, Y_i) &= E[D_i Y_i] - E[D_i]E[Y_i] \\ &= E[Y_i \mid D_i = 1] \cdot p - p \cdot E[Y] \quad (其中 p = \Pr[D_i = 1]) \\ &= E[Y_i \mid D_i = 1] \cdot p - p^2 \cdot E[Y_i \mid D_i = 1] \\ &\quad - p(1-p)E[Y_i \mid D_i = 0] \\ &= p(1-p)\{E[Y_i \mid D_i = 1] - E[Y_i \mid D_i = 0]\} \end{aligned}$$

整理一下,得

$$\begin{aligned} \tau^{\text{dif}} &= E[Y_i \mid D_i = 1] - E[Y_i \mid D_i = 0] \\ &= \frac{\text{Cov}(D_i, Y_i)}{p(1-p)} = \frac{\text{Cov}(D_i, Y_i)}{\text{Var}(D_i)} \end{aligned} \quad (3.7)$$

其中,

$$\text{Var}(D_i) = E[D_i^2] - E^2[D_i] = p - p^2 = p(1-p)$$

(3.7)实际上是 Y_i 对 D_i 的总体回归系数,因而,两组观测结果平均值之差 $\hat{\tau}^{\text{dif}}$ 实际是 Y_i 对 D_i 的样本回归系数。这说明,在随机化实验中,线性回归可以得到因果效应的解释。

第三节 随机化实验的分类

在经典的随机化实验中,个体干预状态是随机化分配的,分配不依赖于个体的潜在结果,并且分配概率是已知的。根据分配机制的设定不同,可以分成四类:伯努利实验(Bernoulli Trials)、完全随机化实验(completely randomized experiments)、分层随机化实验(stratified randomized experiments)、配对随机化实验(paired randomized experiments)。

在伯努利实验中,可以利用投硬币方式决定每个个体的干预状态。如果是均匀硬币,则每个个体进入干预组的可能性为 1/2,硬币也可以是不均匀的,比如每个个体进入干预组的可能性可以是 1/3。如果实验总体共有 N 个,则分配向量共有 2^N 种。分配向量是描述个体干预状态的向量 D。假设我们的实验总体为 2,那么,在伯努利实验中,共有 4 种可能的分配向量,分别是:

$$D \in \left\{ \begin{bmatrix} 0 \\ 0 \end{bmatrix}, \begin{bmatrix} 0 \\ 1 \end{bmatrix}, \begin{bmatrix} 1 \\ 0 \end{bmatrix}, \begin{bmatrix} 1 \\ 1 \end{bmatrix} \right\}$$

即两个个体均在控制组,一个在控制组、一个在干预组,一个在干预组、一个在控制组,两个个体均在干预组这四种情况。在伯努力随机化实验中,可能会出现所有个体均在干预组或控制组的情况,尽管当实验个体数目较大时,全部个体在干预组或控制组的概率很低,但仍然有出现的可能。当所有个体均在干预组或控制组时,就没有办法通过两组个体结果的比较进行因果推断。这是伯努利实验的一个主要缺点。

为了克服伯努利实验的缺陷,我们可以事先设定一个固定的干预个体数 N_t,[①]其余 $N-N_t$ 个个体进入控制组,这种方式的随机化实验称为完全随机化实验。完全随机化实验是比较常见的随机化实验。在完全随机化实验中,分配向量共有 $C_N^{N_t}$ 个。假设实验对象有 4 个,设定其中 2 个进入干预组,另外 2 个进入控制组,则共有 6 个可能的分配向量,分别是:

$$D \in \left\{ \begin{bmatrix}1\\1\\0\\0\end{bmatrix}, \begin{bmatrix}1\\0\\1\\0\end{bmatrix}, \begin{bmatrix}1\\0\\0\\1\end{bmatrix}, \begin{bmatrix}0\\1\\1\\0\end{bmatrix}, \begin{bmatrix}0\\1\\0\\1\end{bmatrix}, \begin{bmatrix}0\\0\\1\\1\end{bmatrix} \right\}$$

假设在随机化实验中,某些个体特征或变量 X 对潜在结果有重要影响。这时,可以首先根据特征 X 进行分层,然而在层内再实施完全随机化实验,这种实验称为分层随机化实验。比如,一个 6 人的总体,男性 4 人,女性 2 人。因为性别可能对潜在结果有重要影响,我们可以首先根据性别进行分层,然后再分别对男性和女性进行完全随机化实验。比如,男、女性均有一半的个体进入干预组,这时分配向量共有 $C_4^2 \times C_2^1 = 12$ 个,分别是:

$$D \in \left\{ \begin{bmatrix}1\\1\\0\\0\\1\\0\end{bmatrix}, \begin{bmatrix}1\\0\\1\\0\\1\\0\end{bmatrix}, \begin{bmatrix}1\\0\\0\\1\\1\\0\end{bmatrix}, \begin{bmatrix}0\\1\\1\\0\\1\\0\end{bmatrix}, \begin{bmatrix}0\\1\\0\\1\\1\\0\end{bmatrix}, \begin{bmatrix}0\\0\\1\\1\\1\\0\end{bmatrix}, \begin{bmatrix}1\\1\\0\\0\\0\\1\end{bmatrix}, \begin{bmatrix}1\\0\\1\\0\\0\\1\end{bmatrix}, \begin{bmatrix}1\\0\\0\\1\\0\\1\end{bmatrix}, \begin{bmatrix}0\\1\\1\\0\\0\\1\end{bmatrix}, \begin{bmatrix}0\\1\\0\\1\\0\\1\end{bmatrix}, \begin{bmatrix}0\\0\\1\\1\\0\\1\end{bmatrix} \right\}$$

---

① 如何确定干预个体数,取决于实验设计和研究预算,具体方法可以参见 Duflo et al. (2008)。

有一种特殊的分层随机化实验,称为配对随机化实验。在这种随机化实验中,根据某个特征,将所有个体分成 $N/2$ 组(N 为偶数),每组只有 2 个个体,并且两个个体随机化分配,1 个在干预组,1 个在控制组。

四种随机化实验的主要差别在于对干预向量的限制,表 3.4 给出了上述 4 种随机化实验的比较。表 3.4 中,完全随机化实验假设一半的个体进入干预组,分层随机化实验假设分成两层,每层个体数各一半,并且每层内有一半个体进入干预组。可以看出,这四种经典随机化实验的主要差异在于分配向量的多少不同,越向下,对实验施加的限制就越多,从而分配向量就越少。当实验个体数增加到 32 时,即使是限制最强的配对随机化实验,它的分配向量数也超过了 6 万个。因此,在真正的随机化实验中,可能没有办法将所有的分配向量写出来。现实中,完全随机化实验和分层随机化实验是比较常用的。还有其他类型的随机化实验,这里不再详述。

表 3.4 四种经典随机实验的分配向量数目对照表

实验类型	分配向量数目	样本容量			
		4	8	16	32
伯努利实验	2^N	16	256	65536	4.2×10^9
完全随机化实验	$C_N^{N/2}$	6	70	12870	0.6×10^9
分层随机化实验	$(C_{N/2}^{N/4})^2$	4	36	4900	0.2×10^9
配对随机化实验	$2^{N/2}$	4	16	256	65536

第四节 随机化实验的分析

在随机化实验中,干预变量 D_i 独立于潜在结果,从而消除了选择偏差,使干预组和控制组观测结果之差等于总体平均因果效应。因而,如果数据来自于随机化实验,那么因果效应的分析非常简单。我们主要分析完全随机化实验、分层随机化实验和配对随机化实验所得数据。

首先,如果数据来自于完全随机化实验,假设 N 个个体,N_t 个接受干预,N_c 个为控制干预,$N=N_t+N_c$。这时,两组观测结果之差就是平均因果效应,即 τ^{dif} 是 τ_{ATE} 的无偏估计量,其中,

$$\hat{\tau}^{\text{dif}} = \bar{Y}_t - \bar{Y}_c$$
$$\tau_{\text{ATE}} = E[Y_{1i}] - E[Y_{0i}]$$

并且 $\hat{\tau}^{\text{dif}}$ 的方差可以用下列式子估计:

$$\hat{V}^{\text{neyman}} = \frac{s_c^2}{N_c} + \frac{s_t^2}{N_t} \tag{3.8}$$

其中,

$$s_c^2 = \frac{1}{N_c-1}\sum_{i;D_i=0}^{N_c}(Y_i-\bar{Y}_c)^2, \quad s_t^2 = \frac{1}{N_t-1}\sum_{i;D_i=1}^{N_t}(Y_i-\bar{Y}_t)^2$$

因而,如果数据来自于完全随机化实验,因果效应的估计非常简单,干预组和控制组观测结果之差 $\hat{\tau}^{\text{dif}}$ 即是平均因果效应的无偏估计。当然,也可以使用线性回归分析。上一章我们已经证明(参见(2.26)式),观测结果 Y_i 对干预变量 D_i 的简单回归系数 $\hat{\tau}^{\text{ols}}$ 实际上等于两组观测结果平均值之差 $\hat{\tau}^{\text{dif}}$。因而,对于完全随机化实验数据,我们可以采用简单线性回归方法,回归系数 $\hat{\tau}^{\text{ols}}$ 将是总体平均因果效应 τ_{ATE} 的无偏估计量。

在线性回归分析中通常施加一个关键假设,零条件均值假设或正确模型设定假设(洪永森,2011),要求以解释变量为条件,误差项的条件期望值为零,即 $E[\varepsilon_i|D_i]=0$。在应用中,这一假设无法检验,也无法保证,但是在随机化实验中,这一条件可以得到保证。下面进行简单推导以证明这一点。

首先,观测结果 Y_i 可以用潜在结果和干预变量表示,即

$$\begin{aligned} Y_i &= D_i Y_{1i} + (1-D_i)Y_{0i} \\ &= Y_{0i} + (Y_{1i}-Y_{0i})D_i \\ &= \alpha + \tau_{\text{ATE}} D_i + \varepsilon_i \end{aligned} \tag{3.9}$$

其中 $\alpha=E[Y_{0i}]$,$\varepsilon_i=Y_{0i}-\alpha+D_i(Y_{1i}-Y_{0i}-\tau_{\text{ATE}})$。注意,误差项可以写成:

$$\varepsilon_i = \begin{cases} Y_i - \alpha & \text{如果 } D_i=0 \\ Y_i - \alpha - \tau_{\text{ATE}} & \text{如果 } D_i=1 \end{cases} \tag{3.10}$$

则

$$E[\varepsilon_i \mid D_i=0] = E[Y_i-\alpha \mid D_i=0] = E[Y_{0i} \mid D_i=0] - \alpha = 0$$

$$\begin{aligned} E[\varepsilon_i \mid D_i=1] &= E[Y_i-\alpha-\tau_{\text{ATE}} \mid D_i=1] \\ &= E[Y_{1i} \mid D_i=1] - \alpha - \tau_{\text{ATE}} = 0 \end{aligned}$$

上面两式的推导均运用了完全随机化实验的基本特征,干预分配独立于潜在结果,即(3.1)式。因而,在完全随机化实验中,回归方程(3.9)总是满足零条件期望假设 $E[\varepsilon_i|D_i]=0$。在完全随机化实验中,这一条件并不是假设,它的成立完全来自于分配机制的随机化。所以,对于来自于完全随机化实验的数据,完全可以利用线性回归进行分析,构造下列模型:

$$Y_i = \alpha + \tau D_i + \varepsilon_i$$

得到的回归系数 $\hat{\tau}^{\text{ols}}$ 就是平均因果效应参数 τ_{ATE} 的无偏估计。

完全随机化实验可以保证干预组和控制组干预前变量或协变量平衡,但是仍然会有一定的差异,当然这种差异是偶然性的,来自于干预分配的随机化。为了降低这种随机差异,可以在回归分析中引入协变量进行调整。只是这时,回归系数不再是总体平均因果效应的无偏估计,而是一致估计。用 X_i 表示干预前变量,完全随机化实验也可用下列回归模型进行分析:

$$Y_i = \alpha + \tau D_i + X_i \beta + \varepsilon_i \tag{3.11}$$

可以证明:[①]

$$\hat{\tau}^{\text{ols}} \xrightarrow{p} \tau_{\text{ATE}} = E[Y_{1i} - Y_{0i}] \tag{3.12}$$

如果协变量 X_i 对结果 Y_i 具有重要影响,那么引入协变量 X_i 后,将提高 $\hat{\tau}^{\text{ols}}$ 的估计精度,降低估计标准误差。

有时,研究者希望引入干预变量 D_i 与协变量 X_i 的交叉项以降低模型误设,进一步提高估计精度。可以构造下列回归模型:

$$Y_i = \alpha + \tau D_i + X_i \beta + D_i(X_i - \bar{X})\gamma + \varepsilon_i \tag{3.13}$$

可以证明,该模型的回归系数 $\hat{\tau}^{\text{ols}}$ 仍然是总体平均因果效应 τ_{ATE} 的一致估计。事实上,在完全随机化实验中,函数形式并不重要,任何函数形式都可得到因果效应参数的一致估计,这也是完全随机化实验的优势之一。

如果在随机化实验中,某些特征会使结果具有较大差异,比如考察某项治疗对病人的影响,由于男女生理差异,使治疗效果对男女性的作用有所不同,这时性别因素是影响治疗效果的重要变量。在设计随机化实验时,研究者可以针对男性和女性分别进行完全随机化实验,这种随机化实验称为分层随机化实验。在分层随机化实验中,首先根据某些影响潜在结果的协变量将个体进行分层(分组),然后在层内进行完全随机化实验,不同层可以采用不同的干预分配概率。用 X_i 表示作为分层依据的协变量,那么,在分层随机化实验中,有下列条件成立:

$$(Y_{1i}, Y_{0i}) \perp\!\!\!\perp D_i \mid X_i \tag{3.14}$$

(3.14)称为非混杂性或条件独立性(CIA),即以协变量 X_i 为条件,潜在结果独立于干预分配,或者说,根据协变量 X_i 分层,层内是完全随机化实验,从而相同 X_i 的群体中,潜在结果是独立于干预变量的。因为层内是完全随机化实验,因而上文关于完全随机化实验的分析方法适用于层内因果效应的分析。但是,总体平均因果效应应该如何计算?

为了表述方便,假设共有 J 层,用 $G_i \in \{1, \cdots, J\}$ 表示个体 i 所在的组别或

[①] 参见 Imbens and Rubin (2015, p.123)。

层。每层内进行完全随机化实验,用 $N_t(j)$ 表示 j 层中接受干预个体的数量,$N(j)$ 表示 j 层个体总数,则 $N_t(j)/N(j)$ 是 j 层个体接受干预的可能性,也称为倾向指数(propensity score),不同组内倾向指数可以不同。$N=\sum_{j=1}^{J}N(j)$,干预组个体数为 $N_t=\sum_{j=1}^{J}N_t(j)$,控制组个体数为 $N_c=N-N_t$。总体平均因果效应可以表示为:

$$\begin{aligned}\tau_{\text{ATE}} &= E[Y_{1i}-Y_{0i}] \\ &= E[E[Y_{1i}-Y_{0i}\mid G_i]] \\ &= \sum_{j=1}^{J} E[Y_{1i}-Y_{0i}\mid G_i=j]\Pr[G_i=j] \\ &= \sum_{j=1}^{J} \tau_{\text{ATE}}(j) p(j)\end{aligned}$$

其中,$\tau_{\text{ATE}}(j)=E[Y_{1i}-Y_{0i}\mid G_i=j]$,$p(j)=\Pr[G_i=j]$。根据矩估计方法原理,可以用下列估计量估计总体平均因果效应.

$$\hat{\tau}^{\text{strat}} = \sum_{j=1}^{J} \hat{\tau}(j)\cdot\frac{N(j)}{N} \tag{3.15}$$

其中 $\hat{\tau}(j)=\bar{Y}_t(j)-\bar{Y}_c(j)$,$j=1,\cdots,J$。可以证明:

$$\hat{\tau}^{\text{strat}} \xrightarrow{p} \tau_{\text{ATE}} \tag{3.16}$$

并且,

$$\widehat{\text{Var}(\hat{\tau}^{\text{strat}})} = \sum_{j=1}^{J}\left(\frac{N_j}{N}\right)^2\cdot\text{Var}(\hat{\tau}(j)),\quad \text{Var}(\hat{\tau}(j))=\frac{s_c^2(j)}{N_c(j)}+\frac{s_t^2(j)}{N_t(j)} \tag{3.17}$$

对于分层随机化实验产生的数据,也可以用回归分析方法进行分析,可以构建下列回归分析模型:

$$Y_i = \tau D_i + \sum_{j=1}^{J}\beta_j\cdot 1(G_i=j)+\varepsilon_i \tag{3.18}$$

其中 $1(\cdot)$ 为示性函数,条件成立取 1,不成立取 0,在上式中实际上是不同层的标识变量,如果个体 i 属于 j 层,则 $1(G_i=j)$ 取值 1,相当于引入了 J 个虚拟变量,代表不同的群组。上述回归实际上是一种饱和回归,在第五章中还会有详细介绍。不过回归方程(3.18)的回归系数 $\hat{\tau}^{\text{ols}}$ 并不是总体平均因果效应 τ_{ATE} 的一致估计,它实际上趋近于下列参数:

$$\hat{\tau}^{\,\text{ols}} \xrightarrow{p} \tau_{\omega} = \frac{\sum_{j=1}^{J} \omega(j) \tau_{\text{ATE}}(j)}{\sum_{j=1}^{J} \omega(j)} \qquad (3.19)$$

其中 $\omega(j) = q(j)p(j)(1-p(j))$，$\tau_{\text{ATE}}(j) = E[Y_{1i} - Y_{0i} | G_i = j]$，$q(j) = N(j)/N$，$p(j) = N_t(j)/N(j)$。$\tau_{\omega}$ 不一定等于 τ_{ATE}，τ_{ω} 只是对 τ_{ATE} 的近似。关于这一点会在第五章中进行讨论。为了用回归方法得到一致估计，需要构造下列回归方程：

$$Y_i = \tau \cdot D_i \cdot \frac{1(G_i = J)}{N(J)/N} + \sum_{j=1}^{J} \beta_j \cdot 1(G_i = j)$$
$$+ \sum_{j=1}^{J-1} \tau(j) \cdot D_j \left(1(G_i = j) - 1(G_i = J) \cdot \frac{N(j)}{N(J)} \right) + \varepsilon_i \qquad (3.20)$$

可以证明 $(3.20) \tau$ 的 OLS 回归系数，[①]

$$\hat{\tau}^{\,\text{ols}} \xrightarrow{p} \tau_{\text{ATE}}$$

配对随机化实验是一种特殊的分层随机化实验，每层只有两个个体，这两个个体在层内随机化分配，一个进入干预组，一个进入控制组。因而，每层内的平均因果效应可以用干预个体与控制个体观测结果之差进行测度，即 $\hat{\tau}^{\,\text{pair}} = Y_t(j) - Y_c(j)$，$j = 1, \cdots, N/2$。总体平均因果效应可以用 $\hat{\tau}^{\,\text{dif}}$ 进行估计，

$$\hat{\tau}^{\,\text{dif}} = \frac{1}{N/2} \sum_{j=1}^{N/2} \hat{\tau}^{\,\text{pair}}(j) = \frac{1}{N/2} \sum_{j=1}^{N/2} (Y_t(j) - Y_c(j)) = \bar{Y}_t - \bar{Y}_c \qquad (3.21)$$

可以建立下列回归方程进行分析：

$$\hat{\tau}^{\,\text{pair}}(j) = \tau + \varepsilon_j \qquad (3.22)$$

如果引入协变量，可以采用下列回归方程：

$$\hat{\tau}^{\,\text{pair}} = \tau + \beta \Delta_{X,j} + \gamma(\bar{X}_j - \bar{X}) + \varepsilon_i \qquad (3.23)$$

---

① 在层内为完全随机化实验，对于完全随机化实验，可以直接用简单回归得到总体平均因果效应的无偏估计。因而，在分层随机化实验中，对于 j 层的个体，可以构造如下回归方程估计 j 层的平均因果效应：

$$Y_i(j) = \beta(j) + \tau(j)D_i + \varepsilon_i(j)$$

对于任意个体 i，其观测结果可以写为：

$$Y_i = \sum_{j=1}^{J} 1(G_i = j) Y_i(j)$$
$$= \sum_j \beta(j) 1(G_i = j) + \sum_j \tau(j) D_i 1(G_i = j) + \sum_j 1(G_i = j) \varepsilon_i(j)$$

因为 $\tau_{\text{ATE}} = \sum_{j=1}^{J} q(j) \tau(j)$，所以，$\tau(J) = \left(\tau_{\text{ATE}} - \sum_{j=1}^{J-1} q(j) \tau(j) \right) \Big/ q(J)$，将 $\tau(J)$ 代入上式并整理即得 (3.20)。

(3.22)(3.23)常数项即是对总体平均因果效应的估计。

例 3.3(NSW 数据分析)　利用 Dehejia and Wahba(1999)整理的随机化实验数据(nsw_dw.dta),简单统计见表 3.1,运用上文提供的分析方法,得到的估计结果见表 3.5:

表 3.5　NSW 数据分析

参数	估计	标准误差
$\hat{\tau}^{dif}$	1794.34	670.99
$\hat{\tau}^{ols}$(简单回归)	1794.34	670.82
$\hat{\tau}^{ols}$(协变量)	1676.90	648.72
$\hat{\tau}^{ols}$(交互项)	1632.71	646.88

第一行是两组平均结果之差,即 $\hat{\tau}^{dif} = \bar{Y}_t - \bar{Y}_c = 1794.34$,标准误差为 670.99,说明接受培训的工人因为参加培训而受益,其平均收入会增加 1794 美元。第二行是简单回归分析,得到的结果和第一行完全相同,标准误差的估计也相似,原因在于简单回归系数就是两组平均结果之差。第三行引入了协变量(年龄、教育、种族、婚姻状态、74 年收入、75 年收入),这时,回归系数是总体平均因果效应的一致估计,结果为 1676.90 美元,与前两行估计结果差别不大,并且标准误有所降低,这也是引入协变量的好处。第四行在第三行的基础上,进一步引入交互项,估计模型(3.23),估计结果为 1632.71 元,标准误差有进一步的降低。

第五节　随机化实验的缺陷

随机化实验是因果推断的黄金标准,但也有缺陷。在随机化实验中,参与个体是被动地随机化分配到干预组和控制组的,干预状态不是个体选择的结果。随机化实验得到的结果只能解释为总体的平均因果效应。现实中一项干预或政策实施,是否受到干预往往是个人选择的结果,接受干预的个体并不是总体的随机样本,他们的平均因果效应并不一定是总体平均因果效应。比如考察大学教育对个人收入的影响,如果能进行随机化实验,则随机化实验得到的结果是总体上大学教育的平均收益率。但现实中大学教育往往是个人选择的结果,如果存在正向选择性,潜在教育收益率更高的个体选择了接受大学教育,而收益率较低的没有选择接受大学教育。那么,现实中大学教育的平均收益率应该高于总体平均的教育收益率。因而,仅仅利用随机化实验得到的结果,并不一定是现实中政策的因果效应(Heckman,2001,2010;Rücker et al.,2010),利用随机化实验进行因果推断时需要清楚这一点。

第六节 总 结

本章主要介绍了随机化实验的作用以及为什么随机化实验可以消除选择偏差。随机化实验产生的数据,由于两组特征平衡,可以直接用回归方法估计因果效应参数。但随机化实验压制了个人选择,提供的因果效应与现实中的政策效应并不完全一致,应用中需要更深入的分析,但随机化实验的结果可以作为一个基本的参照。

推荐阅读

参考 Rosenbaum(2002)第 3 章、Imbens and Rubin(2015)第 4—11 章。Neyman(1923,1990)和 Fisher(1935)是随机化实验的经典文献,可参考阅读。

附录:女士品茶

Fisher(1935)在其经典著作《实验设计》中提出过一个著名的案例——"女士品茶"。① 故事是这样的,一天下午,Fisher 和他的同事们在一起喝下午茶。他的一位女同事说,奶茶的味道和制作奶茶时加奶和茶水的次序有关系,先加牛奶和先加茶水,制作出来的奶茶味道是不一样的,大家对此议论纷纷。Fisher 深思片刻说,我们可以做一个实验检验这一论断。制作 8 杯奶茶,其中 4 杯先加牛奶,另外 4 杯先加茶水,然后随机给该女士品尝。在这里,有关杯子大小、温度等差异不必要求完全相同,只要保证杯子的排序是完全随机化的。在《实验设计》中,Fisher 花了近 10 页的篇幅来介绍这一随机化实验的设计,并强调随机化机制的重要性。

下面看一下 Fisher 的推断过程。首先,假设该女士的说法是错误的,即先加牛奶和先加茶水,味道没有差异,或者说该女士没有辨别能力。再看分配机

---

① 有一本书叫做《女士品茶》,看到这本书不要以为是一本讲如何品茶的书籍,它实际上是一本有关统计学发展历史的书,里面讲了很多统计学家有趣的故事,可以找来读一读。

制,共 8 杯奶茶,随机选取 4 杯先加牛奶,另外 4 杯先加茶水,这样共有 $C_8^4 = 70$ 种可能的分配向量,比如分配向量(1,1,0,0,0,1,1,0)表示第 1、2、6、7 杯为先加牛奶,另外第 3、4、5、8 杯为先加茶水。在随机化机制下,共有 70 个这样的分配向量。如果该女士没有辨别能力或两种奶茶味道没有差别,那么该女士纯粹乱猜,一次实验中,全部猜对的可能性为 $1/70 \doteq 0.014$,Fisher 称这一可能性为 P 值。如果我们用该女士说对的杯数(T)来作为统计量,则在原假设下,她猜对 8 杯的可能性为 $\Pr[T \geq 8] = 0.014$。P 值就是在原假设下统计量超过观测值的极端可能性,可能性越大,原假设越可能正确;可能性越小,原假设越可能错误。这里,在女士完全没有辨别能力的假设下,完全乱猜,猜对的可能性只有 1.4%。如果一次实验,她就猜对了,说明她真的有辨别能力,需要拒绝原假设。

下面再来看看她能够至少猜对 6 杯的可能性。她不可能猜对 7 杯,只要 1 杯猜错就要错 2 杯。恰好猜对 6 杯的可能性是对应每种类型的奶茶均猜对 3 杯,共 16 种可能性,因而,在她没有辨别能力的原假设下,猜对至少 6 杯的可能性为 $\Pr[T \geq 6] = 17/70 \doteq 0.24$,这不是一个小概率。因而,如果在一次实验中,她猜对了 6 杯,在她没有辨别能力的原假设下,出现猜对 6 杯的可能性高达 24%。因而,猜对 6 杯不足以证明她真的有辨别能力,因而,不能拒绝原假设。Fisher 用这样一个简单的随机化实验对该女士提出的命题进行了验证,发现该女士的说法是对的。

在这个例子中,也揭示出了 Fisher 的精确 P 检验方法。Fisher 精确 P 检验(Fisher's Exact P Test, FEP Test)主要分成三个部分:首先,设定精确原假设(sharp null hypotheses),然后,构造统计量,最后计算精确 P 值并进行推断。

Fisher 精确原假设具有下列形式:
$$H_0: Y_{1i} = Y_{0i}, \quad i = 1, \cdots, N \tag{3.24}$$
即干预对所有个体均没有影响。这一假设与 Neyman 的原假设不同,Neyman 关心的是平均效应是否为零,即
$$H_0: E[Y_{1i} - Y_{0i}] = 0 \tag{3.25}$$
有关 Fisher 精确 P 检验及 Neyman 的假设检验参见 Imbens and Rubin(2015)。

第四章 因 果 图

第一节 基本概念

因果图方法是由计算机科学家 Pearl(1995,2009)提出的,Pearl(2009)指出因果图模型与潜在结果框架实际上是一致的,每个因果图背后都对应一个潜在结果模型,但因果图方法更加直观。

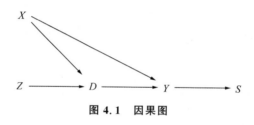

图 4.1 因果图

因果图的基本构成要素包括点(nodes)和箭头(edges),点表示变量,两个变量之间如果有箭头连接,表示至少对总体中的一个个体两变量之间有因果关系。比如图 4.1 中三个点分别代表三个变量 D、X、Y,D 和 Y 之间有箭头连接,并且由 D 指向 Y,表示 D 对 Y 有因果影响,即至少对总体中的一个个体有 D 影响 Y。受 D 直接影响的变量 Y 称为 D 的子变量,受 D 间接影响的变量 S 称为 D 的孙变量,直接影响 Y 的变量 D 称为 Y 的父变量,间接影响 Y 的变量 Z 称为 Y 的祖变量。两个变量之间如果没有箭头连接,表示总体上对于任何个体,两个变量之间均没有因果关系,是相互独立的。

由变量 X 出发,有两个箭头分别指向 D 和 Y,X 称为 D 和 Y 的共同原因(common cause),X 称为 D 影响 Y 的混杂因素(confounder)。图中有两个箭头指向 Y,说明 Y 是 D 和 X 的共同结果(common effect)或交汇变量(collider),D 是 X 和 Z 的交汇变量。

将两个变量连接起来即形成路径(paths),图中连接变量 D 和 Y 有两条路径,分别是 $D \to Y$ 和 $D \leftarrow X \to Y$,前者称为因果路径(causal path),后者称为后门路径(backdoor path)。因果路径是指由原因变量或干预变量 D 指向结果变量 Y 的路径,可以是直接指向,也可以是通过中介变量间接指向结果变量,比如,如果D到Y的因果路径上还有一个中介变量B,那么因果路径可以表示为$D \rightarrow B \rightarrow Y$。后门路径是指连接原因变量$D$和结果变量$Y$,并且有指向原因变量$D$的箭头的非因果路径。图中路径$D \leftarrow X \rightarrow Y$连接原因变量$D$和结果变量$Y$,并且路径上有指向原因变量$D$的箭头,因而是后门路径。

因果图中,变量通常按照发生的先后顺序排列,先发生的变量在左边,后发生的变量在右边,比如图4.1中,X在D前发生,D在Y前发生。另外,因果图中不包括循环路径,即结果不可能影响原因,未来不可能影响现在。也就是说,图4.1中不可能出现Y指向D的路径,当然也不包括指向变量自身的路径。因而,因果图也称为因果有向无环图(Causal Directed Acyclic Graph, Causal DAG)。

在画因果图时,凡是图中变量的共同原因,均应包括在因果图中。影响变量的扰动因素,如果独立于其他变量,可以不在因果图中显示。① 图4.1中X是D和Y的共同原因,因而,应该显示在因果图中。另外,影响Y的因素还有其他未观测扰动因素ε_Y,影响D的因素还有其他扰动因素ε_D,但这些扰动因素均独立于其他变量,因而,可以不出现在因果图中,但如果某些未观测扰动因素不独立于图中的其他变量,比如,ε_Y除影响Y之外,还会影响D,那么,ε_Y就是变量D和Y的另一个共同原因或混杂因素,应该包括在因果图中,此时,因果图如图4.2所示:

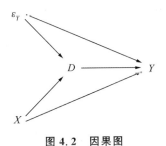

图 4.2 因果图

第二节 因果图和边际独立性

因果关系是潜在结果的比较,如果原因变量D对结果变量Y有因果影响,则有$E[Y_{0i}] \neq E[Y_{1i}]$,或至少对于某些个体i有$Y_{0i} \neq Y_{1i}$,$i=1,\cdots,N$。相关性

---

① 参见 Pearl(2009, p. 68)、Morgan and Winship(2015, p. 88)。

是观测结果的比较,如果变量 D 与 Y 相关,则有 $E[Y_i|D_i=1] \neq E[Y_i|D_i=0]$。① 如果变量 D 对 Y 有因果影响,则 D 和 Y 肯定相关,但两者相关,则不一定有因果关系。比如,利用随机化实验考察培训(D)对个人收入(Y)的影响,如果培训对个人收入有因果影响,在因果图中将有 D 指向 Y 的因果路径。但影响个人收入的还有很多其他影响因素,比如能力,是否应该进入因果图呢?不用。因为在随机化实验中,原因变量 D 是随机化分配的,从而独立于其他变量,尽管能力影响个体收入,但能力独立于原因变量,从而能力不会是混杂因素,这正是随机化实验的作用。此时,因果图非常简单,只有 D 到 Y 的一条因果路径,见图 4.3。因为 D 对 Y 有因果影响,那么,两者肯定相关。② 当然,相反方向不一定成立,两变量相关不一定有因果关系。另外,因果关系是有向的,总是原因影响结果或原因变量指向结果变量,而相关关系是对称的,没有方向性,如果 D 影响 Y,则 D 和 Y 相关,当然,Y 和 D 也相关。

图 4.3 因果图和相关性

下面看第二种情况,见图 4.4。为了便于描述,我们给图中的变量赋予特定含义,变量 L 表示是否有抽烟行为,变量 D 表示是否有随身带打火机的习惯,变量 Y 表示患肺癌的风险。一般认为,抽烟行为 L 会导致患肺癌风险 Y 增加,因而,L 对 Y 有因果影响。如果个人有抽烟行为 L,则该个体随身带打火机的可能性 D 会更大,从而抽烟行为 L 直接影响个人是否随身携带打火机 D。是否携带打火机 D 对个体患肺癌风险 Y 没有影响,从而 D 和 Y 是独立的,但在这里两者不是不相关的。比如,现在有人想研究随身携带打火机 D 是否对个体肺癌风险 Y 有因果影响,假设他通过抽样调查获得了 D 和 Y 的数据,并直接利用观测数据进行比较,他将发现,随身携带打火机的人,患肺癌的可能性会更高。因为随身携带打火机的人,抽烟的可能性更大,而抽烟的人,患肺癌的风险也更大。尽管两者实际上没有因果关系,但观测数据显示两者具有相关性。原因在于,变量 D 和 Y 有一个共同的原因 L,即使 D 和 Y 之间没有因果关系,共同原因 L 也会使两者表现出相关性。共同原因 L 通常称为变量 D 到 Y 的混杂因

---

① 在第三章我们已经证明观测结果的比较反映的是相关性,参见(3.7)式。
② D 对 Y 有因果影响,即 $E[Y_{1i}] - E[Y_{0i}] \neq 0$,则
$$E[Y_i | D_i = 1] - E[Y_i | D_i = 0] = E[Y_{1i} | D_i = 1] - E[Y_{0i} | D_i = 0]$$
$$= E[Y_{1i}] - E[Y_{0i}] \neq 0$$
第二行利用了随机化实验中,D 独立于潜在结果(Y_{1i}, Y_{0i})。从而说明,如果 D 对 Y 有因果影响,则两者存在相关关系。

素。混杂因素造成的相关称为混杂偏差(confounding bias)。如果要得到 D 到 Y 的因果影响,必须想办法消除混杂因素 L 的影响。

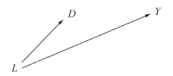

图 4.4　因果图和相关性:共同原因

再看一种情况,见图 4.5。变量 D 和 Y 之间没有箭头连接,表示两者之间没有直接的因果关系,但它们共同决定变量 C,C 称为变量 D 和 Y 的共同结果或交汇变量。为了便于解释,假设变量 D 表示民族,Y 表示学习能力,C 表示是否被大学录取。不同民族的学生智力分布总体上是差不多的,学习能力也不会有太大差异,那么民族 D 和学习能力 Y 之间没有直接的因果关系。但在大学录取中,我国有少数民族优惠政策,少数民族学生会有一定的加分。这样,同样高考成绩下,少数民族学生被录取的可能性会更大,从而 D 会影响大学的录取 C。当然,如果学习能力强,高考成绩高,那么被大学录取的可能性也更大。如果一个研究者获得了民族 D、学习能力 Y(比如高中三年的平均成绩)和是否被大学录取 C 的信息,他能否根据民族 D 判断学生的学习能力 Y? 答案显然是否定的,知道民族 D 的信息对预测学生的学习能力 Y 没有任何帮助。实际上,因果图理论告诉我们,如果两个变量有一个共同结果,在该路径上,两变量就是不相关的。

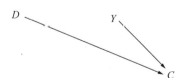

图 4.5　因果图和相关性:共同结果

小结一下,两个变量之间什么时候会表现出相关性? 有两种情形:一是两变量具有因果关系,则两者会有相关性,如图 4.3 所示;二是两变量有一个共同的原因,这时即使两者没有因果关系,也会表现出相关性。另外,如果两变量有一个共同的结果,但两者没有因果关系,则两者也没有相关性。

从上文可看出,即使没有因果关系,如果有共同原因(即混杂因素),变量也会表现出相关性。那么,如何才能消除相关性,将真正的因果关系揭示出来呢? 还是回到培训的随机化实验。前面提到培训 D 对个体收入 Y 有因果影响,仔细考察影响机制,培训可以增加个人的人力资本或技能 H,而人力资本提高会增加个体收入,即培训 D 是通过影响人力资本形成 H 间接地影响个人收入 Y,变量 H 称为中介变量(mediator)。

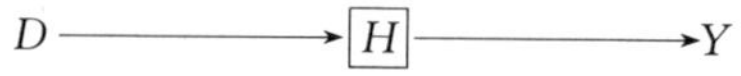

$$D \longrightarrow \boxed{H} \longrightarrow Y$$

图 4.6　因果图和边际独立性:以中介变量为条件

现在我们想知道,如果以中介变量 H 为条件或根据变量 H 将数据分层(stratification),在层内 D 和 Y 是否还有相关性? 答案是否定的。图 4.6 中 H 加了方框,表示以变量 H 为条件或根据 H 进行分层。培训 D 会影响个人的人力资本 H,而人力资本 H 又会影响个人收入 Y。如果人力资本 H 相同,无论个人是否参与了培训 D,个人收入 Y 都应该有相同的分布,培训 D 和个人收入 Y 将不再相关。中介变量 H 阻断了 D 到 Y 的因果路径,使变量 D 与结果变量 Y 相互独立,即有 $D \perp\!\!\!\perp (Y_0, Y_1) | H$。

再回到图 4.4,现在考虑如果以 L 为条件(即变量 L 加上方框,见图 4.7),D 和 Y 是否还有相关性? 答案也是否定的。如果将考察对象限制在非抽烟者($L=1$),这时,知道某个体是否携带打火机 D,并不能预测其得肺癌的风险 Y。因为此时,带不带打火机的两组人得肺癌风险的分布是相同的,从而 $D \perp\!\!\!\perp Y | L$。因而,我们得到第二个结论:当以两个变量的共同原因或混杂因素为条件时,两变量之间的相关路径被阻断。图 4.7 中,以 L 为条件,D 和 Y 之间的相关性被阻断。

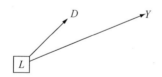

图 4.7　因果图和边际独立性:以共同原因为条件

下面再回到前面共同结果的例子,见图 4.8。D 和 Y 有一共同结果 C,D 和 Y 之间没有直接的因果路径,则两者之间没有相关性。现在考察,如果以共同结果 C 为条件,变量 D 和 Y 是否相关? 还是回到具体的例子,D 表示民族、Y 表示学习能力、C 表示是否被大学录取。如果现在以被大学录取为条件,民族和学习能力之间是否表现出相关性呢? 因为民族和学习能力共同决定了是否被大学录取,因而,如果以大学录取为条件,少数民族由于国家优惠政策,其高考分数可以低一点。如果研究者仅调查已经考入大学的学生,那么,研究者可能发现两者存在着负相关性,得到少数民族学生学习能力稍微差一些的错误结论。因而,如果以共同结果为条件,将打开路径 $D \rightarrow C \leftarrow Y$,使 D 和 Y 表现出相关性。事实上,如果以共同结果的结果为条件,同样也会打开相关路径,见图 4.9。以共同结果为条件造成估计结果的偏差,称为样本选择偏差(sample selection bias),最早由 Heckman(1979)提出。

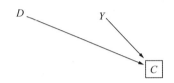

图 4.8　因果图和边际独立性:以共同结果为条件

图 4.9　因果图和边际独立性:共同结果的结果

总结一下,两个变量相关的情况包括:
- 一个变量是另一个变量的原因,$D \rightarrow Y$;
- 它们具有共同的原因,$D \leftarrow L \rightarrow Y$;
- 它们具有共同的结果(collider)并以结果为条件时,或以共同结果的结果为条件时,

$$D \rightarrow \boxed{C} \leftarrow Y \text{ 或 } D \rightarrow C \leftarrow Y$$
$$\downarrow$$
$$\boxed{S}$$

什么时候会阻断相关性使两变量相互独立呢?
- 以中介变量(mediator)为条件时,$D \rightarrow \boxed{B} \rightarrow Y$;
- 以共同原因(common cause)为条件时,$D \leftarrow \boxed{L} \rightarrow Y$;
- 有共同结果(collider)时,$D \rightarrow L \leftarrow Y$。

第三节　选择偏差和因果效应识别

两个变量之间有因果关系肯定会表现出相关性,但反过来不一定成立。从上文的内容,我们知道,即使两变量之间没有因果关系,如果它们有一个共同的原因,或者以它们的共同结果为条件,两者也会表现出相关性。因而,在利用观测数据分析变量之间的因果关系时,我们需要深入分析变量之间的相关性是真正的因果关系,还是由于共同原因或以共同结果为条件造成的相关性。由共同原因造成的相关性称为混杂偏差(confounding bias),由以共同结果为条件造成的相关性称为样本选择偏差(sample selection bias),这两种偏差统称为选择偏差(selection bias)。因而,实证分析的关键就是如何消除这些选择偏差,将真正的因果关系识别出来。

上文中提到的阻断相关性的三种情况,在因果图方法中称为后门规则(back-door criteria)。Pearl(2009)证明因果效应可以通过以一些变量的集合 Z 为条件进行识别,当且仅当所有的原因变量和结果变量之间的后门路径可以通过以 Z 为条件而阻断。他证明所有的后门路径可以被 Z 阻断,当且仅当每条后门路径满足:

(1) 包含一个中介路径 $A \to C \to B$,其中中介变量 $C \in Z$,[①]或者

(2) 包含一个共同原因的路径 $A \leftarrow C \to B$,其中 $C \in Z$,或者

(3) 包含一个共同结果的路径 $A \to C \leftarrow B$,但共同结果 C 及所有 C 的子孙不在 Z 中。

利用观测数据进行实证分析时,根据后门规则,将所有后门路径造成的相关性阻断之后,两变量之间表现出的相关性就是两者之间的因果效应。首先考察混杂偏差,下面我们来看几个经济学的例子:

(1) 教育收益率。劳动经济学中一个经典的问题是关于教育(D)对个人收入(Y)的影响,而个人能力(A)往往会同时影响教育选择(D)和个人收入(Y),即个人能力(A)是教育(D)和个人收入(Y)的混杂因素,用因果图表示如下:

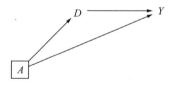

图 4.10 因果图:教育收益率

图 4.10 显示,D 和 Y 之间有两条路径,一条因果路径 $D \to Y$,一条后门路径 $D \leftarrow A \to Y$。因而,D 到 Y 的相关性包含了两部分,一部分是真正的因果关系造成的相关性,另一部分是由于混杂因素 A 造成的相关性。为了得到真正的教育(D)对收入(Y)的影响,只要想办法将后门路径造成的相关性阻断即可。利用后门规则第二条,以共同因素能力变量(A)为条件,将阻断教育和能力之间的非因果路径。

(2) 班级规模与学习效果。在教育经济学中,很多文献关注班级规模(D)

[①] 注意因果路径上的中介变量不能进入 Z。

对小孩学习效果(Y)的影响。学校班级规模往往是由学校所在地区政府财力(A)决定,而移民在社区中所占的比重(U)往往决定了地方政府财力水平,同时语言问题也影响到移民家庭小孩的学习成绩。因果图见4.11。D到Y同样有两条路径:因果路径$D\to Y$和后门路径$D\leftarrow A\leftarrow U\to Y$。根据后门规则第一条或第二条,以$A$为条件或以$U$为条件均可以阻断后门路径,[①]从而识别出$D$对$Y$的因果影响。

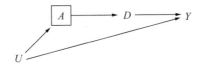

图 4.11　因果图:班级规模与学习成绩

(3) 幸福的决定因素。幸福经济学对幸福感是由哪些因素决定的非常感兴趣,因果图4.12描述一种可能的决定机制。教育(A)会影响个人收入(D),个人收入会影响个人幸福感(Y)。同时,教育(A)还会影响个人的宗教信仰(U),个人宗教信仰(U)又会影响到个人幸福感(Y)。D到Y包含两条路径:因果路径$D\to Y$和后门路径$D\leftarrow A\to U\to Y$。根据后门规则第一条或第二条,可以利用变量U或A阻断后门路径的相关性。

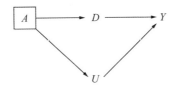

图 4.12　因果图:幸福的决定因素

在上面的例子中,混杂偏差具有相同的结构,均是由于出现了原因变量D和结果变量Y的共同原因(A或U),从而产生了D到Y的后门路径。根据后门规则,如果后门路径可以被阻断,那么干预变量D和结果变量Y之间的因果效应可以识别。因而,下面两种情况下因果效应可以识别:

(1) 没有共同原因。如果变量间因果关系如图4.3所示,没有干预变量和结果变量的共同原因,则没有任何后门路径需要阻断,因果效应可以识别。

(2) 有共同原因,但有足够的观测变量可以阻断所有后门路径。如图4.10—4.12,观测变量A可以阻断后门路径,从而识别出D和Y之间的因果效应。变量A可以是共同原因或是后门路径上的中介变量,即以共同原因或中介

[①] 当然也可以同时以A和U为条件阻断后门路径。

变量为条件可以阻断后门路径,消除混杂偏差。

现实中,正确地找出变量之间的因果关系非常重要。图4.13列出了三个主要变量C、D、Y之间的关系,U_1、U_2为未观测变量。U_1是C、Y的共同原因,因而C和Y相关,U_2是C和D的共同原因,因而C和D相关。但U_1和U_2是未观测因素,如果没有正确的因果图,则可能将C看成D和Y的一个共同原因,从而将因果图画成图4.10。这时,以C条件不但不能阻断后门路径,反而打开了后门路径。因为事实上C是一个交汇变量,是U_1和U_2的共同结果,根据后门标准第三条,C本来就阻断了D到Y的后门路径,如果以C为条件,反而打开了该路径的相关性,使得U_1和U_2相关,从而D和Y相关,造成估计偏差。这种由于以共同结果为条件造成的偏差称为样本选择偏差(Heckman,1979)或内生选择偏差(Elwert and Winship,2014)。

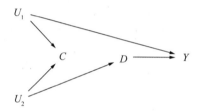

图4.13 因果图:样本选择偏差

样本选择偏差(sample selection bias)是由于采用非随机样本造成的偏差,非随机样本可能来自于个体的自选择行为,也可能是由于调查者的抽样规则造成的。非随机样本不能代表所关心的总体,用非随机样本估计总体信息,将造成样本选择偏差(Heckman,1979,2001)。用因果图的语言描述,样本选择偏差是由于以两个变量的共同结果为条件造成的,这两个变量中一个是原因变量或与原因变量相关,另一个变量是结果变量或与结果变量相关(Hernán and Robins,forthcoming)。这一共同结果或交汇变量可以发生在结果之后,可以发生在干预变量与结果变量之间,也可以发生在干预变量之前(Elwert and Winship,2014)。下面看几个例子:

(1)教育收益率。Hausman and Wise(1977)考察了教育(D)对个人收入(Y)的影响,但使用了一个仅包括低收入者的样本。图4.14是相应的因果图,教育D和其他未观测因素U同时决定个人收入Y,假设D与U是独立的,因果路径$D\rightarrow Y$体现了教育对收入的因果影响,但由于样本限于低收入个体,相当于以结果为条件。Y是D和U的共同结果,是交汇变量,以Y为条件,将使D与U相关,图中用虚线表示。这时,D到Y的相关性,除了反映因果路径$D\rightarrow Y$

外,还包括路径 $D-U \rightarrow Y$ 产生的相关性,从而产生样本选择偏差。

图 4.14　因果图:样本选择偏差

另一个例子是关于中国农村教育收益率的估计。文献发现农村教育收益率低于城市教育收益率,原因在于现有文献往往仅利用调查数据中的农村样本进行估计,农村样本是一个选择性样本。由于户籍的限制,在城市化过程中,农村中有能力的个体率先通过升学、参军等途径突破户籍限制进入了城市体系,在调查样本中无法观测到这些已经成为城市居民的原农村居民,而调查数据中的个体是那些没有办法突破户籍限制的样本,它与农村总体并不完全相同,使用这一样本估计农村教育收益率将大大低估农村教育的作用(赵西亮,2016)。因果图见图 4.15,D 表示教育,Y 表示收入,H 表示户籍,利用农村调查样本估计农村教育收益率,相当于以 H 为条件,打开了非因果路径 $D \rightarrow H \leftarrow Y$,从而产生样本选择偏差。

图 4.15　因果图:样本选择偏差

现实中有很多类似的例子,比如 Angrist and Pischke(2009)第 2 章有一个例子讨论去医院看病对身体健康的影响。利用调查数据进行比较分析,发现去医院的个体身体健康情况反而更差。原因在于这是一个选择性样本,只有健康状况不佳的人才会选择去医院看病。因果图仍然可以用图 4.14 表示,D 表示是否去医院,Y 表示健康状况,U 是影响健康的其他因素。利用调查数据进行分析时,相当于以健康状况为条件,从而产生样本选择偏差。Heckman(1979)考察过已婚女性的劳动供给问题,利用调查数据考察劳动力供给函数时,存在着选择性样本,因为只有参与劳动力市场的已婚女性才能让我们看到她的工作时间和市场工资,没有进入劳动力市场的已婚女性工资及工作时间都是缺失的,仅利用有工资数据的样本估计供给函数存在着样本选择偏差。

(2)研发绩效。在利用面板数据进行研究时,往往会遇到样本流失问题(attrition)。在跟踪调查中,由于各种原因,有些样本可能会流失,这也会造成样本选择偏差。比如,利用中国工业企业数据考察研发对企业绩效的影响,如果我们根据初始年份限定分析样本,在随后的年份中,由于企业生死或抽样原因,有些企业可能会不在初始限定的样本中了,这种数据流失可能会产生样本选择偏差。图4.16是因果图,D表示研发,Y表示企业绩效,C表示是否流失,U是影响Y和C的未观测变量。D到Y是因果路径。研发失败,亏损严重,甚至退出市场,可能不会出现在后面的调查中,因而,D会影响C。U是其他影响企业业绩的未观测因素,比如宏观经济形势,U也会影响到企业是否流失,比如中国工业企业数据主要统计的是规模以上的工业企业,如果由于经济形势,企业销售额达不到标准,也可能不会出现在后面的调查样本中,因而U也影响C。如果利用调查数据考察研发行为对企业绩效的影响,相当于以目前没有流失的样本为条件,即以C为条件。从图中可以看出,C是交汇变量,以C为条件,将打开非因果路径$D \rightarrow C \leftarrow U \rightarrow Y$,从而产生样本选择偏差。这里样本选择偏差出现在干预变量和结果变量之间。

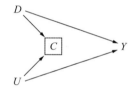

图4.16　因果图:样本选择偏差

样本选择偏差也可能出现在干预变量之前,比如图4.13,如果样本选择发生在D之前,相当于以C为条件,打开了后门路径$D \leftarrow U_2 \rightarrow C \leftarrow U_1 \rightarrow Y$,从而产生样本选择偏差。一般认为,干预前的样本选择造成的偏差往往比较小(Elwert and Winship,2014)。

第四节　选择偏差的处理

对于混杂偏差,处理方法比较简单。在完全随机化实验中,由于干预是随机化分配的,不会有混杂因素出现,因而,完全随机化实验不会产生混杂偏差。在分层随机化实验中,干预是在层内随机化分配的,原因变量及潜在结果与分层有关系,用于分层的变量是对应的混杂因素,因而,以分层变量为条件将消除混杂偏差。在观测研究中,如果能够识别出清晰的混杂因素,可以利用回归方法或匹配方法,以混杂因素为条件可以消除混杂偏差。匹配方法是以影响干预的变量为条件消除混杂偏差,回归是以影响结果变量的混杂变量为条件消除偏差。图 4.17 显示,匹配控制 S,回归控制 X,均可阻断后门路径 $D \leftarrow S \rightarrow X \rightarrow Y$。当然,这种区分并不是完全绝对的,在后面的章节中会详细讨论回归和匹配这两种方法。

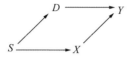

图 4.17 因果图:匹配和回归方法消除混杂偏差

样本选择偏差不但会出现在观测研究中,也会出现在随机化实验中。随机化实验中,如果存在参与个体流失(attrition),也会产生样本选择偏差。比如用随机化实验考察培训对收入的影响,随机分配到干预组接受培训的个体没有参加培训,如果这种流失是潜在收入比较高的个体,那么利用剩余的样本进行估计会产生选择性偏差。

出现样本选择偏差时,针对不同的情况,可以采用不同的解决办法。如果数据允许,可以通过调整样本的方式消除样本选择偏差,比如赵西亮(2016)通过调整农村居民样本,将永久移民重新纳入农村样本方式修正样本选择偏差。如果造成选择性样本的非因果路径上存在可以观测的变量,那么,可以利用调整混杂偏差的方法调整样本选择偏差。比如图 4.18,以 C 为条件产生样本选择偏差,从而非因果路径 $D \rightarrow \boxed{C} \leftarrow L \leftarrow U \rightarrow Y$ 使 D 与 Y 表现出相关性。如果变量 L 或 U 是可观测的,可以通过以 L 或 U 为条件,阻断该非因果路径造成的相关性,从而识别 D 对 Y 的因果影响。另外,在正态分布假设下,Heckman (1979)提出了一种解决方法,即著名的 Heckman 两步法。①

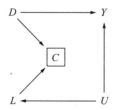

图 4.18 因果图:修正样本选择偏差

---

① 具体参考 Cameron and Trivedi (2005)和 Wooldridge(2010)。

第五节 总　　结

本章介绍了因果图的基本概念,因果图是与潜在结果框架等价的一种描述语言,但更加直观。我们介绍了三种路径结构:因果路径、共同原因和共同结果。三种情况下两变量之间表现出相关性:有因果关系、有共同原因或以共同结果为条件。因果推断的目的就是排除以共同原因和共同结果为条件造成的相关性,从而将由因果路径造成的相关性分离出来,因果路径体现的相关性就是因果效应。后门规则提供了三条基本的识别策略,以中间变量、共同原因为条件可以阻断后门路径产生的相关性,如果有共同结果,不要以共同结果为条件,从而不会产生非因果路径的相关性。由共同原因造成的偏差称为混杂偏差,以共同结果为条件造成的偏差称为样本选择偏差,实证分析的主要目的是消除这两种偏差,将因果效应识别出来。

 推荐阅读

Hernán and Robins (forthcoming)第 6—8 章对因果图及混杂偏差和样本选择偏差进行了很好的阐述,Rothman et al. (2008)第 12 章对因果图进行了基本的介绍,Morgan and Winship (2015)第 3、4 章对因果图进行了比较好的介绍。Elwert and Winship (2014)对样本选择偏差从因果图角度进行了很好的综述。Heckman (1979,2001)对样本选择偏差进行了理论描述,并提出修正样本选择偏差的 Heckman 两步法。

第二篇
识别策略

第五章 线性回归

回归分析是经济学实证研究中应用最广泛的一种工具。回归分析容易实施，很多计量经济学软件都有专门的回归命令，[①]因而成为经济学家广泛应用的工具。但是，回归分析本身只能给出相关性，不能直接给出因果效应的估计。什么条件下回归分析有因果效应的解释？什么情况下才能用回归分析回答我们关心的因果效应问题？在这一章里，我们首先讨论条件期望函数（Conditional expectation function，CEF）的性质、条件期望函数和回归函数之间的关系，以及回归分析及其统计推断，然后，探讨回归函数和因果效应之间的关系。

第一节 条件期望函数和线性回归

1. 条件期望函数的性质

在经济分析中，我们往往关注一个变量 X 对另一个变量 Y 的平均影响，即条件期望函数 $E[Y_i | X_i]$，比如前文定义的因果效应参数都是条件期望函数的形式。[②] 条件期望函数 $E[Y_i | X_i]$ 是 X_i 的函数，X_i 是随机变量，因而，CEF 也是随机变量。期望本身是总体概念，现实中，我们得到的数据往往是总体的一个样本，因而，需要用样本信息去推断总体信息，比如用样本均值推断总体期望。在利用经济数据分析我们关心的经济问题的时候，需要进行统计推断，但总体才是我们关心的目标群体。因而，后文的分析中，我们主要从总体角度探讨因果效应识别，避免讨论样本信息到总体信息的统计推断问题。没有特别指明，后面章节均假设有总体数据，不讨论估计量的抽样分布和统计推断，[③]我们将研究目标集中在因果效应的识别上。CEF 的一个重要性质是全期望公式(5.1)，它描述的是无条件期望可以写成条件期望的总体平均。

$$E[Y_i] = E[E[Y_i | X_i]] \qquad (5.1)$$

比如，估计全班同学的平均身高，有两种做法：一种是分别测量每位同学的

[①] 在 Stata 中，可以使用 regress 命令进行线性回归。
[②] 有些学者直接将条件期望函数称为回归函数，比如 Hastie et al.(2009)、洪永淼(2011)。为了叙述方便，后文"回归函数"特指线性回归函数，条件期望函数直接用 CEF 表示。
[③] 关于抽样分布和统计推断请参考 Hayashi(2000)、洪永淼(2011)等。

身高,然后进行平均,这就是无条件期望。另一种是将同学分成男生、女生两组,分别测量女生和男生的身高,计算他/她们的平均身高,这是条件期望,然后再用男女生人数占全班人数的比重进行加权,得到全班同学的平均身高,这就是全期望公式(5.1)右边的部分。

另一个重要的全期望公式为:
$$E[Y_i \mid X_i] = E[E[Y_i \mid X_i, Z_i] \mid X_i] \tag{5.2}$$
全期望公式(5.2)与公式(5.1)类似,证明见本章附录。直观解释,想估计女生的身高,我们可以分别测量每个女生的身高,然后计算平均值,这就是条件期望$E[Y_i|X_i]$,Y_i表示身高,X_i表示性别。也可以将女生进行分组,比如根据地域将女生分成两组,来自北方或南方,用Z_i表示。分别测量北方和南方女生的身高并进行平均,得到$E[Y_i|X_i,Z_i]$,再根据北方女生和南方女生在全部女生中所占比重进行加权则可得到全部女生的平均身高,即$E[Y_i|X_i]$。这两个全期望公式很有用,在后面的分析中会经常用到。

下面介绍 CEF 的三个基本性质。第一个性质称为 CEF 分解特征,任意两个随机变量Y_i、X_i,都可将一个随机变量分解成条件期望加一个剩余项的形式,即
$$Y_i = E[Y_i \mid X_i] + \varepsilon_i \tag{5.3}$$
并且剩余项ε_i均值独立于X_i,即$E[\varepsilon_i|X_i]=0$。证明很简单:
$$E[\varepsilon_i \mid X_i] = E[Y_i - E[Y_i \mid X_i] \mid X_i] = E[Y_i \mid X_i] - E[Y_i \mid X_i] = 0$$
剩余项ε_i均值独立于X_i具有很强的内涵。首先,意味着ε_i的无条件期望为零,
$$E[\varepsilon_i] = E[E[\varepsilon_i \mid X_i]] = 0$$
其次,ε_i与X_i不相关或两者正交,即
$$E[X_i \cdot \varepsilon_i] = E\{X_i \cdot E[\varepsilon_i \mid X_i]\} = 0$$
实际上,ε_i与X_i的任意函数都不相关,假设$h(X_i)$是X_i的任意函数,则有
$$E[h(X_i) \cdot \varepsilon_i] = E[h(X_i) \cdot E[\varepsilon_i \mid X_i]] = 0$$
总结一下,
$$E[\varepsilon_i \mid X_i] = 0 \Rightarrow \begin{cases} E[\varepsilon_i] = 0 \\ E[X_i \cdot \varepsilon_i] = 0 \\ E[h(X_i) \cdot \varepsilon_i] = 0 \quad \text{对于任意函数 } h(\cdot) \end{cases}$$

因为对于任意两个随机变量,总是可以将一个随机变量分解为它的条件期望函数和一个剩余项的形式。相应地,一个随机变量的方差也可以分解成两个部分:条件期望函数的方差和剩余项的方差。

$$\begin{aligned}
\mathrm{Var}(Y_i) &= \mathrm{Var}(E[Y_i \mid X_i] + \varepsilon_i) \\
&= \mathrm{Var}(E[Y_i \mid X_i]) + \mathrm{Var}(\varepsilon_i) + 2\mathrm{Cov}(E[Y_i \mid X_i], \varepsilon_i) \\
&= \mathrm{Var}(E[Y_i \mid X_i]) + E[\varepsilon_i^2] \\
&= \mathrm{Var}(E[Y_i \mid X_i]) + E[\mathrm{Var}(Y_i \mid X_i)]
\end{aligned} \quad (5.4)$$

第一行直接根据 CEF 的分解特征,第二行第三项为零是因为 ε_i 均值独立于任何 X_i 的函数,包括 $E[Y_i|X_i]$,第四行因为

$$E[\varepsilon_i^2] = E[E[\varepsilon_i^2 \mid X_i]] = E[\mathrm{Var}(Y_i \mid X_i)]$$

这一公式有一定的应用价值,比如研究收入差距,通常关注各种影响因素对收入差距的贡献,方差可以作为收入差距的一种衡量指标。如果 Y_i 表示个人收入,X_i 表示教育、性别、地区等决定收入的因素,那么收入差距就可以分解为由个人特征变量 X_i 决定的差距及其他因素的影响,并且可以测算每种因素在收入差距中的贡献。

最后,CEF 是用 X_i 的函数去预测 Y_i 时的最优预测,最优是指均方误差 (Mean Squared Error, MSE)最小。这是 CEF 的一个重要特征,它说明用 X_i 去预测 Y_i,最好的预测就是 $E[Y_i|X_i]$。假设用 $m(X_i)$ 去预测 Y_i,预测误差是 $Y_i - m(X_i)$,使 MSE 最小即使预测误差平方期望最小,

$$\begin{aligned}
E[(Y_i - m(X_i))^2] &= E\{(Y_i - E[Y_i \mid X_i]) + (E[Y_i \mid X_i] - m(X_i))\}^2 \\
&= E[Y_i - E[Y_i \mid X_i]]^2 + 2E\{(E[Y_i \mid X_i] - m(X_i))(Y_i - E[Y_i \mid X_i])\} \\
&\quad + E[E[Y_i \mid X_i] - m(X_i)]^2 \\
&= E[Y_i - E[Y_i \mid X_i]]^2 + E[E[Y_i \mid X_i] - m(X_i)]^2
\end{aligned} \quad (5.5)$$

第二行

$$E\{(E[Y_i \mid X_i] - m(X_i))(Y_i - E[Y_i \mid X_i])\} = E[h(X_i)\varepsilon_i] = 0$$

其中,$h(X_i) = (E[Y_i|X_i] - m(X_i))$。因而,预测的均方误差等于两项,第一项与函数 $m(X_i)$ 无关,最小化均方误差等价于使第二项 $E(E[Y_i|X_i] - m(X_i))^2$ 最小。第二项最小当且仅当 $m(X_i) = E[Y_i|X_i]$,因而,CEF 是对 Y_i 的最优预测。

2. 线性回归和条件期望函数

线性回归是经济学实证分析中应用最广泛的一种方法,它与条件期望函数之间有什么关系?因为条件期望函数与因果效应参数有着密切的联系,如果线性回归模型与条件期望函数可以建立起某种联系,则可以利用回归分析估计因果效应参数。下面讨论线性回归与条件期望函数之间的关系。

首先回顾线性回归模型，①假设有总体的数据(Y_i, X_i)，这里X_i是$K \times 1$的向量。我们想用一个X_i的线性方程去拟合Y_i，要使线性方程尽可能地靠近所有的点，可以采用最小二乘估计，即普通最小二乘法（OLS）。估计出的线性方程称为总体回归方程或总体回归函数，相应的系数称为总体回归系数。具体地，选择一个系数向量β使下列均方误差最小：

$$\beta = \arg\min_b E[Y_i - X_i'b]^2 \tag{5.6}$$

β为总体回归系数，$X_i'\beta$为总体回归方程。上式是b的二次函数，一阶条件为：

$$E[X_i(Y_i - X_i'b)] = 0 \tag{5.7}$$

整理得总体回归系数向量：

$$\beta = E[X_i X_i']^{-1} E[X_i Y_i] \tag{5.8}$$

预测误差在回归分析中通常称为残差，定义总体回归残差为$e_i = Y_i - X_i'\beta$。由一阶条件(5.7)得

$$E[X_i e_i] = 0 \tag{5.9}$$

注意式(5.9)不是假设，是线性回归的必然结果，它实际是回归系数估计过程中的一阶条件，只要是线性回归，得到的回归残差将与解释变量正交或不相关。

线性回归直接给我们变量之间的线性相关性，比如简单回归模型$Y_i = \alpha + \beta X_i + \varepsilon_i$，其总体回归系数为：

$$\beta = \frac{\mathrm{Cov}(X_i, Y_i)}{\mathrm{Var}(X_i)}$$

对于多元线性回归，总体回归系数用矩阵方式表示，即$\beta = E[X_i X_i']^{-1} E[X_i Y_i]$，解释变量$X_{ki}$的总体回归系数可以表示为：

$$\beta_k = \frac{\mathrm{Cov}(\tilde{x}_{ki}, Y_i)}{\mathrm{Var}(\tilde{x}_{ki})} \tag{5.10}$$

其中$\tilde{x}_{ki}$是X_{ki}对所有其他解释变量X_{-ki}的总体回归残差，即$X_{ki} = X_{-ki}'\gamma + \tilde{x}_{ki}$。也就是说，要得到解释变量$X_k$的回归系数$\beta_k$，可以进行两步回归。第一步，解释变量$X_k$对所有其他解释变量$X_{-k}$进行回归，得到回归残差$\tilde{x}_{ki}$，然后，再用被解释变量$Y_i$对$\tilde{x}_{ki}$进行回归。第一步回归中相当于将解释变量$X_k$分解为两部分：与其他解释变量相关的部分$X_{-ki}'\gamma$和与其他解释变量不相关的部分$\tilde{x}_{ki}$，$\tilde{x}_{ki}$是剔除了其他因素影响后的$X_{ki}$（Angrist and Pischke, 2009；Wooldridge, 2010）。第二步，直接用Y_i对$\tilde{x}_{ki}$回归就得到Y_i与X_{ki}的直接相关性了。证明也

---

① 有关线性回归的计量经济学理论，可以参考 Hayashi (2000)、洪永淼(2011)。

很容易,运用回归性质(5.9),得

$$\begin{aligned}
\operatorname{Cov}(\widetilde{x}_{ki}, Y_i) &= \operatorname{Cov}(\widetilde{x}_{ki}, \beta_k X_{ki} + X'_{-ki}\beta_{-k} + e_i) \\
&= \beta_k \operatorname{Cov}(\widetilde{x}_{ki}, X_{ki}) + \operatorname{Cov}(\widetilde{x}_{ki}, X'_{-ki})\beta_{-k} + \operatorname{Cov}(\widetilde{x}_{ki}, e_i) \\
&= \beta_k \operatorname{Cov}(\widetilde{x}_{ki}, X'_{-ki}\gamma + \widetilde{x}_{ki}) \\
&= \beta_k \operatorname{Cov}(\widetilde{x}_{ki}, X'_{-ki})\gamma + \beta_k \operatorname{Cov}(\widetilde{x}_{ki}, \widetilde{x}_{ki}) \\
&= \beta_k \operatorname{Var}(\widetilde{x}_{ki})
\end{aligned}$$

其中第二行第 2 项、第 3 项和第四行第 1 项运用回归性质(5.9)均为零,整理一下即得式(5.10)。(5.10)式说明,无论是简单回归还是多元回归,回归系数实际反映的是解释变量与被解释变量之间的相关性。由于因果效应参数是用条件期望函数进行定义的,我们想了解回归系数和因果效应参数之间的关系,要首先讨论线性回归函数和条件期望函数之间的关系。

根据上一节的分析,我们知道,条件期望函数 $E[Y_i|X_i]$ 本身是 X_i 的函数,但对函数形式没有进行任何限制,因而 CEF 可以是 X_i 的线性或非线性函数,并且 CEF 是对 Y_i 的最优预测(均方误差最小意义上)。首先,如果 CEF 是线性的,那么总体回归函数将与 CEF 完全一致,见定理 5.1。

定理 5.1(线性 CEF 定理) 如果 CEF 是线性的,则总体回归函数就是 CEF。①

证明 假设 $E[Y_i|X_i] = X'_i \beta^*$,由 CEF 分解特征,$E[X_i(Y_i - E[Y_i|X_i])] = 0$。将 $E[Y_i|X_i] = X'_i \beta^*$ 代入,得 $\beta^* = E[X_i X'_i]^{-1} E[X_i Y_i] = \beta$,从而说明 $E[Y_i|X_i] = X'_i \beta^* = X'_i \beta$,即总体回归函数与条件期望函数一致。

如果条件期望函数不是线性的,那么,总体回归函数将与条件期望函数不一致。但总体回归函数仍然是对条件期望函数的最优线性预测。

定理 5.2(回归—CEF 定理) 总体回归函数 $X'_i \beta$ 是(最小均方误差意义上)对 $E[Y_i|X_i]$ 的最优线性近似,即

$$\beta = \arg\min_b E(E[Y_i \mid X_i] - X'_i b)^2 \tag{5.11}$$

---

① 回忆前面讨论的均值独立性条件 $E[\varepsilon_i|X_i]=0$,洪永淼(2011)称之为模型正确设定假设。根据线性 CEF 定理,如果 CEF 函数是线性的,CEF 就是总体回归方程。根据 CEF 分解特征,总体回归残差必然满足 $E[e_i|X_i]=0$。反过来,如果均值独立性条件满足,那么 CEF 必然等于总体回归方程。因而,只有 CEF 真的是线性的,总体回归函数才等于 CEF,从而 $E[e_i|X_i]=0$,因而,可以称该条件为正确模型设定假设。详细讨论参见洪永淼(2011)第 2 章。

证明

$$E(Y_i - X_i'b)^2 = E\{(Y_i - E[Y_i \mid X_i]) + (E[Y_i \mid X_i] - X_i'b)\}^2$$
$$= E[Y_i - E[Y_i \mid X_i]]^2 + E[E[Y_i \mid X_i] - X_i'b]^2$$
$$+ 2E[(Y_i - E[Y_i \mid X_i])(E[Y_i \mid X_i] - X_i'b)]$$
$$= E[Y_i - E[Y_i \mid X_i]]^2 + E[E[Y_i \mid X_i] - X_i'b]^2$$

利用 CEF 分解特征,第三行交叉项为零。根据定义,总体回归系数最小化左边 MSE,等价于最小化右边两项,第一项与选择向量 b 没有关系。因而,最小化左边等价于使右边第二项最小化。命题得证。

定理 5.2 说明,即使条件期望函数本身是非线性的,总体回归函数仍然有用,总体回归函数是对条件期望函数的最优线性近似。定理 5.1 和定理 5.2 为使用回归分析提供了理论基础,尽管经济变量之间的关系往往是非线性的,回归分析仍然可以得到最优的近似,尤其当解释变量限制比较小的变动范围内时,回归函数对 CEF 的近似越好,这正是局部线性回归(Local Linear Regression,LLR)的基本思想。

定理 5.2 提供了一种估计回归系数的方法,即可以用条件期望对解释变量回归。根据回归系数(5.8),得

$$\beta = E[X_i X_i']^{-1} E[X_i Y_i] = E[X_i X_i']^{-1} E[X_i E[Y_i \mid X_i]] \qquad (5.12)$$

上式第二个等号使用全期望公式(5.1)而得,可以看到,$E[Y_i \mid X_i]$ 替代了前面 Y_i 的位置,即利用 $E[Y_i \mid X_i]$ 对 X_i 回归,也可以得到回归系数向量 β。这一点具有应用价值。有时,我们无法获得个体层面的数据,但可以获得加总的数据,利用加总的数据也可以估计个体回归系数。比如估计教育收益率时,如果我们获得的是根据教育年限加总的平均收入数据,用平均收入对教育年限回归,仍然可以获得个体教育收益率的估计。

用 2002 年中国居民收入调查(CHIP)城镇数据获得以下回归。A 部分是利用个体数据进行的回归,共 9581 个样本点,得到的教育收益率为 0.0715。B 部分是利用教育年限进行加总的数据进行的估计,教育年限为 0—23 年 24 个样本点。利用各层次教育个体数量作为权重进行加权最小二乘估计,得到的教育收益率也是 0.0715,当然标准误差不同。

A —— Individual-level data
```
. reg lwage educ, vce(robust)
Linear regression                          Number of obs =    9581
                                           F( 1, 9579)   =  779.01
                                           Prob > F      =  0.0000
                                           R-squared     =  0.0776
                                           Root MSE      = .72906
```

lwage	Coef.	Robust Std. Err.	t	P>|t|	[95% Conf. Interval]
educ	.0715452	.0025634	27.91	0.000	.0665205 .0765699
_cons	8.297627	.0315587	262.93	0.000	8.235765 8.359489

```
. collapse (count) n = lwage (mean) lwage, by(educ)
```
B —— Means by years of schooling
```
. reg lwage educ [aweight = n], vce(robust)
(sum of wgt is 9.5810e + 03)
Linear regression                          Number of obs =      24
                                           F( 1, 22)     =   77.60
                                           Prob > F      =  0.0000
                                           R-squared     =  0.8545
                                           Root MSE      = .09112
```

lwage	Coef.	Robust Std. Err.	t	P>|t|	[95% Conf. Interval]
educ	.0715452	.008122	8.81	0.000	.0547012 .0883891
_cons	8.297627	.1061443	78.17	0.000	8.077497 8.517757

3. OLS 估计量的渐近特征

在这一节暂时回到样本的角度，对 OLS 估计量的渐近特征进行简要回顾，详细讨论可以参见洪永淼(2011)或 Hayashi(2000)。假设有总体的一个随机样本，利用样本信息去推断总体回归系数。根据大数定律，用样本矩估计总体矩，样本回归系数向量可以写成：

$$\hat{\beta} = (X'X)^{-1}X'Y \tag{5.13}$$

或

$$\hat{\beta} = \left[\frac{1}{N}\sum_i X_i X_i'\right]^{-1} \left[\frac{1}{N}\sum_i X_i Y_i\right] \tag{5.14}$$

因为回归函数为 $Y_i = X_i'\beta + e_i$，e_i 为总体回归残差，将之代入式(5.14)，得

$$\hat{\beta} = \beta + \left[\frac{1}{N}\sum_i X_i X_i'\right]^{-1} \left[\frac{1}{N}\sum_i X_i e_i\right] \tag{5.15}$$

根据大数定律,

$$\left[\frac{1}{N}\sum_i X_i X_i'\right]^{-1} \xrightarrow{p} E[X_i X_i']^{-1}, \quad \frac{1}{N}\sum_i X_i e_i \xrightarrow{p} E[X_i e_i] = 0 \tag{5.16}$$

从而,

$$\hat{\beta} \xrightarrow{p} \beta \quad \text{或} \quad \text{plim}\hat{\beta} = \beta \tag{5.17}$$

即 OLS 估计量是总体回归系数向量的一致估计。

由于 $E[X_i e_i]=0$,其方差协方差矩阵可以表示为:

$$\Sigma \equiv \text{Var}(X_i e_i) = E[X_i X_i' e_i^2].$$

利用中心极限定理,可以得到

$$\sqrt{N}\left[\frac{1}{N}\sum_i X_i e_i\right] \xrightarrow{d} N(0, \Sigma) \tag{5.18}$$

从而,由式(5.14)得

$$\sqrt{N}(\hat{\beta} - \beta) = \left[\frac{1}{N}\sum_i X_i X_i'\right]^{-1} \cdot \sqrt{N}\left[\frac{1}{N}\sum_i X_i e_i\right] \tag{5.19}$$

根据 Slutsky 定理,上式将渐近服从于正态分布。① 根据(5.16)式和(5.18)式,(5.19)式第一项的渐近极限是 $E[X_i X_i']^{-1}$,第二项服从渐近正态分布 $N(0,\Sigma)$。因而,(5.19)式服从渐近正态分布 $E[X_i X_i']^{-1} \cdot N(0,\Sigma)$,它的均值为 0,方差是三明治形式:

$$E[X_i X_i']^{-1} \Sigma E[X_i X_i']^{-1} = E[X_i X_i']^{-1} E[X_i X_i' e_i^2] E[X_i X_i']^{-1} \tag{5.20}$$

其中,总体残差 e_i 用样本残差 $\hat{e}_i = Y - X_i' \hat{\beta}$ 估计,中间项的估计量为 $1/N\Sigma_i[X_i X_i' \hat{e}_i^2]$,而 OLS 估计量的标准误差就是方差协方差矩阵对角线元素开方后的数值。由于该方差协方差矩阵没有施加同方差的假设,根据它计算的标准误差通常称为异方差一致性标准误差或稳健标准误差(robust standard error)。在 Stata 软件中,默认的是同方差假设下的标准误差,要获得稳健标准误差,回归命令需要加上 vce(robust)选项。

如果引入同方差假设,即 $E[e_i^2|X_i]=\sigma^2$,则

$$E[X_i X_i' e_i^2] = E[X_i X_i' E[e_i^2 \mid X_i]] = \sigma^2 E[X_i X_i']$$

从而,$\hat{\beta}$ 的渐近协方差矩阵为:

$$E[X_i X_i']^{-1} E[X_i X_i' e_i^2] E[X_i X_i']^{-1} = E[X_i X_i']^{-1} \sigma^2 E[X_i X_i'] E[X_i X_i']^{-1}$$

---

① Slutsky 定理说,如果两个随机变量,一个有渐近极限,一个有渐近分布,两者的乘积也将有渐近分布,并且是两者渐近极限乘积的分布。

第五章 线性回归

$$= \sigma^2 E[X_i X_i']^{-1} \tag{5.21}$$

这正是 Stata 回归命令默认的标准误差,也是经典线性回归模型理论中同方差的标准误差公式。根据前文的分析,我们知道回归实际是对 CEF 的近似,因而,异方差就是很自然的事情。即使数据真的是同方差的,$\mathrm{Var}(Y_i|X_i)=\sigma^2$,如果 CEF 是线性的,那么回归残差确实会是同方差的。但是,如果 CEF 是非线性的,那么即使原始数据是同方差的,回归残差也将是异方差的。具体地,

$$\begin{aligned}
E[e_i^2 \mid X_i] &= E[(Y_i - X_i'\beta)^2 \mid X_i] \\
&= E\{[(Y_i - E[Y_i \mid X_i]) + (E[Y_i \mid X_i] - X_i'\beta)]^2 \mid X_i\} \\
&= \mathrm{Var}[Y_i \mid X_i] + E[(E[Y_i \mid X_i] - X_i'\beta)^2 \mid X_i]
\end{aligned} \tag{5.22}$$

由上式可以看出,即使原始数据是同方差的,满足 $\mathrm{Var}(Y_i|X_i)=\sigma^2$,但是如果 CEF 是非线性的,那么第二项将不等于零,而是 X_i 的函数,因而,回归残差仍然是异方差的。直观上也很容易理解,条件期望函数本身是非线性的,用线性方程去拟合非线性数据,就会出现有些地方拟合得好,有些地方拟合得差,从而使回归残差的波动性与 X_i 有关,回归残差出现异方差。即使 CEF 是线性的,仍然不能保证同方差,比如后面要介绍的线性概率模型(LPM),CEF 是线性的,但回归残差仍然是异方差的。因而,异方差是常态,同方差是特殊情况。在使用 Stata 软件进行实证分析时,不要忘记加上 vce(robust)选项。

初等计量经济学的课程中一般会讨论 OLS 估计量的无偏性。什么情况下,才能保证 OLS 估计量是无偏的?根据(5.15)式,容易证明条件 $E[e_i|X_i]=0$ 可以保证估计量的无偏性。

$$\begin{aligned}
E[\hat{\beta}] &= \beta + E\left\{\left[\sum_i X_i X_i'\right]^{-1} \sum_i X_i e_i\right\} \\
&= \beta + E\left\{\left[\sum X_i X_i'\right]^{-1} \sum X_i E[e_i \mid X_i]\right\} \\
&= \beta
\end{aligned}$$

第二行第 2 项利用了全期望公式(5.1)。什么时候 $[e_i|X_i]=0$ 才会成立呢?根据定理 5.2 和 CEF 的分解特征,如果 CEF 是线性函数,CEF 就是总体回归方程,从而总体回归残差就会满足均值独立性条件。事实上,随机化实验可以保证均值独立性条件成立。

无偏性也适合于小样本推断,一致性仅适用于大样本。如果一个估计量是无偏的,无论样本大小,多次估计,其平均值都会接近于总体参数。如果估计量是一致的,只有在样本量很大时,估计量才会接近于总体参数。如果样本量太小,可能会产生较大偏差,这一点在应用研究中需要注意。

4. 饱和回归

经济变量的关系往往是非线性的,但有一种回归模型的条件期望函数总是线性的,这种回归使 X_i 的每一个取值都产生一个虚拟变量作为模型的协变量,如果 X_i 是多元的,除每个值的虚拟变量外,还要引入解释变量之间的交叉项,这种回归模型称为饱和回归。它实际上来自于实验的分层模式(stratification)。比如,我们考察大学教育收益率,针对大学和高中两种教育程度,还探讨性别差异。回归模型包括两个变量:教育和性别。因为教育和性别均是二值变量,根据这两个变量可以将数据分成 4 组:大学男性、大学女性、高中男性和高中女性,从而每组个体的平均收入均可以计算出来。比如,用 X_1、X_2 分别表示教育和性别,取 1 分别表示大学和男性,即 4 组个体的平均收入可以写成:

$$E[Y_i \mid X_{1i} = 0, X_{2i} = 0] = \alpha$$
$$E[Y_i \mid X_{1i} = 1, X_{2i} = 0] = \alpha + \beta$$
$$E[Y_i \mid X_{1i} = 0, X_{2i} = 1] = \alpha + \gamma$$
$$E[Y_i \mid X_{1i} = 1, X_{2i} = 1] = \alpha + \beta + \gamma + \delta$$

即高中女性平均收入为 α,大学女性平均收入为 $\alpha+\beta$,高中男性平均收入为 $\alpha+\gamma$,大学男性平均收入为 $\alpha+\beta+\gamma+\delta$。CEF 可以写为:

$$E[Y_i \mid X_{1i}, X_{2i}] = \alpha + \beta X_{1i} + \gamma X_{2i} + \delta X_{1i} X_{2i} \tag{5.23}$$

其中 X_1、X_2 的系数 β、γ 称为主效应(main effects),δ 称为交互效应(interaction effect)。如果没有交叉影响,不同性别教育收益率相同,那么 $\delta=0$。在一般的模型构建中,可以没有交互效应,但不能没有主效应。如果只有交互效应,模型往往很难解释。

如果解释变量是多值的,比如教育变量有 5 个取值即 $x=0,1,\cdots,4$,分别表示没受过教育、小学、初中、高中、大学,那么相应的饱和回归模型可以写成:

$$E[Y_i \mid X_{1i}, X_{2i}] = \sum_{x=0}^{4} \alpha_x \mathrm{d}x + \beta X_{2i} + \sum_{x=0}^{4} \gamma_x \mathrm{d}x \cdot X_2 \tag{5.24}$$

其中 $\mathrm{d}x=1(X_{1i}=x)$,$1(\cdot)$ 为示性函数,条件满足取值 1,不满足取值 0。$\mathrm{d}x$ 分别对应于教育变量五个层次产生的 5 个虚拟变量,性别 X_2 本身是二值的,因而,教育和性别两个变量将总体分成了 10 组。上述条件期望函数描述了这 10 组个体的平均收入。如果没有交互影响,即教育收益率没有性别差异,上述回归函数通常可以称为根据 X_1 分层的饱和回归(saturated in X_1)。

5. 二元因变量模型

在回归分析中,被解释变量有时是二值的,比如是否就业、竞选是否成功、贷款是否批准等等。被解释变量是否是二值的(或离散变量)并不影响定理 5.2 的成立。唯一的差异在于其条件期望函数的解释及回归系数的解释。比如考察什么因素影响就业参与，Y_i 表示是否就业，为二值变量，取 1 表示就业，取 0 表示未就业。X_i 表示个体教育、家庭收入、孩子数量等可能的影响因素，构造线性回归模型：

$$Y_i = \alpha + X_i'\beta + \varepsilon_i$$

假设 $E[\varepsilon_i|X_i]=0$，则总体回归函数为：

$$E[Y_i \mid X_i] = \alpha + X_i'\beta$$

由于 Y_i 是二值的，总体回归函数可以写成：

$$\Pr[Y_i = 1 \mid X_i] = \alpha + X_i'\beta \tag{5.25}$$

回归系数解释为解释变量对就业概率($Y_i=1$)的边际影响。被解释变量可以解释为成功的概率，上述模型通常称为线性概率模型(Linear Probability Model，LPM)。线性概率模型残差总是异方差的，

$$\begin{aligned}
E[\varepsilon_i^2 \mid X_i] &= E[[Y_i - P[Y_i = 1 \mid X_i]]^2 \mid X_i] \\
&= [1 - P[Y_i = 1 \mid X_i]]^2 P[Y_i = 1 \mid X_i] \\
&\quad + P[Y_i = 1 \mid X_i]^2 [1 - P[Y_i = 1 \mid X_i]] \\
&= P[Y_i = 1 \mid X_i][1 - P[Y_i = 1 \mid X_i]]
\end{aligned}$$

LPM 模型被解释变量反映的是成功的概率，其取值范围在[0,1]之间，但 LPM 右边为线性函数，无法保证其拟合值在[0,1]之间，尤其当 X_i 取值变动较大时，可能会出现拟合值为负或大于 1 的情形。另外，LPM 的边际影响是常数。比如就业参与模型中，6 岁以下孩子的数量可能是影响母亲就业决策的一个重要因素。在 LPM 模型中，孩子数量的系数是一个常数，那么，孩子数量从 0 增加到 1 个，可能对就业概率产生较大影响，孩子数量从 1 再增加到 2 时，其影响程度可能就没有第 1 个孩子的影响大，LPM 模型无法反映这一点。

为了克服上述两个缺陷，计量经济学家构造出了非线性概率模型。[1] 一种解决方法是引入潜变量，对潜变量建模而不是对观测结果建模。比如考察个体的就业决策，就业选择取决于就业和待业两种状态下个体效用的比较。假设两种状态下个体效用的差用潜变量 Y^* 表示，潜变量模型为：

$$Y_i^* = \alpha + X_i'\beta + \varepsilon_i \tag{5.26}$$

其中，$Y_i = 1(Y_i^* \geqslant 0)$，则条件期望函数可以写为：

---

[1] 有关离散选择模型的详细分析，可以参考 Wooldridge (2010)第 15—19 章和 Cameron and Trivedi (2005)第 14 和 16 章。

$$\Pr[Y_i = 1 \mid X_i] = \Pr[Y_i^* \geqslant 0 \mid X_i] = \Pr[\alpha + X_i'\beta + \varepsilon_i \geqslant 0 \mid X_i]$$
$$= \Pr[\varepsilon_i \geqslant -(\alpha + X_i'\beta) \mid X_i] = 1 - G(-(\alpha + X_i'\beta))$$
$$= G(\alpha + X_i'\beta) \tag{5.27}$$

其中，$G(\cdot)$ 是 ε_i 的分布函数，假设为对称分布。现在条件期望函数为非线性函数，并且右侧模型总是在 $[0,1]$ 之间。边际效应不再是一个常数，

$$\frac{\partial \Pr[Y_i = 1 \mid X_i]}{\partial X_{ki}} = g(\alpha + X_i'\beta)\beta_k \tag{5.28}$$

其中 $g(\cdot)$ 为概率密度函数。在应用研究中，通常假设 ε_i 服从标准正态分布或逻辑分布。如果是正态分布，上述模型称为 probit 模型。如果是逻辑分布，称为 logit 模型。其中，标准正态分布和逻辑分布的密度函数分别为：

$$\phi(z) = \frac{1}{\sqrt{2\pi}} e^{-z^2/2} \quad \Gamma(z) = \frac{e^z}{1 + e^z}$$

probit 模型和 logit 模型是非线性模型，可以用极大似然法进行估计。在 Stata 软件中，使用命令 probit 和 logit 进行估计，得到的系数不能直接解释成边际影响，(5.28)式显示，边际影响的方向和系数方向一致，但边际效应的大小还多一项 $g(\alpha + X_i'\beta)$，依赖于 X_i。因而，边际效应不是常数，随 X_i 的变化而变化。在应用中，往往估计平均的边际效应，即对于平均特征 $\bar{X}$ 的个体，其边际效应是多少。Stata 软件中，可以使用 margins 命令获得边际效应的估计。关于模型拟合的好坏，可以用 McFadden 提出伪 R^2（pseudo R^2）进行测度，定义为 $1 - L_{ur}/L_o$，其中 L_{ur} 为原模型的对数似然值，L_o 为只有常数项模型的对数似然值。关于离散选择模型的更多讨论参考 Cameron and Trivedi（2005）、Wooldridge（2010）。

第二节 线性回归和因果效应

1. 线性回归和因果效应

上文讨论了线性回归函数与条件期望函数之间的关系。定理 5.1 和定理 5.2 告诉我们，如果 CEF 是线性函数，则 CEF 和总体回归函数一致；如果 CEF 是非线性函数，则总体回归函数是对 CEF 的最优线性近似。什么时候回归系数有因果效应的解释呢？一个简单的回答是当总体回归函数所近似的 CEF 有因果效应解释的时候。第二章曾经推出简单回归系数实际是两组结果平均值之差，而两组结果平均值之差要有因果效应解释，必须满足条件（2.28）或/和（2.30），并且不同的条件会给出不同的因果效应参数。再回到潜在结果框架，

将观测结果表示成潜在结果的形式：

$$Y_i = D_i Y_{1i} + (1-D_i) Y_{0i} = Y_{0i} + (Y_{1i} - Y_{0i}) D_i$$
$$= Y_{0i} + \delta_i D_i = \mu_0 + \delta_i D_i + \nu_{0i}$$
$$= \mu_0 + (\mu_1 - \mu_0) D_i + [\nu_{0i} + D_i(\nu_{1i} - \nu_{0i})] \tag{5.29}$$

其中 $\mu_0 = E[Y_0]$，$\nu_{0i} = Y_{0i} - E[Y_{0i}]$，$\mu_1 = E[Y_1]$，$\nu_{1i} = Y_{1i} - E[Y_{1i}]$，或直接写成：

$$Y_i = \alpha + \tau_{\text{ATE}} D_i + \varepsilon_i \tag{5.30}$$

其中 $\alpha = \mu_0$，$\varepsilon_i \equiv \nu_{0i} + D_i(\nu_{1i} - \nu_{0i})$。注意(5.30)式是潜在结果模型，不是线性回归模型，尽管看起来很像简单回归。在(5.30)式中，τ_{ATE} 是总体平均因果效应。两组结果平均值分别为：

$$E[Y_i \mid D_i = 1] = \alpha + \tau_{\text{ATE}} + E[\varepsilon_i \mid X_i] \tag{5.31}$$
$$E[Y_i \mid D_i = 0] = \alpha + E[\varepsilon_i \mid X_i] \tag{5.32}$$

(5.31)−(5.32)得

$$\tau^{\text{ols}} \equiv E[Y_i \mid D_i = 1] - E[Y_i \mid D_i = 0]$$
$$= \tau_{\text{ATE}} + E[\varepsilon_i \mid D_i = 1] - E[\varepsilon_i \mid D_i = 0]$$
$$= \tau_{\text{ATE}} + E[\nu_{1i} \mid D_i = 1] - E[\nu_{0i} \mid D_i = 0]$$
$$= \tau_{\text{ATE}} + E[Y_{0i} \mid D_i = 1] - E[Y_{0i} \mid D_i = 0]$$
$$+ (1-p)\{E[Y_{1i} - Y_{0i} \mid D_i = 1] - E[Y_{1i} - Y_{0i} \mid D_i = 0]\} \tag{5.33}$$

其中 $p = \Pr[D_i = 1]$。因而，要使回归系数 τ^{ols} 可以解释为平均因果效应 τ_{ATE}，必须使上式最后两项等于零。第一项为零即条件(2.28)，要求基线潜在结果 Y_{0i} 均值独立于 D_i，不存在选择偏差。第二项为零，要求两组个体因果效应不存在差异，如果(2.28)成立，则第二项为零意味着条件(2.30)成立。因而，简单回归系数要有因果效应的解释，特别是想解释为 ATE，必须要求下列两个条件同时成立。(5.34)(5.35)实际是(2.28)(2.30)的复制。

$$E[Y_{0i} \mid D_i = 1] = E[Y_{0i} \mid D_i = 0] \tag{5.34}$$
$$E[Y_{1i} \mid D_i = 1] = E[Y_{1i} \mid D_i = 0] \tag{5.35}$$

那么，什么时候回归系数可以解释为干预组平均因果效应呢？利用与上面同样的方法，可以将观测结果写成下列潜在结果形式：

$$Y_i = \alpha + \tau_{\text{ATT}} D_i + \varepsilon_i$$

其中 $\alpha = \mu_0$，$\varepsilon_i \equiv \nu_{0i} + D_i(Y_{1i} - Y_{0i} - \tau_{\text{ATT}})$，利用同样的方法，可以证明：

$$\tau^{\text{ols}} = \tau_{\text{ATT}} + E[Y_{0i} \mid D_i = 1] - E[Y_{0i} \mid D_i = 0]$$

因而，回归系数 τ^{ols} 可以解释成 τ_{ATT}，(5.34)必须成立。同理，可以证明，回归系数要解释为控制组平均因果效应，条件(5.35)必须成立。

综上,如果只有条件(5.34)成立,回归系数可以解释为干预组平均因果效应;如果只有条件(5.35)成立,回归系数可以解释为控制组平均因果效应;如果两个条件(5.34)和(5.35)同时成立,回归系数可以解释为总体平均因果效应(其实此时三个因果效应参数相同)。这两个条件与独立性假设密切相关,在完全随机化实验中,我们知道潜在结果独立于分配变量,即$(Y_{0i}, Y_{1i}) \perp D_i$。独立性条件成立,则(5.34)和(5.35)成立,但反过来不一定。因而,条件(5.34)和(5.35)比独立性假设弱一些,也称为均值独立性。它只对一阶矩有限制,对高阶矩没有要求,而独立性是针对整个分布。

如果条件(5.34)和(5.35)不满足,简单回归系数将没有因果效应的解释。或者说,用回归系数去估计因果效应参数,存在着偏差。解决办法是引入控制变量,实施多元回归。多元回归在什么情况下有因果效应的解释呢?换言之,如何引入控制变量呢?下面,将控制变量X_i引入简单回归模型,为了得到显性的解,我们考察下面的饱和回归:

$$Y_i = \tau D_i + \sum_x \alpha_x \mathrm{d}x + \varepsilon_i \tag{5.36}$$

其中$\mathrm{d}x = 1(X_i = x)$。因为饱和模型的CEF是线性的,从而上式满足$E[\varepsilon_i | D_i, X_i] = 0$。利用(5.10),$D_i$的回归系数为:

$$\tau^{\mathrm{ols}} = \frac{\mathrm{Cov}(Y_i, \widetilde{D}_i)}{\mathrm{Var}(\widetilde{D}_i)} = \frac{E[Y_i \widetilde{D}_i]}{E[\widetilde{D}_i^2]} (\text{其中 } \widetilde{D}_i = D_i - E[D_i | X_i])$$

$$= \frac{E[\widetilde{D}_i E[Y_i | D_i, X_i]]}{E[\widetilde{D}_i^2]} = \frac{E[\widetilde{D}_i (E[Y_i | D_i = 0, X_i] + \tau_X D_i)]}{E[\widetilde{D}_i^2]}$$

(利用 $E[Y_i | D_i, X_i] = E[Y_i | D_i = 0, X_i] + \tau_X D_i$)

$$= \frac{E[\widetilde{D}_i D_i \tau_X]}{E[\widetilde{D}_i^2]} = \frac{E[\widetilde{D}_i^2 \tau_X]}{E[\widetilde{D}_i^2]} = \frac{E[E[\widetilde{D}_i^2 | X_i] \tau_X]}{E[E[\widetilde{D}_i^2 | X_i]]}$$

$$= \frac{E[E[(D_i - E[D_i | X_i])^2 | X_i] \tau_X]}{E[E[(D_i - E[D_i | X_i])^2 | X_i]]} = \frac{E[\mathrm{Var}(D_i | X_i) \tau_X]}{E[\mathrm{Var}(D_i | X_i)]}$$

$$= E\left[\frac{\mathrm{Var}(D_i | X_i)}{E[\mathrm{Var}(D_i | X_i)]} \tau_X\right] \tag{5.37}$$

其中,$\widetilde{D}_i$是D_i对X_i饱和回归的总体残差。饱和回归的CEF是线性函数,因而$E[\widetilde{D}_i | X_i] = 0$,$E[\widetilde{D}_i] = 0$。第二行第一个等号利用全期望公式(5.1),第二个等号中的τ_X定义为:

$$\tau_X = E[Y_i | X_i, D_i = 1] - E[Y_i | X_i, D_i = 0] \tag{5.38}$$

τ_X 实际上是用特征为 X_i 的子样本作简单回归得到的回归系数。第三行利用 CEF 分解特征，$E[\widetilde{D}_i E[D_i|X_i]\tau_X]=0$。所以，回归系数 τ^{ols} 是对 τ_X 的加权平均。因而，如果想使 τ^{ols} 有因果效应的解释，其中的 τ_X 必须要有因果效应的解释。τ_X 什么情况下有因果效应解释呢？将 τ_X 写成潜在结果的形式：

$$\tau_X = E[Y_i \mid X_i, D_i = 1] - E[Y_i \mid X_i, D_i = 0]$$
$$= E[Y_{1i} \mid X_i, D_i = 1] - E[Y_{0i} \mid X_i, D_i = 0]$$
$$= \underbrace{E[Y_{1i} - Y_{0i} \mid X_i, D_i = 1]}_{\tau_{\text{ATT}}(X_i)} + \underbrace{E[Y_{0i} \mid X_i, D_i = 1] - E[Y_{0i} \mid X_i, D_i = 0]}_{\text{选择偏差}} \tag{5.39}$$

$$= \underbrace{E[Y_{1i} - Y_{0i} \mid X_i]}_{\tau_{\text{ATE}}(X_i)} + \underbrace{E[Y_{0i} \mid X_i, D_i = 1] - E[Y_{0i} \mid X_i, D_i = 0]}_{\text{选择偏差}}$$
$$+ (1 - p(X))\underbrace{\{E[Y_{1i} - Y_{0i} \mid X_i, D_i = 1] - E[Y_{1i} - Y_{0i} \mid X_i, D_i = 0]\}}_{\text{两组因果效应偏差}} \tag{5.40}$$

从第三行可以看出，要想将 τ_X 解释成特征为 X 群体的干预组平均因果效应，必须满足选择偏差为零，即满足下列条件：

$$E[Y_{0i} \mid X_i, D_i = 1] = E[Y_{0i} \mid X_i, D_i = 0] \tag{5.41}$$

第四行表明，要想将 τ_X 解释成特征为 X 群体的平均因果效应，必须满足选择偏差和两组因果效应偏差同时为零，即需要同时满足条件(5.41)和(5.42)。

$$E[Y_{1i} \mid X_i, D_i = 1] = E[Y_{1i} \mid X_i, D_i = 0] \tag{5.42}$$

τ_X 有因果效应的解释，τ^{ols} 也具有因果效应的解释。(5.41)和(5.42)两个条件称为条件均值独立性假设(Conditional Mean Independence，CMI)。一个更强的条件是条件独立性假设(Conditional Independence Assumption，CIA)，它要求以 X_i 为条件，潜在结果独立于干预变量，即以 X_i 为条件，干预变量的分配近似于完全随机化实验，用公式表示为：

$$(Y_{0i}, Y_{1i}) \perp\!\!\!\perp D_i \mid X_i \tag{5.43}$$

启示：为什么要引入多元回归？引入其他控制变量的目的是什么？在利用回归分析进行因果推断时，如果条件(5.34)或/和(5.35)能够满足，简单回归系数就可以有因果效应的解释。如果只有条件(5.34)成立，简单回归系数可以解释成干预组平均因果效应。如果只有条件(5.35)成立，简单回归系数可以解释成控制组平均因果效应，如果两个条件同时成立，则回归系数可以解释成总体平均因果效应。如果条件(5.34)和(5.35)都不成立，则考虑引入控制变量 X_i。

控制变量的引入不是任意的,引入控制变量的目的是使条件独立性假设能够成立,或至少条件均值独立性假设(5.41)或/和(5.42)能够成立。如果只有条件(5.41)成立,引入控制变量后,回归系数可以近似解释为干预组平均因果效应。① 如果只有条件(5.42)成立,回归系数可以近似解释为控制组平均因果效应。当两条件均成立时,回归系数可以近似解释为总体平均因果效应。②

我们之所以引入多元回归,是想在引入控制变量 X_i 后,使条件独立性假设或至少条件均值独立性假设成立,从而回归系数具有因果效应的解释。对于这一点,也可以用因果图进行描述。如果条件(5.34)和(5.35)满足或独立性条件 $(Y_{0i}, Y_{1i}) \perp D_i$ 满足,因果图类似于图4.3,D 到 Y 的因果效应可以直接识别,回归系数体现出的相关性就是两变量之间的因果效应。(5.34)和(5.35)不成立,因果图为图5.1(a)。有后门路径 $D \leftarrow \varepsilon \rightarrow Y$,回归系数包括因果路径产生的相关性和后门路径产生的相关性。后门路径造成的相关性和因果路径产生的相关性混杂在一起,回归系数不能解释为因果效应,存在选择偏差。如果混杂 ε 可以分解成 X 和 e 两部分,并且造成 ε 混杂的主要原因是由 X 造成的,那么,在简单回归中引入控制变量 X,相当于图5.1(b)中以 X 为条件。根据后门规则,阻断了后门路径产生的相关性。那么,回归系数表现出的相关性只剩下因果路径的相关性了。控制变量 X 的引入,消除了混杂偏差,使回归系数具有因果效应的解释。

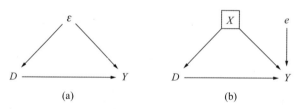

图5.1 回归分析和因果效应

在多元回归分析中,我们关心的解释变量和控制变量的地位是不一样的。为强调这一点,本书中将我们关心的解释变量称为原因变量或干预变量。在回归分析中,我们主要关心原因变量的系数是否有因果效应的解释。对于控制变

---

① 在满足条件独立性或条件均值独立性假设时,回归系数可以有因果效应的解释,但回归系数在数值上并不完全等于平均因果效应或干预组平均因果效应。因而,是对因果效应参数的近似,至少得到的影响方向是一致的。在下一章的匹配方法中还会讨论。

② 事实上,如果两个条件均成立,总体平均因果效应、干预组平均因果效应和控制组平均因果效应三个因果效应参数完全一致。

量,引入它们的目的是为了保证原因变量系数有因果效应的解释,控制变量本身的系数是否有因果效应解释并不重要。比如,图 5.2 有两条后门路径。当以 X 为条件后,这两条后门路径均可以阻断,从而在回归分析中引入控制变量 X, D 的系数将有因果效应的解释。但 X 的系数并不是 X 对 Y 的因果影响,因为 X 到 Y 存在混杂因素 e。对于我们关心的因果问题而言,X 的系数是否有因果效应解释并不重要,重要的是引入 X 之后,原因变量的回归系数将有因果效应的解释。

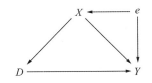

图 5.2 原因变量和控制变量

2. 好控制变量和差控制变量

利用回归分析进行因果效应参数识别时,应该如何选择控制变量呢?或者说什么样的变量才是好的控制变量,什么样的变量是差的控制变量?根据第四章有关选择偏差的讨论,我们知道,好的控制变量应该是发生在原因变量之前或取值不随原因变量变化的变量,即好的控制变量是潜在的混杂因素。在估计大学教育收益率时,影响个体教育决策的变量是好的控制变量,比如考大学时的个体特征(不随教育决策变化的性别、民族等)、家庭背景(当时父母的收入、教育等)、学习成绩(高中学习成绩)、地域等。而今天的家庭背景等信息不是好的控制变量。

相应地,可能受到原因变量影响的变量或发生在原因变量之后的变量不是好的控制变量。仍然以教育收益率的估计为例,个人职业和就业行业就不是好的控制变量。为什么?因为个人职业及就业行业往往是教育完成之后个人选择的结果,也就是说,这些变量发生在教育之后,可能受到教育的影响。事实上,教育对职业选择有重要影响,职业和行业往往存在着密切的联系,这些变量就可能成为教育和收入的交汇变量,以交汇变量(包括交汇变量的子孙变量)为条件,将产生样本选择偏差。

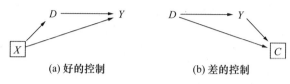

图 5.3 好坏控制变量

好的控制变量如图 5.3(a)中的 X,控制 X 可以消除后门路径 $D \leftarrow X \rightarrow Y$ 造成的混杂偏差,差的控制变量如图 5.3(b)中的 C,控制 C 将打开非因果路径 $D \rightarrow C \leftarrow Y$,从而造成样本选择偏差。

3. 回归分析的缺陷

回归分析的好处是它很容易实现,多数计量经济学软件均可以用一条命令自动完成回归分析。正因为回归分析的自动性,可能使用者不知道软件估计出的回归系数代表什么?即使总体上 CIA 条件成立,在利用样本进行回归分析时,由于抽样的随机性,可能使某些变量根据 X 进行分层后,层内只有干预组或控制组样本,从而(5.37)式中 τ_X 没有定义,回归将对这些样本赋予 0 的权重,或者说,软件会自动丢弃那些层内只有一组个体的样本,而使用者往往对此一无所知。即使满足 CIA 或 CMI,丢弃样本后所得的回归系数也不能解释为总体因果效应。

下一章将介绍匹配方法。在匹配方法中,使用哪些样本、丢弃了哪些样本都非常清晰,从而得到的估计解释为哪些群体的因果效应也非常清楚,这是匹配方法优于回归分析的地方。

第三节 回归方法的软件实现

本节主要介绍回归方法在 Stata 软件中的实现。首先简要介绍使用的数据,然后介绍回归命令,最后用回归方法估计中国城镇居民教育收益率。

1. 数据

本节使用的数据来自于中国居民收入调查项目(CHIP)2002 年的城镇样本,对应数据集为 chip2002.dta。主要变量包括个人年收入、年龄、性别、教育程度、工作年限、所在城市、就业行业等基本信息。变量描述如下:

第五章 线性回归

```
. des

Contains data from chip2002.dta
  obs:         9260
 vars:           14                              4 Dec 2016 11:49
 size:       444480
```

variable name	storage type	display format	value label	variable label
prov	int	%8.0g		province code
city	float	%9.0g		counties
id	double	%12.0f		unique household member code
wage	float	%9.0g		annual income
lwage	float	%9.0g		log wage
male	int	%9.0g	male	1 male 0 female
age	float	%9.0g		age
edu	int	%9.0g	edu	education attainment
educ	float	%9.0g		years of schooling
exper	float	%9.0g		experience
industry	int	%9.0g		industry

2. Stata 软件中的回归命令

Stata 软件的回归命令为 regress,基本语法和选项如下:

`regress depvar [indepvars] [if] [in] [weight] [, options]`

options	Description
Model	
noconstant	suppress constant term
SE/Robust	
vce(vcetype)	vcetype may be ols, robust, cluster clustvar, bootstrap, jackknife, hc2, or hc3
Reporting	
level(#)	set confidence level; default is level(95)

Stata 中回归实现非常简单,直接利用命令 regress 即可进行回归分析。必选项 depvar 为被解释变量,可选项 indepvars 是解释变量列表,可以加也可以不加,if 可以加条件,in 可以设定观测值范围,weight 可以施加权重,选项 noconstant 估计不带常数项的模型,选项 vce(vcetype) 可以选择标准误差的形式,默

认选项 ols 为同方差的标准误差,其他类型包括稳健标准误差 robust,聚类标准误差 cluster clustvar,自抽样标准误差 bootstrap,刀切标准误差 jackknife 等,详细可以参考 regress 的帮助文件。选项 level 改变置信水平。下面利用 CHIP 数据估计基本的 Mincer 方程,结果如下:

```
. reg lwage educ exper expersq, vce(robust)
Linear regression
```

					Number of obs	=	9260
					F(3, 9256)	=	499.77
					Prob > F	=	0.0000
					R-squared	=	0.1584
					Root MSE	=	.69258

lwage	Coef.	Robust Std. Err.	t	P>|t|	[95% Conf. Interval]	
educ	.0873412	.0026585	32.85	0.000	.08213	.0925524
exper	.0372778	.0031867	11.70	0.000	.0310312	.0435243
expersq	−.0003619	.0000766	−4.73	0.000	−.000512	−.0002119
_cons	7.544462	.0477489	158.00	0.000	7.450864	7.63806

输出结果包括两部分,右上角显示样本数、F 检验值及其 p 值、拟合优度和均方误差标准差。第二部分显示回归结果,包括各解释变量系数、标准误差、t 统计量、p 值和系数的置信区间等信息。如果上述模型满足 CIA 条件,教育的系数就是教育对收入的因果影响,结果显示,教育增加一年,对数收入会增加 0.087,或者教育收益率约为 8.7%。

3. 中国城镇居民教育收益率

表 5.1 用回归方法估计教育收益率

	(1) OLS	(2) OLS	(3) OLS	(4) OLS
educ	0.0873***	0.0823***	0.0618***	0.0618***
	(0.0027)	(0.0026)	(0.0026)	(0.0041)
exper	0.0373***	0.0427***	0.0423***	0.0423***
	(0.0032)	(0.0031)	(0.0030)	(0.0040)
expersq	−0.0004***	−0.0006***	−0.0007***	−0.0007***
	(0.0001)	(0.0001)	(0.0001)	(0.0001)
male		0.1938***	0.1802***	0.1802***
		(0.0141)	(0.0137)	(0.0222)

(续表)

	(1) OLS	(2) OLS	(3) OLS	(4) OLS
city	No	Yes	Yes	Yes
industry	No	No	Yes	Yes
N	9260	9260	9260	9260
Adj. R^2	0.1581	0.2740	0.3259	0.3259

Standard errors in parentheses
$^*\ p<.10$, $^{**}\ p<.05$, $^{***}\ p<.01$

我们估计4个模型。第1个模型是基本的Mincer方程，解释变量只包括教育年限、工作经验及工作经验平方。第2个模型在第1个模型基础上再控制性别和所在城市。第3个模型在第2个模型基础上进一步控制行业。第4个模型与第3个模型相同，但采用聚类到城市的标准误，而前三个模型均采用稳健标准误差。估计结果见表5.1，其中city表示是否控制城市固定效应，industry表示是否控制行业。第1列显示估计的教育收益率为8.7%。第2列估计的教育收益率为8.2%。第3列估计的教育收益率为6.2%。前三列均使用选项vce(robust)报告稳健标准误差。第4列采用了与第3列一样的模型设定，但采用聚类到城市的稳健标准误差vce(cluster city)，教育收益率估计没有变化，标准误差估计有所不同。

第四节 总 结

总体回归函数和条件期望函数有着密切的联系。如果条件期望函数是线性的，两者完全一致(定理5.1)。如果条件期望是非线性的，回归函数是对条件期望函数(均方误最小意义上)的最优线性近似(定理5.2)。如果条件期望函数有因果效应的解释，回归函数就有因果效应的解释。如果满足条件独立性假设或条件均值独立性假设，回归系数可以解释为总体的平均因果效应。在回归分析中，引入控制变量的目的就是希望能够使条件(均值)独立性假设成立。

 推荐阅读

Angrist and Pischke(2009)第3章、Morgan and Winship(2015)第6章均对回归和因果效应参数的关系进行了很好的讨论。洪永森(2011)第2章对正确模型设定进行了详细讨论。

附录

全期望公式(5.2)的一个证明。
$$E[Y_i \mid X_i] = E[E[Y_i \mid X_i, Z_i] \mid X_i]$$

证明　假设 Y、Z 为离散型随机变量，

$$\begin{aligned}
E[E[Y &\mid X=x, Z] \mid X=x] \\
&= \sum_z E[Y \mid X=x, Z=z] \cdot \Pr[Z=z \mid X=x] \\
&= \sum_z \sum_y y \cdot \Pr[Y=y \mid X=x, Z=z] \cdot \Pr[Z=z \mid X=x] \\
&= \sum_z \sum_y y \cdot \frac{\Pr[Y=y, X=x, Z=z]}{\Pr[X=x, Z=z]} \cdot \frac{\Pr[Z=z, X=x]}{\Pr[X=x]} \\
&= \sum_y y \sum_z \frac{\Pr[Y=y, X=x, Z=z]}{\Pr[X=x]} \\
&= \sum_y y \frac{\Pr[Y=y, X=x]}{\Pr[X=x]} \\
&= \sum_y y \Pr[Y=y \mid X=x] \\
&= E[Y \mid X=x]
\end{aligned}$$

第六章 匹配方法

在这一章,我们将讨论另一种流行的方法,这种方法的使用前提也是要求条件独立性假设(CIA)或条件均值独立性假设(CMI)成立。因而,无论是回归方法还是匹配方法,如果要使其估计量有因果效应的解释,必须要满足 CIA 或 CMI。事实上,回归也是一种匹配,在后文中会具体讨论两者的关系。

第一节 协变量匹配方法

1. 协变量匹配

在估计因果效应的时候,我们面临着因果推断的基本问题(Holland,1986),只能观察到一种干预状态下的结果,无法观察到其他干预状态下的结果。匹配方法的基本思想就是对于干预组个体,在控制组中寻找特征相似的控制组个体与其相匹配,从而用控制组个体的结果来估计干预组个体的反事实结果。回顾因果效应参数 ATT:

$$\tau_{\text{ATT}} = E[Y_{1i} - Y_{0i} \mid D_i = 1]$$
$$= E[Y_{1i} \mid D_i = 1] - E[Y_{0i} \mid D_i = 1] \quad (6.1)$$

第一项是干预组 Y_1 的期望值,在数据中是可观测的,第二项是干预组 Y_0 的期望值,在数据中是观测不到的,是反事实结果。

在完全随机化实验中,由于干预是随机化分配的,有 $E[Y_{0i}|D_i=1]=E[Y_{0i}|D_i=0]$,可以直接用控制组的观测结果 $E[Y_i|D_i=0]$ 来作为干预组反事实结果 $E[Y_{0i}|D_i=1]$ 的估计,从而可以估计出 ATT。在分层随机化实验中,在层内为完全随机化实验,满足 CIA 条件,即 $(Y_{0i}, Y_{1i}) \perp D_i \mid X_i$,则有 $E[Y_{0i}|X_i, D_i=1]=E[Y_{0i}|X_i, D_i=0]$,即在相同的 X_i 层内,干预组的反事实结果 $E[Y_{0i}|X_i, D_i=1]$ 可以用控制组的观测结果 $E[Y_i|X_i, D_i=0]$ 来进行估计。干预组的反事实结果 $E[Y_{0i}|D_i=1]$ 很容易估计,即

$$E[Y_{0i} \mid D_i = 1] = E\{E[Y_{0i} \mid X_i, D_i = 1] \mid D_i = 1\}$$
$$= E\{E[Y_{0i} \mid X_i, D_i = 0] \mid D_i = 1\}$$
$$= E\{E[Y_i \mid X_i, D_i = 0] \mid D_i = 1\}$$

在观测研究中,如果条件独立性假设(CIA)成立,即

$$(Y_{0i}, Y_{1i}) \perp D_i \mid X_i \qquad (6.2)$$

则因果效应参数可以识别。(6.2)说明控制观测协变量 X_i 后,干预组和控制组两组潜在结果分布相似,未观测变量不会对潜在结果分布有系统性影响,从而相同的 X_i 层内,数据类似于完全随机化实验,在层内两组观测结果平均值之差是对层内平均因果效应的估计。因而,匹配方法近似于分层随机化实验,这要求根据 X_i 分层后,未观测变量不会造成潜在结果的差异。因而,如果满足 CIA 条件,则干预组平均因果效应可以识别。

$$\begin{aligned}\tau_{\text{ATT}} &= E[Y_{1i} - Y_{0i} \mid D_i = 1] \\ &= E\{E[Y_{1i} - Y_{0i} \mid X_i, D_i = 1] \mid D_i = 1\} \\ &= E\{E[Y_{1i} \mid X_i, D_i = 1] - E[Y_{0i} \mid X_i, D_i = 1] \mid D_i = 1\} \end{aligned} \qquad (6.3)$$

其中第二行利用全期望公式(5.2)。CIA 条件意味着有下式成立:

$$E[Y_{0i} \mid X_i, D_i = 1] = E[Y_{0i} \mid X_i, D_i = 0] \qquad (6.4)$$

即相同的协变量的情况下,两组基线潜在结果将分布相同,从而均值相同。上式左边是干预组的反事实结果,是不可观测的,右边是控制组的观测结果,从而在 CIA 条件下,可以利用可观测的控制组结果来作为干预组反事实结果的估计,将(6.4)代入(6.3),则有

$$\begin{aligned}\tau_{\text{ATT}} &= E\{E[Y_{1i} \mid X_i, D_i = 1] - E[Y_{0i} \mid X_i, D_i = 0] \mid D_i = 1\} \\ &= E\{\underbrace{E[Y_i \mid X_i, D_i = 1] - E[Y_i \mid X_i, D_i = 0]}_{\tau_X} \mid D_i = 1\} \end{aligned} \qquad (6.5)$$

其中,

$$\tau_X = E[Y_i \mid X_i, D_i = 1] - E[Y_i \mid X_i, D_i = 0] \qquad (6.6)$$

τ_X 是相同协变量 X_i 层内两组结果平均值之差。(6.4)和(6.5)说明如果 CIA 满足,根据观测特征 X_i 进行匹配,从控制组中找到相同特征的控制组个体,匹配后,利用具有相同特征的控制组结果作为干预组反事实结果的估计,即(6.4)。匹配样本因果效应的估计体现在(6.5)和(6.6)。(6.5)式显示,根据协变量匹配后,层内平均因果效应为 τ_X,则干预组平均因果效应是利用协变量在干预组中的分布 $\Pr[X=x \mid D_i=1]$ 对 τ_X 进行加权得到,相应的样本形式即干预组平均因果效应的匹配估计量 $\hat{\tau}_{\text{ATT}}$。如果 X_i 为离散变量,则

$$\tau_{\text{ATT}} = E[\tau_X \mid D_i = 1] = \sum_x \tau_x \Pr[X_i = x \mid D_i = 1] \qquad (6.7)$$

事实上,不同的因果效应参数,对应于对 τ_X 的不同加权,比如总体平均因果效应 ATT,则相应的匹配测度为:

$$\tau_{\text{ATE}} = E[\tau_X] = \sum_x \tau_x \Pr[X_i = x] \qquad (6.8)$$

(6.7)和(6.8)显示,所有的匹配估计量都依赖 τ_X,而 τ_X 是具有相同特征 X_i 的干预组和控制组观测结果平均值之差。因而,要估计出 τ_X,就要求总体上特征为 X_i 的个体在干预组和控制组都有个体存在,否则,仅有一组个体,τ_X 将没有定义,相应的匹配估计测度也没有定义。因而,为了保证能够实施匹配,还需要另一个条件:共同区间要求(common support),用公式表示为:

$$0 < \Pr[D_i = 1 \mid X_i] < 1 \tag{6.9}$$

$\Pr[D_i=1|X_i]$ 实际上是倾向指数(propensity score),反映的是具有特征 X_i 的个体接受干预的可能性,因为它是 X_i 的函数,通常简记为 $p(X_i)$。(6.9)表示,根据观测变量 X_i 分层后,层内均有干预组和控制组两组个体,从而保证 τ_X 有定义,可以利用匹配方法估计相关因果效应参数。

因而,在使用匹配方法估计总体平均因果效应(ATE)时,需要满足(6.2)和(6.9)两个条件。当然,如果关心的因果效应参数是干预组平均因果效应(ATT),上述两个条件都可以放松一些,只需要基线潜在结果满足条件独立性假设,并且只需要倾向指数小于1,即

$$Y_{0i} \perp\!\!\!\perp D_i \mid X_i \tag{6.10}$$

和 $$\Pr[D_i = 1 \mid X_i] < 1 \tag{6.11}$$

事实上,为了识别干预组平均因果效应,只需要满足条件(6.10)甚至更弱的条件(6.4)。在匹配时,可以允许相同特征的控制组个体没有对应的干预组个体,即 $\Pr[D_i=1|X_i]=0$,但相同特征的干预组个体,总是能找到相应的控制组个体相匹配,即 $\Pr[D_i=1|X_i]<1$。[①]

2. 匹配与回归

匹配方法和回归方法要识别因果效应参数都要求 CIA 条件成立,这不奇怪,事实上,回归方法也是一种匹配方法。在上一章,我们推得的回归系数(5.37)复制到这里,即

$$\tau^{\text{ols}} = E\left[\frac{\text{Var}(D_i \mid X_i)}{E[\text{Var}(D_i \mid X_i)]}\tau_X\right] \tag{6.12}$$

可以看出,总体回归系数也是对 τ_X 的加权,与上文的匹配估计测度(6.7)和(6.8)相似,只是加权的权重有所不同。

$$\text{Var}(D_i \mid X_i) = p(X_i)(1 - p(X_i))$$

其中,$p(X_i)=\Pr[D_i=1|X_i]$,总体回归系数可以写成:

---

① 同样地,如果只关心控制组平均因果效应 ATC,那么识别条件只需要 $Y_{1i} \perp\!\!\!\perp D_i|X_i$ 或 $E[Y_{1i}|X_i,D_i=1]=E[Y_{1i}|X_i,D_i=0]$ 和 $\Pr[D_i=1|X_i]>0$。

$$\tau^{\text{ols}} = \sum_x \left(\frac{p(x)(1-p(x))\Pr[X_i = x]}{\sum_x [p(x)(1-p(x))]\Pr[X_i = x]} \right) \tau_x \qquad (6.13)$$

因而,回归系数是条件方差加权的,相应地,ATT的匹配测度为:

$$\begin{aligned}
\tau_{\text{ATT}} &= \sum_x \tau_x \Pr[X_i = x \mid D_i = 1] \\
&= \sum_x \tau_x \frac{\Pr[D_i = 1 \mid X_i = x]\Pr[X_i = x]}{\sum_x \Pr[D_i = 1 \mid X_i = x]\Pr[X_i = x]} \\
&= \sum_x \left(\frac{p(x)\Pr[X_i = x]}{\sum_x p(x)\Pr[X_i = x]} \right) \tau_x \qquad (6.14)
\end{aligned}$$

(6.13)和(6.14)在形式上非常相似,差异主要体现在回归系数(6.13)中分子分母多了一项 $1-p(x)$。回归系数是干预变量的条件方差进行加权的,条件方差在倾向指数 $p(x)=0.5$ 时取值最大,从而回归系数对那些层内两组个体数目相同的层赋予更大的权重。(6.14)中匹配估计测度是利用倾向指数进行加权的,并且对那些层内干预组个体更多,即倾向指数更大的层赋予更大的权重。两个参数一般情况下是不相同的,因而,回归系数尽管在满足CIA条件下有因果效应的解释,也往往与因果效应参数在数值上有差异。但有两种情况两者是一致的,一种情况是倾向指数是常数,$p(X_i)=p$,类似于完全随机化实验,无论个体特征如何,接受干预的可能性均为 p,此时回归系数与因果效应参数一致。第二种情况是 τ_X 是常数,不同特征的个体平均因果效应相同,从而是符合常数因果效应模型,上述两个参数在这种情况下,都等于常数,因而,如果不存在异质性,回归系数等于因果效应参数。

另外,(6.13)还表明,回归系数对于倾向指数为0或为1的层,将赋予0权重。回归时它会自动丢弃那些仅有一组个体的层,而研究者往往不知道丢弃了哪些层,得到回归系数不能解释为对总体平均因果效应的估计,真正进入回归的样本已经不能反映总体的信息。协变量匹配测度的好处就在于匹配时,需要考虑共同区间要求(6.9)是否满足,从而很清楚哪些样本进入匹配,哪些样本被丢弃,从而清楚所得到的匹配估计量可以解释为哪些子总体的因果效应,这也是匹配方法相对于回归方法的优势之一。

第二节 倾向指数匹配方法

要实施匹配方法,除满足条件独立性假设外,还需要满足共同区间要求。即使总体上满足共同区间条件,但由于抽样的随机性,也有可能使我们拿到的

样本出现根据 X_i 分层后,层内只有一组个体的情况。另外,当观测变量很多,即 X_i 是高维度向量,根据 X_i 分层时,也可能出现层内仅有一组个体的情形。比如,一个调查数据中有 17 个协变量,即使每个变量只取两个值,根据这 17 个变量进行分层,共有 $2^{17}=131072$ 个层,如果样本容量仅有几千个点,那么根据协变量匹配时,肯定出现很多层内没有数据或仅有一组数据的情形。上述两种情况都会使得 τ_X 没有定义,从而无法计算因果效应参数。为了解决这一"维度诅咒"问题,Rosenbaum and Rubin (1983)提出了倾向指数匹配方法,使根据观测变量 X_i 进行匹配转向对一维的倾向指数进行匹配。

定义 6.1(倾向指数) 倾向指数定义为:
$$p(X_i) = E[D_i \mid X_i] = \Pr[D_i = 1 \mid X_i] \tag{6.15}$$

上文已经提到,倾向指数反映的是具有特征 X_i 的个体接受干预的可能性,实际上是个体的干预分配概率。在随机化实验中,这一概率是由实施实验者控制的,而在观测研究中,倾向指数往往是未知的,需要进行估计。

定义 6.2(平衡指数) 函数 $b(x)$ 是一个平衡指数,如果 $b(x)$ 满足 $D_i \perp\!\!\!\perp X_i \mid b(X_i)$。

平衡指数可以使两组协变量平衡,即以平衡指数为条件,干预组和控制组协变量分布相同。平衡指数不是唯一的,比如 X_i 本身就是平衡指数,事实上,X_i 的函数都是平衡指数,而我们更关心低维度的平衡指数,倾向指数就是一个平衡指数,并且是一维的。

引理 6.1(倾向指数的平衡指数特征) 倾向指数是一个平衡指数,即 $D_i \perp\!\!\!\perp X_i \mid p(X_i)$。

证明 要证明 $D_i \perp\!\!\!\perp X_i \mid p(X_i)$,等价于证明 $\Pr[D_i=1 \mid X_i, p(X_i)] = \Pr[D_i=1 \mid p(X_i)]$。左边为:
$$\Pr[D_i = 1 \mid X_i, p(X_i)] = E[D_i \mid X_i, p(X_i)] = E[D_i \mid X_i] = p(X_i) \tag{6.16}$$

其中,第二个等号利用条件期望性质 $E[Y \mid X, g(X)] = E[Y \mid X]$,最后的等号利用倾向指数的定义。右边为:
$$\Pr[D_i = 1 \mid p(X_i)] = E[D_i \mid p(X_i)] = E[E[D_i \mid X_i, p(X_i)] \mid p(X_i)]$$
$$= E[p(X_i) \mid p(X_i)] = p(X_i)$$

第二个等号利用全期望公式(5.2),第三个等号利用(6.16)的结果,从而两边相等,命题得证。

平衡指数特征是倾向指数本身的特征,并不是假设,也不是条件独立性假设的结果。在倾向指数估计中,可以用来检验倾向指数模型是否充分(adequacy)。如果估计的倾向指数没有问题,那么它应该满足平衡指数特征,相反,如果发现不满足平衡指数特征,说明倾向指数模型可能存在问题,需要修正。

倾向指数的另一个重要特征是,如果分配机制满足(相对于 X_i)非混杂性,那么,它也是相对于倾向指数非混杂的,这正是倾向指数定理的基本内容。

定理 6.1(倾向指数定理,Rosenbaum and Rubin,1983) 如果有 $(Y_{0i}, Y_{1i}) \perp\!\!\!\perp D_i | X_i$,则有 $(Y_{0i}, Y_{1i}) \perp\!\!\!\perp D_i | p(X_i)$。

证明 要证明 $(Y_{0i}, Y_{1i}) \perp\!\!\!\perp D_i | p(X_i)$,等价于证明 $\Pr[D_i=1 | Y_{0i}, Y_{1i}, p(X_i)] = \Pr[D_i=1 | p(X_i)]$。

$$\begin{aligned}
\Pr[D_i = 1 | Y_{0i}, Y_{1i}, p(X_i)] &= E[D_i | Y_{0i}, Y_{1i}, p(X_i)] \\
&= E\{E[D_i | Y_{0i}, Y_{1i}, X_i, p(X_i)] | Y_{0i}, Y_{1i}, p(X_i)\} \\
&= E\{E[D_i | X_i, p(X_i)] | Y_{0i}, Y_{1i}, p(X_i)\} \\
&= E\{E[D_i | p(X_i)] | Y_{0i}, Y_{1i}, p(X_i)\} \\
&= E[D_i | p(X_i)] = \Pr[D_i = 1 | p(X_i)]
\end{aligned}$$

第二行利用全期望公式(5.2),第三行利用 CIA 条件,

$$E[D_i | Y_{0i}, Y_{1i}, X_i, p(X_i)] = E[D_i | X_i, p(X_i)]$$

第四行利用倾向指数是平衡指数的特征,有

$$E[D_i | X_i, p(X_i)] = E[D_i | p(X_i)]$$

倾向指数定理 6.1 告诉我们,如果以观测变量 X_i 为条件,分配机制类似于随机化实验,那么,以倾向指数 $p(X_i)$ 为条件,分配机制也近似于随机化实验。因而,可以根据倾向指数进行匹配,总体平均因果效应的倾向指数匹配估计测度可以写成:

$$\begin{aligned}
\tau_{\text{ATE}}^{\text{psm}} &= E[Y_{1i} - Y_{0i}] = E\{E[Y_{1i} - Y_{0i} | p(X_i)]\} \\
&= E\{E[Y_{1i} | p(X_i)] - E[Y_{0i} | p(X_i)]\} \\
&= E\{E[Y_{1i} | p(X_i), D_i = 1] - E[Y_{0i} | p(X_i), D_i = 0]\} \\
&= E\{E[Y_i | p(X_i), D_i = 1] - E[Y_i | p(X_i), D_i = 0]\} \\
&= E[\tau_p] \quad (6.17)
\end{aligned}$$

第二行利用全期望公式(5.1),第四行利用倾向指数定理,其中 τ_p 是相同倾向指数的两组个体观测结果之差,定义为:

$$\tau_p = E[Y_i | p(X_i) = p, D_i = 1] - E[Y_i | p(X_i) = p, D_i = 0] \quad (6.18)$$

类似地,干预组平均因果效应的倾向指数匹配估计测度为:

$$\tau_{\text{ATT}}^{\text{psm}} = E[\tau_p | D_i = 1] \quad (6.19)$$

在观测研究中,倾向指数匹配包含两个步骤:第一步,估计倾向指数;第二

步,根据估计的倾向指数进行匹配。具体实施方法下一节介绍。

第三节 匹配方法的基本步骤

上文讨论了匹配方法的基本思想,推出了协变量匹配测度和倾向指数匹配测度。下面,我们转向样本视角,讨论匹配方法的实施步骤。匹配方法可以分成四个基本的步骤:定义相似性、实施匹配、评价匹配样本的匹配效果、估计因果效应(Stuart, 2010)。前两个步骤可能需要重复多次,直至达到较好的匹配效果。前三个步骤通常称为"设计"阶段,在前三个步骤中,不涉及结果变量,就像在真正的随机化实验中一样。在进行实验设计时,研究者还没有看到结果,在观测研究中,观测结果往往已经存在于数据中,但为了保证设计的科学性,避免研究者有意或无意的主观性——根据结果选择模型或样本,在"设计"阶段是不需要观测结果的,这也是实证研究"科学性"和"可信性"的关键。当"设计"阶段完成之后,获得满意的匹配样本,再引入结果变量进行因果效应估计。下面分别就这四个阶段进行讨论。

1. 定义相似性

匹配方法是为每个干预组个体寻找特征相似的控制组个体进行匹配或者为每个控制组个体寻找特征相似的干预组个体进行匹配,因而,如何定义相似性是匹配方法实施的基础。定义相似性阶段包含两个层面的工作:第一,应该选择哪些变量作为定义相似性的依据;第二,如何将这些变量形成一个相似性的测度。

首先,考察应该选择哪些变量作为定义相似性的依据。选择变量的主要依据是条件独立性假设,CIA 说明一旦控制了协变量,干预组和控制组个体没有未观测差异。因而,同时影响干预变量和结果变量的混杂因素都应作为协变量作为匹配依据。在倾向指数匹配中,如果引入与干预变量没有关系的变量不会有太大影响,它们对倾向指数模型没有影响,当这些变量是影响结果变量的重要因素时,引入它们可以提高估计精度。如果引入与结果变量没有关系的变量会稍微增加估计标准误差。如果遗漏重要的混杂因素将会造成显著的偏差。因而,对结果变量有重要影响的协变量,无论是否与干预变量有关系,均可以引入协变量作为匹配的依据。①

其次,定义相似性需要一个测度,一般应用中通常可以采用欧氏距离或马氏距离(Mahalanobis metric)。欧氏距离定义为:

$$d(X_i, X_j) = \sqrt{(X_i - X_j)'(X_i - X_j)} = \sqrt{\sum_{k=1}^{K}(X_{ki} - X_{kj})^2}$$

其中,协变量 $X=(X_1, X_2, \cdots, X_K)'$ 是 $K \times 1$ 维的向量,为了消除不同协变量量纲的差异,也可以采用标准化的欧氏距离,定义为:

$$d(X_i, X_j) = \sqrt{(X_i - X_j)'\Lambda^{-1}(X_i - X_j)}$$

其中 Λ 是一个 $K \times K$ 维的对角矩阵,对角元素是协变量的方差 σ_k^2,$k=1,\cdots,K$。因而,标准化欧氏距离也可以写成:

$$d(X_i, X_j) = \sqrt{\sum_{k=1}^{K}\frac{(X_{ki} - X_{kj})^2}{\sigma_k^2}} \tag{6.20}$$

标准化欧氏距离的好处是消除了量纲的影响,比如协变量中包括年龄和收入,一个干预组个体与一个控制组个体年龄相差 1 岁,收入相差 1000 元,与另一个控制组个体年龄相差 5 岁,收入相差 100 元,那么,这两个控制组个体哪一个与干预组个体更相似呢?如果直接用欧氏距离进行测度,第一个距离约为 1000,第二个距离约为 100,因而,第二个控制组个体与干预组个体更相似。如果将收入的计量单位改为千元,这时,再计算欧氏距离,第一个距离约为 1.4,第二个距离约为 5,结果会是第一个个体与干预组个体更相似。因而,协变量计量单位不同,找到的匹配对象将发生显著变化。但是标准化的欧氏距离不会出现这一问题,因为当计量单位变化时,标准差的单位也发生了相应变化,两者的比值是不会变化的。因而,在匹配方法实施中,利用标准化欧氏距离更合适。

马氏距离与标准化欧氏距离类似,也是一种消除量纲差异的距离测度,它进一步考虑了不同协变量之间的相关性。马氏距离定义为:

$$d(X_i, X_j) = \sqrt{(X_i - X_j)'\Sigma_X^{-1}(X_i - X_j)} \tag{6.21}$$

其中,Σ_X 是协变量 X 的方差协方差矩阵。一般而言,如果估计的因果效应参数是 ATT,Σ_X 是控制组协变量的方差协方差矩阵;如果估计的是 ATE,Σ_X 是所有协变量的方差协方差矩阵(Stuart, 2010)。

---

① Imbens and Rubin (2015)提出一种递归的方法。在估计倾向指数模型时,应该引入哪些协变量作为匹配的依据,他们指出可以先根据经济理论和直觉,首先引入一些基本的协变量——那些被认为是造成两组结果差异的混杂因素,估计一个基本的模型,然后再分别引入其他变量,并利用似然比检验判断是否应该引入,最后根据估计的倾向指数检验其是否满足平衡指数特征,不满足则继续引入协变量的二次项和交叉项,重复上面的过程,直到满足平衡指数特征为止。

第六章 匹配方法

在倾向指数匹配中,仍然可以采用标准化欧氏距离或马氏距离,可以直接利用倾向指数定义相似性,即 $d(p(X_i),p(X_j))$,但应用中往往采用线性化倾向指数。线性化倾向指数即对数或然比(log odds ratio),定义为:

$$l_i = \ln\left(\frac{p(X_i)}{1-p(X_i)}\right) \tag{6.22}$$

倾向指数本身是协变量的非线性函数,根据倾向指数进行匹配,倾向指数距离相同,但协变量距离将不相同。比如,在倾向指数为 0.3 的位置和倾向指数为 0.7 的位置变化 0.1,相对应的协变量的变化后者将更大。因而,倾向指数意义上的相似并不能完全反映协变量意义上的相似,而线性化的倾向指数会使两者一致。在倾向指数估计中,通常使用 logit 模型,logit 模型有一个特征,就是对数或然比是协变量的线性函数。logit 模型如下:

$$p(X_i) = \Pr[D_i = 1 \mid X_i] = \frac{\exp(X_i'\beta)}{1+\exp(X_i'\beta)} \tag{6.23}$$

则容易证明:

$$l_i \equiv \ln\left(\frac{p(X_i)}{1-p(X_i)}\right) = X_i'\beta \tag{6.24}$$

因而,线性化倾向指数定义的相似性与根据协变量定义的相似性是一致的。在利用倾向指数匹配方法时,更为合适的相似性测度是 $d(l_i,l_j)$,$d(\cdot)$ 为欧氏距离或马氏距离。

在定义相似性时,上述几种测度可以结合起来使用。对于协变量中的离散变量,可以进行精确匹配,使距离完全为零定义为相似性。对于连续变量,需要进行不精确匹配,比如根据(线性化的)倾向指数进行匹配,为了保证不精确匹配的匹配效果,可以根据倾向指数设定卡尺(caliper),将相似性定义在一定的卡尺范围内。比如,有卡尺的马氏距离匹配将距离定义为:

$$d(X_i,X_j) = \begin{cases} (X_i-X_j)'\Sigma^{-1}(X_i-X_j) & \text{如果 } d(l_i,l_j) \leqslant c \\ \infty & \text{如果 } d(l_i,l_j) > c \end{cases} \tag{6.25}$$

其中 c 是卡尺。上述距离定义说明,只有当在卡尺范围内时才有可能相似,在卡尺范围之外,将不可能是相似的。Rosenbaum and Rubin (1985) 建议利用线性化倾向指数标准差的 0.25 倍作为卡尺。

关于倾向指数模型的估计,目的不是协变量对干预的因果效应,而是保证倾向指数满足平衡指数特征。Imbens and Rubin (2015) 提出了一种估计倾向指数模型的方法,它包括下面几个步骤:第一步,根据经济理论或直觉构造一个基本的倾向指数模型。比如,考察大学教育对个人收入的影响,基本的倾向指数模型可以包括影响个体教育决定的因素,如在 18 岁左右考大学时的个人特征、高中学业成绩、家庭背景等信息可能需要进入倾向指数模型。利用 logit 模型估计基本模型,得到拟合的倾向指数,检验基本模型是否满足平衡指数特征(引理 6.1)。如果不满足,进入第二步,如果满足,则停止。第二步,如果发现估计的倾向指数不满足平衡指数特征,说明倾向指数模型不充分,需要对倾向指数模型进行修正。如果还有其他协变量没有引入模型,则通过逐步回归的方式,再逐渐引入其他的协变量,利用似然比检验,临界值为 1,超过 1 的引入模型,否则不引入。引入完成后,再返回第一步重新估计倾向指数并进行平衡指数检验,若通过则完成,若不通过,返回第二步,继续修改模型,引入协变量二次项和交叉项,仍然利用似然比检验,临界值调整为 2.71。经过一、二步多次重复直到估计的倾向指数满足平衡指数特征为止。研究发现,在倾向指数匹配中,倾向指数模型误设(比如,真实模型有二次项而在估计中没有引入二次项)对因果效应估计影响不大,但是结果模型误设会对因果效应估计造成很大偏差(Dehejia and Wahba,1999;赵西亮,2015)。

2. 匹配实施方法

一旦定义如何测度相似性,就可以根据定义的距离实施匹配了。具体实施有很多方法,常用的方法包括两种,第一种是近邻匹配,第二种是分层匹配。

(1) 近邻匹配

近邻匹配是一种常见的容易实施的匹配方法,包括一对一最近邻匹配和一对多近邻匹配。一对一最近邻匹配是指为每一个干预组个体在控制组中寻找一个距离最近的控制组个体与其匹配,相应地,一对多近邻匹配就是为每个干预组个体在控制组寻找多个个体与其匹配。两者相比较,一对一最近邻匹配,最终的匹配样本比较少,估计方差较大,但每个干预组个体寻找到的都是最近的,因而,偏差比较小。相反,一对多近邻匹配,由于寻找的匹配比较多,匹配样本容量比较大,估计精度提高,但由于一对多近邻匹配中,与干预组个体相匹配的第二个、第三个等后面的控制组个体与干预组个体的相似性下降,从而估计偏差会增加。因而,在选择匹配方法的时候面临着估计方差和估计偏差的权衡。一般而言,一对一最近邻匹配会得到比较好的匹配样本,如果控制组样本数量很多时,可以考虑一对多近邻匹配。利用近邻匹配方法得到的与干预组个体 i 相匹配的控制组样本集 $M_{j(i)}$ 定义为:

$$M_{j(i)} = \{j \mid d(X_i, X_j) \leqslant d(X_i, X_{j(i)})\}$$

或
$$M_{j(i)} = \{j \mid d(l_i, l_j) \leqslant d(l_i, l_{j(i)})\} \quad (6.26)$$

其中 $D_i = 1, D_j = 0, X_{j(i)}$、$l_{j(i)}$ 表示与干预个体 i 相匹配的控制组个体的特征或

第六章 匹配方法

线性化倾向指数。如果是最近邻匹配，$M_{j(i)}$只有一个元素，若是一对k近邻匹配，$M_{j(i)}$有k个元素。

在实施一对一最近邻匹配的时候，由于为每个干预组个体寻找一个距离最近的控制组个体相匹配，在匹配时可能遇到两个问题：第一，如果出现距离相同的多个控制组个体时如何处理。一种方法是随机地选择一个作为匹配。另一种方法是根据排序，在前面的首先匹配，这样最终的匹配样本将与控制组个体出现的顺序有密切关系，比如 Dehejia and Wahba(1999)建议将倾向指数由高到低排序，先匹配倾向指数最高的也是最难匹配的，再匹配倾向指数低的。第三种方法是利用距离相同的多个控制组个体的平均值作为干预组个体的匹配。第二个问题是当控制组与干预组特征差异较大时，一对一最近邻匹配总是要在控制组中找一个距离最近的与干预组个体匹配，可能出现匹配上的个体实际上特征差异比较大，从而估计偏差较大。这种情况下，可以通过设定卡尺的方式避免，在进行一对一对最近邻匹配时，可以事先设定卡尺，在卡尺范围内寻找与干预组个体距离最近的控制组个体相匹配。在设定卡尺情况下会出现有些干预组个体在卡尺范围内找不到匹配的情况，尤其是当干预组和控制组特征差异较大时，这样最终得到的匹配样本中，可能会丢弃部分干预组个体。利用这一匹配样本得到的因果效应就不能解释成原样本的干预组平均因果效应，在诠释估计结果的时候需要注意。带卡尺的近邻匹配，得到的匹配控制集可以表示为：

$$M_{j(i)} = \{j \mid d(X_i, X_j) \leqslant d(X_i, X_{j(i)}), \quad d(X_i, X_j) \leqslant c\}$$

或

$$M_{j(i)} = \{j \mid d(l_i, l_j) \leqslant d(l_i, l_{j(i)}), \quad d(l_i, l_j) \leqslant c\}$$

其中，$D_i=1, D_j=0, c$为设定的卡尺。

另一个相关的问题是控制组个体是否可以重复匹配。允许重复使用往往可以降低偏差，如果某些控制组个体被重复匹配，说明相对于不能重复匹配，这些个体与某些干预组个体距离更近，因而，重复使用控制组个体会降低匹配偏差。当然，允许重复使用会降低最终匹配样本的样本量，可能会使估计精度下降。当控制组样本容量较小，又不想损失干预组样本的情况下，允许重复匹配不失为一种解决办法。当然，如果允许重复匹配，样本排序将不是问题，一对多近邻匹配也有上面类似的问题，在实施过程中均需要考虑。

在一对一最近邻匹配中，往往采用所谓的贪婪匹配(greedy matching)，对每一个干预组个体都在控制组中寻找一个距离最近的。但是保证每一对距离最近，对全部干预组个体而言，匹配上的控制组样本并不一定是总体上最近的。另一种匹配方法，称为最优匹配(optimal matching)，不是一个一个地进行匹配,而是总体上对所有的干预组个体同时进行匹配,寻找对所有干预组个体而言匹配上的总距离最小。最优匹配和贪婪匹配相比,计算量大大增加。如果我们关心的是平均因果效应,从而主要想匹配出相似的干预组和控制组样本,最优匹配并没带来多大收益,所获得的样本平衡性与贪婪匹配相比并没有优势。但是,如果关心的是每个个体的匹配效果,最优匹配方法会得到更平衡的成对匹配。

当控制组个体样本容量非常大时,每一个干预组个体都可能有多个控制组个体距离相近,并且与不同干预组个体匹配上的控制组个体数目可以不同,有的多有的少,这种情况下,可以采用半径匹配(radials matching)。半径匹配是事先设定一个半径,半径之内的定义为相似,之外的则不相似,从而对于每个干预组个体,所有落在半径范围内的控制组个体都是该个体的匹配,并且不同的干预组个体所寻找的匹配数也不相同。另外,可以根据半径的选择来控制匹配质量,半径越小,匹配质量越高,偏差越小,但半径越小,越难找到匹配。半径越大,寻找的匹配数越多,估计精度提高,但匹配质量下降,偏差增加。得到的干预组个体 i 匹配集合可以表示为:

$$M_{j(i)} = \{j \mid d(X_i, X_j) \leqslant r\} \quad \text{或} \quad M_{j(i)} = \{j \mid d(l_i, l_j) \leqslant r\} \quad (6.27)$$

其中 $D_i = 1, D_j = 0, r$ 是设定的匹配半径。

(2) 分层匹配

分层匹配是根据协变量或倾向指数进行分层(stratification),使层内两组个体特征比较相似,从而降低估计偏差的方法。Rosenbaum and Rubin (1985)证明根据倾向指数分成 5 个区间就可以将由协变量差异造成的偏差降低 90%,因而,在应用中通常分成 5—10 个区间,如果样本足够大,也可以分成更多的区间。分层匹配是上文匹配测度(6.7)(6.8)(6.17)和(6.19)的实现。如果协变量是离散变量,则可以直接根据协变量的取值进行分层。对于连续性协变量,只能做到相近的协变量或倾向指数进行分层。那么怎么知道应该分多少层呢?以及什么时候层内的协变量或倾向指数足够相似呢?Imbens and Rubin (2015)提出了一种方法,利用 t 检验判断多少分层是充分的。

以倾向指数分层为例,首先为满足公共区间要求,根据干预组和控制组倾向指数,将相互覆盖的区域作为共同区间。通常,干预组倾向指数会更大,控制组的倾向指数会更小,取

$$b_0 = \min_{i:D_i=1} \hat{p}(X_i) \quad b_1 = \max_{i:D_i=0} \hat{p}(X_i)$$

其中 $\hat{p}(X_i)$ 为倾向指数估计值,满足共同区间要求的倾向指数范围为 $[b_0, b_1]$,该区间外的样本无法进行匹配。

在判断分层充分性时,有两个基本的步骤:检验层内倾向指数相似性和继续分层。假设现在已经将倾向指数分成了 J 层,首先要检验每层内倾向指数是否已经相似。比如对于 j 层,用 B_{ij} 表示个体 i 是否在 j 层,即个体 i 在 j 层,$B_{ij}=1$,否则为 0,从而 j 层中干预组和控制组的样本数分别为:

$$N_{tj} = \sum_{i:D_i=1} B_{ij} \quad N_{cj} = \sum_{i:D_i=0} B_{ij}$$

相应的线性化倾向指数平均值为:

$$\bar{l}_{tj} = \sum_{i:D_i=1} B_{ij}\hat{l}_i \quad \bar{l}_{cj} = \sum_{i:D_i=0} B_{ij}\hat{l}_i$$

其中 $\hat{l}_i$ 为个体 i 的线性化倾向指数估计值。用 t 统计量检验层内倾向指数的相似性,t 统计量如下:

$$t_j = \frac{\bar{l}_{tj} - \bar{l}_{cj}}{\sqrt{s_{l_j}^2 (1/N_{tj} + 1/N_{cj})}} \tag{6.28}$$

其中,

$$s_{l_j}^2 = \frac{1}{N_{tj}+N_{cj}-2} \Big(\sum_{i:D_i=0} B_{ij}(\hat{l}_i - \bar{l}_{cj})^2 + \sum_{i:D_i=1} B_{ij}(\hat{l}_i - \bar{l}_{tj})^2 \Big)$$

Imbens and Rubin (2015) 建议临界值取 $t_{\max}=1$,如果上述 t 值小于 1,则认为层内两组倾向指数相似。如果 t 值大于 1,说明两组倾向指数相似性不够充分,则进入第二步,根据 j 层内倾向指数的中位数,将 j 层进一步分成样本量相同的两个新的子层,对于新划分的子层,再利用上一步的方法检验充分性。这两个步骤不断重复进行,直到每层 t 值均小于 1,或样本量小到不能再进一步分层为止。

3. 匹配效果诊断

匹配方法的目的是构造更加相似的样本,使干预组和控制组更具有可比性。事实上,在匹配之前就需要检验协变量的平衡性,如果协变量比较平衡,两组个体本来就具有比较好的可比性,也就没有必要实施匹配了,可以直接利用回归等方法进行因果效应的估计。如果发现两组个体协变量有较大差异,直接回归往往会造成很大的估计偏差,实施匹配才是必要的。匹配方法相当于从观测数据中将隐藏的随机化实验样本寻找出来(King and Nielsen, 2016),因而,对于匹配完成后形成的匹配样本,需要检验是否近似于随机化实验。常用的检验指标包括标准化平均值差异(standardized difference in averages)和对数标准差比(log ratio of standard deviations)。

标准化平均值差异定义为:

$$\hat{\Delta}_{ct} \equiv \frac{\bar{X}_t - \bar{X}_c}{\sqrt{(s_t^2 + s_c^2)/2}} \tag{6.29}$$

其中，$\bar{X}_d$，$d=t,c$ 表示干预组或控制组某协变量的平均值，s_d^2 表示干预组或控制组某协变量的样本方差，分别定义为：

$$s_t^2 = 1/(N_t - 1) \sum_{i, D_i = 1} (X_i - \bar{X}_t)^2 \quad s_t^2 = 1/(N_c - 1) \sum_{i, D_i = 0} (X_i - \bar{X}_c)^2$$

可以看到，如果两组个体协变量完全平衡，标准化平均值差异将接近于 0，因而，$\hat{\Delta}_{ct}$ 的值越接近于 0，说明样本越有可能平衡。

注意(6.29)不同于 t 统计量，标准化平均值差异 $\hat{\Delta}_{ct}$ 与样本容量无关，它考察的是给定样本两组协变量平均值是否相同，是样本内特征，和样本容量没有关系。Imbens and Rubin(2015)强调不要使用 t 检验来检验平衡性，因为 t 统计量与样本容量有关，当样本容量很大时，即使协变量平衡也可能发现显著差异的结果。另外，在匹配过程中，往往需要计算匹配前后的标准化平均值差异，以判断匹配的效果。需要注意的是，在计算标准化平均值差异的时候，(6.29)分母上的平均标准差在匹配前后的计算中要使用同一个标准差，比如均使用匹配前的平均标准差，这样计算的数值在匹配前后才有可比性。

标准化平均值差异主要考察了一阶矩，另一个指标对数标准差比考察的是二阶矩的差异，定义为：

$$\hat{\Gamma}_{ct} = \ln(s_t) - \ln(s_c) \tag{6.30}$$

根据上述公式可以看出，如果两组协变量分布平衡，那么两组协变量标准差将相同，从而两组协变量标准差的对数比将接近于 0。

一般情况下，检验上述两个指标就可以大概地了解两组变量的协变量平衡性。在非正态分布中，前两阶矩不一定决定整个分布，因而，前两阶矩平衡并不一定代表整个分布平衡。为此，可以检验倾向指数的平衡性，Imbens and Rubin(2015)证明，如果两组倾向指数的期望值相同，那么两组个体的协变量分布将相同。因而，在匹配前后，可以比较两组个体的倾向指数平均值，计算倾向指数的标准化平均值差异，就可以检验两组协变量分布的平衡性。

$$\hat{\Delta}_{ct}^l = \frac{\bar{l}_t - \bar{l}_c}{\sqrt{(s_{l,t}^2 + s_{l,c}^2)/2}} \tag{6.31}$$

其中，$\bar{l}_d$ 是两组个体线性化倾向指数的平均值，$s_{l,d}^2$ 是两组倾向指数估计值的样本方差。

除了上述三个检验指标外，还有一些直观的诊断方法，主要包括倾向指数分布图、分位数分布图(QQ 图)和标准化平均值差异变化图。倾向指数分布图是估计出倾向指数后,直接画出干预组和控制组的倾向指数分布图(直方图或概率密度图),观察两组个体倾向指数分布的差异,如果分布相似,说明协变量平衡;如果分布差异较大,说明协变量分布差异较大,匹配效果不好。可以同时画出匹配前后的倾向指数分布图,进行比较并判断匹配的效果。QQ图是将干预组和控制组的协变量或倾向指数按照分位由低到高分别画在横轴和纵轴上,以检验两组个体协变量分布是否相似,如果完全相似,QQ图形将与45度线重合,偏离越大,说明两组协变量差异越大。标准化平均值差异变化图是将每个协变量匹配前后的标准化均值差异用图形的方式呈现出来,从而可以直观地观察匹配效果。

4. 因果效应估计

前面三个阶段是设计阶段,在这三个阶段中,没有考虑结果变量。通过定义相似性,运用合适的匹配方法得到匹配样本,并检验匹配样本的匹配质量。如果匹配样本使协变量平衡,从而匹配样本近似于随机化实验数据,则可以进入分析阶段。设计阶段相当于将隐藏于观测数据中的随机化实验样本寻找出来,后面的分析可以借鉴随机化实验数据的分析方法。

这里主要讨论干预组平均因果效应的匹配估计量,所有匹配估计量可以写成下列形式(分层匹配有所不同,在后文单独讨论):

$$\hat{\tau}_{ATT} = \frac{1}{N_t} \sum_{i: D_i = 1} \left[Y_i - \sum_{j \in M_{j(i)}} w(i,j) Y_j \right] \tag{6.32}$$

其中 $0 < w(i,j) \leq 1$, $M_{j(i)}$ 是上文定义的与干预组个体 i 相匹配的控制组个体的集合。

不同匹配方法的主要差别在于权重的差异,对于一对一最近邻匹配,$w(i,j)=1$,而不在匹配集 $M_{j(i)}$ 中的控制组个体权重均为 0。对于 $1:k$ ($k>1$)近邻匹配,$w(i,j)=1/k$,同样地,不在匹配集 $M_{j(i)}$ 中的控制组个体权重均为 0。对于半径匹配,$w(i,j)=1/\#M_{j(i)}$,$\#M_{j(i)}$ 表示是集合 $M_{j(i)}$ 中的元素数目,同样地,不在集 $M_{j(i)}$ 中的控制组个体权重也为 0。Heckman et al. (1998)提出一种核匹配方法,这种方法对每一个干预组个体都会用所有的控制组个体作为匹配,只是为每个控制组个体赋予不同的权重,与个体 i 距离越近的赋予的权重越高,越远的权重越低,具体地,其权重函数写为:

$$w(i,j) = \frac{K(X_j - X_i)}{\sum_{j=1}^{N_{c,i}} K(X_j - X_i)}$$

其中,$K(\cdot)$ 为核函数,$N_{c,i}$ 为与干预组个体 i 相匹配的控制组个体的数目。

除精确匹配可以保证匹配样本与干预组个体协变量完全相同外,非精确匹配,无论采用哪种匹配方法,所获得的匹配个体与干预组个体往往存在着一定的差异,尽管经过匹配后,差异比较小,但仍然不完全相同,这种差异可能造成一定的估计偏差。匹配偏差可以写为:

$$\hat{B} = \frac{1}{N_t} \sum_{i, D_i=1} \left[Y_i - \sum_{j \in M_{j(i)}} w(i,j) Y_j \right] - \frac{1}{N_t} \sum_{i, D_i=1} (Y_i - Y_{0i})$$

$$= \frac{1}{N_t} \sum_{i, D_i=1} \left(Y_{0i} - \sum_{j \in M_{j(i)}} Y_j \right) \tag{6.33}$$

其中第一行第一项是干预组平均因果效应的匹配估计量,第二项是干预组的平均因果效应,两者之差是估计偏差。(6.33)式表明,匹配偏差主要是由于用匹配样本观测值估计干预组反事实结果 Y_{0i} 造成的偏差。匹配样本中,干预组个体与控制组个体应该具有相似的协变量分布,在 CIA 假设下,它们的基线潜在结果也应该相似,但由于协变量不完全相同,从而造成基线结果估计的差异。回到总体的视角,避免讨论抽样误差问题,匹配偏差可以写为:

$$B_i(X_i) = E[Y_i - Y_{0m_{j(i)}} \mid X_i, X_{m_{j(i)}}, D_i = 1]$$
$$\quad - E[Y_{1i} - Y_{0i} \mid X_i, X_{m_{j(i)}}, D_i = 1]$$
$$= E[Y_{0i} \mid X_i, X_{m_{j(i)}}, D_i = 1] - E[Y_{0i} \mid X_i, X_{m_{j(i)}}, D_i = 0]$$
$$= E[Y_{0i} \mid X_i] - E[Y_{0i} \mid X_{m_{j(i)}}]$$
$$= \mu_c(X_i) - \mu_c(X_{m_{j(i)}}) \tag{6.34}$$

其中 $m_{j(i)}$ 表示与个体 i 相匹配的控制组个体,$\mu_c(X_i) = E[Y_{0i} \mid X_i]$。

(6.34)式称为干预组个体 i 的匹配误差,匹配上的两组个体的协变量或倾向指数相似,当协变量差异比较小时,线性回归函数是对条件期望函数非常好的近似,因而,可以用线性回归方法估计 $\mu_c(X_i)$,令 $\mu_c(x) = \alpha_c + x'\beta_c$,则匹配偏差可以记为:

$$B_i(X_i) = (X_i - X_{m_{j(i)}})' \beta_c \tag{6.35}$$

估计 β_c 的方法有两种,一种是直接利用匹配样本中控制组样本信息(1∶1 最近邻匹配中会有 N_t 个控制组样本,1∶k 近邻匹配中将有 kN_t 个控制组样本),估计下列回归模型:

$$Y_{m_{j(i)}} = \alpha_c + X'_{m_{j(i)}} \beta_c + v_{ci}$$

将得到的估计系数 $\hat{\beta}_c$ 代入(6.35),即可得到每个干预组个体的匹配偏差估计。另一种方法是利用全部匹配样本估计下列回归模型:

$$Y_i = \alpha_c + \tau D_i + X'_i \beta_c + v_i \tag{6.36}$$

同样地,将上述模型估计的 $\hat{\beta}_c$ 代入(6.35),可以得到干预组个体的匹配偏差估计。将估计的匹配偏差代入(6.34)即可得到调整后的匹配估计量：

$$\hat{\tau}_{\text{ATT}}^{\text{adj}} = \hat{\tau}_{\text{ATT}} - (\bar{X}_t - \bar{X}_c)'\hat{\beta}_c \tag{6.37}$$

事实上，(6.36)式中，系数 τ 的估计即为调整后的匹配估计量(6.37)。Abadie and Imbens(2011)证明偏差调整的匹配估计量比没有调整的匹配估计量效果更好。

对于分层匹配，根据协变量或倾向指数进行分层后，每一层内均类似于完全随机化实验。假设将样本分成 J 层，$j=1,\cdots,J$。对于任意层 j，可以用层内两组观测结果之差作为层内平均因果效应的估计，即

$$\hat{\tau}^{\text{dif}}(j) = \bar{Y}_t(j) - \bar{Y}_c(j) \quad j = 1,\cdots,J$$

其中 $\bar{Y}_d(j) = 1/N_{dj} \sum_{i:D_i=d} B_{ij} Y_i$，$d=0,1$，是在 j 层内干预组和控制组观测结果的平均值。总体平均因果效应估计量等于各层平均因果效应的加权平均，权重为各层样本数的分布，即

$$\hat{\tau}_{\text{ATE}}^{\text{strat}} = \sum_{j=1}^{J} \hat{\tau}^{\text{dif}}(j) \times N(j)/N \tag{6.38}$$

其中 $N(j)$、N 分别表示 j 层样本数和总样本数。干预组平均因果效应估计量是利用干预组各层样本分布进行加权，即

$$\hat{\tau}_{\text{ATT}}^{\text{strat}} = \sum_{j=1}^{J} \hat{\tau}^{\text{dif}}(j) \times N_t(j)/N_t \tag{6.39}$$

其中，$N_t(j)$、N_t 分别表示 j 层内干预组样本数和全部干预组样本数。

分层匹配不是单独为每个干预组个体寻找匹配，而是根据协变量或倾向指数，划出不同层，相同层内两组个体匹配在一起。同一层内两组个体的协变量或倾向指数相差很小，但仍然存在差异，就像上文对匹配偏差的讨论一样，分层匹配也会有一定的匹配偏差。考虑 j 层内的因果效应参数，

$$\begin{aligned}
\tau^{\text{dif}}(j) &= E[Y_i \mid D_i = 1, B_{ij} = 1] - E[Y_i \mid D_i = 0, B_{ij} = 1] \\
&= E[Y_{1i} \mid D_i = 1, X_t(j)] - E[Y_{0i} \mid D_i = 0, X_c(j)] \\
&= E[Y_{1i} - Y_{0i} \mid D_i = 1, X_t(j)] + E[Y_{0i} \mid D_i = 1, X_t(j)] \\
&\quad - E[Y_{0i} \mid D_i = 0, X_c(j)] \\
&= E[Y_{1i} - Y_{0i} \mid X_t(j)] + \{E[Y_{0i} \mid X_t(j)] - E[Y_{0i} \mid X_c(j)]\}
\end{aligned}$$

其中第一项是 j 层的平均因果效应，第二项则是匹配偏差。同样地，因为在层内两组个体协变量尽管有差异，但差异比较小，这时线性回归对条件期望的近似会非常好，因而，同样可以假设

$$E[Y_{0i} \mid X_i = x] = \alpha_c + x'\beta_c$$

则 j 层内的匹配偏差为：
$$B_j = E[Y_{0i} \mid X_t(j)] - E[Y_{0i} \mid X_c(j)] = [\bar{X}_t(j) - \bar{X}_c(j)]'\beta_c \quad (6.40)$$
从而 j 层内偏差调整的分层匹配估计量为：
$$\hat{\tau}^{\text{adj}}(j) = \hat{\tau}^{\text{dif}} - \hat{B}_j \quad (6.41)$$
$\hat{\tau}^{\text{adj}}(j)$ 可以直接用回归方法估计出来，利用 j 层内的所有样本，估计下列回归方程即可得到：
$$Y_i = \alpha(j) + \tau(j)D_i + X_i'\beta(j) + \varepsilon_i$$
调整后的总体平均因果效应分层匹配估计量为：
$$\hat{\tau}_{\text{ATE}}^{\text{strat-adj}} = \sum_{j=1}^{J} \hat{\tau}^{\text{adj}}(j) \times \frac{N(j)}{N} \quad (6.42)$$
调整后的干预组平均因果效应分层匹配估计量为：
$$\hat{\tau}_{\text{ATT}}^{\text{strat-adj}} = \sum_{j=1}^{J} \hat{\tau}^{\text{adj}}(j) \times \frac{N_t(j)}{N_t} \quad (6.43)$$

5. 逆概加权方法

对于倾向指数的使用，可以通过倾向指数匹配或分层匹配获得因果效应参数的估计。倾向指数还可以通过逆概加权的方式获得因果效应的估计。逆概加权方法最早是由 Horvitz and Thompson(1952)在研究抽样代表性时提出的一种加权方法，他们证明，为了获得总体特征的无偏估计，可以利用抽样概率的倒数对抽样个体进行加权。Robins et al.(1992)等将之引入因果效应参数估计。事实上，

$$E\left[\frac{D_i Y_i}{p(X_i)}\right] = E\left\{E\left[\frac{D_i Y_i}{p(X_i)} \mid X_i\right]\right\} = E\left\{\frac{1}{p(X_i)} E[D_i Y_i \mid X_i]\right\}$$
$$= E\left\{\frac{1}{p(X_i)} E[Y_i \mid D_i = 1, X_i] p(X_i)\right\}$$
$$= E\{E[Y_i \mid D_i = 1, X_i]\} = E\{E[Y_{1i} \mid X_i]\} = E[Y_{1i}]$$

类似地，
$$E\left[\frac{(1-D_i)Y_i}{1-p(X_i)}\right] = E[Y_{0i}]$$

从而总体的平均因果效应可以写成：
$$\tau_{\text{ATE}} \equiv E[Y_{1i} - Y_{0i}]$$
$$= E\left[\frac{D_i Y_i}{p(X_i)} - \frac{(1-D_i)Y_i}{1-p(X_i)}\right] = E\left[\frac{(D-p(X_i))Y_i}{p(X_i)(1-p(X_i))}\right] \quad (6.44)$$

事实上，

$$E\left[\frac{(D-p(X_i))Y_i}{p(X_i)(1-p(X_i))}\bigg|X_i\right]$$
$$=E\left[\frac{Y_i}{p(X_i)}\bigg|X_i,D_i=1\right]p(X_i)$$
$$+E\left[\frac{-Y_i}{1-p(X_i)}\bigg|X_i,D_i=0\right](1-p(X_i))$$
$$=E[Y_i\mid X_i,D_i=1]-E[Y_i\mid X_i,D_i=0]$$
$$=E[Y_{1i}-Y_{0i}\mid X_i] \tag{6.45}$$

从而,总体平均因果效应为,
$$\tau_{\text{ATE}}=E[Y_{1i}-Y_{0i}]=E[E[Y_{1i}-Y_{0i}\mid X]]$$
$$=E\left[\frac{(D-p(X_i))Y_i}{p(X_i)(1-p(X_i))}\right]$$

类似地,干预组平均因果效应的逆概加权测度为:
$$\tau_{\text{ATT}}=E[Y_{1i}-Y_{0i}\mid D_i=1]=E[E[Y_{1i}-Y_{0i}\mid X_i,D_i=1]\mid D_i=1]$$
$$=E[E[Y_{1i}-Y_{0i}\mid X_i]\mid D_i=1]$$
$$=E\left[E\left[\frac{(D-p(X_i))Y_i}{p(X_i)(1-p(X_i))}\bigg|X_i\right]\bigg|D_i=1\right]$$
$$=\sum_x E\left[\frac{(D-p(x))Y_i}{p(x)(1-p(x))}\bigg|X_i=x\right]\Pr[X_i=x\mid D_i=1]$$
$$=\sum_x E\left[\frac{(D-p(x))Y_i}{p(x)(1-p(x))}\bigg|X_i=x\right]\frac{p(x)\Pr[X_i=x]}{\Pr[D_i=1]}$$
$$=\frac{1}{\Pr[D_i=1]}\sum_x E\left[\frac{(D-p(x))Y_i}{(1-p(x))}\bigg|X_i=x\right]\Pr[X_i=x]$$
$$=\frac{1}{\Pr[D_i=1]}E\left[\frac{(D-p(X_i))Y_i}{(1-p(X_i))}\right] \tag{6.46}$$

(6.44)和(6.46)说明利用逆概加权方法也需要两个基本的步骤,首先估计倾向指数,然后利用倾向指数对两组个体进行加权,相应的估计量如下:

$$\hat{\tau}_{\text{ATE}}^{\text{ipw}}=\frac{1}{N}\sum_{i=1}^{N}Y_i\frac{D_i-\hat{p}(X_i)}{\hat{p}(X_i)(1-\hat{p}(X_i))} \tag{6.47}$$

$$\hat{\tau}_{\text{ATT}}^{\text{ipw}}=\frac{1}{N_t}\sum_{i=1}^{N}Y_i\frac{D_i-\hat{p}(X_i)}{1-\hat{p}(X_i)} \tag{6.48}$$

逆概加权方法和匹配方法需要相同的识别条件:CIA 和共同区间假设。逆概加权估计量(6.47)和(6.48)显示,逆概加权估计量依赖于倾向指数,如果倾向指数模型存在模型误设,则会产生较大估计偏差,尤其在极端的倾向指数附近,估计量将变得不稳健,比如倾向指数接近于 1 或 0,$\hat{\tau}_{\text{ATE}}^{\text{ipw}}$ 将趋于无穷大;同样地,对于 $\hat{\tau}_{\text{ATT}}^{\text{ipw}}$,倾向指数趋近于 1 时,也趋于无穷大,从而估计结果将不稳定。

6. 条件独立性假设检验

回归方法和匹配方法识别因果效应参数均需要条件独立性假设(6.2),即两组观测结果的差异是由可观测协变量造成的,未观测因素对两组结果没有系统性影响,从而选择是由观测变量决定的(selection on observables)。但是 CIA 依赖于潜在结果,而对于任一个体,现实中只能观察到一个潜在结果,因而,CIA 本身是无法检验的,除非引入很强的假定。Imbens(2004)、Imbens and Rubin (2015)总结了两种间接的检验方法:伪结果方法(pseudo outcome)和伪干预方法(pseudo treatment)。

伪结果方法利用一个事实上没有受到干预影响的变量作为伪结果,检验控制了协变量后,相应的伪结果平均因果效应是否为零。因为伪结果事实上是没有受到干预的,用它来作为潜在结果 Y_{0i} 的代理变量,一般选择滞后结果变量作为伪结果变量,干预组和控制组的伪结果都是可观测的,如果控制协变量 X_i 后,影响潜在结果的所有混杂因素均被控制,那么,未观测因素将不会对两组结果产生系统性影响,那么对于伪结果 Y_i^p,相应的平均因果效应将为零。相反,如果发现利用伪结果估计的平均因果效应不为零,说明控制协变量 X_i 后,两组结果仍然存在着系统性差异,从而可能仍然存在着未观测的混杂因素没有控制,那么,CIA 条件将不成立。当然,如果发现利用伪结果估计的平均因果效应为零,我们并不能肯定 CIA 成立。伪结果方法检验下列假设:

$$H_0: E\{E[Y_i^p \mid X_i, D_i = 1] - E[Y_i^p \mid X_i, D_i = 0]\} = 0 \quad (6.49)$$

其中 Y_i^p 是伪结果,通常用滞后一期或滞后二期的结果变量,伪结果变量可以理解为潜在结果 Y_{0i} 的代理变量,该检验的有效性也依赖于这一点,伪结果越是接近于基线潜在结果,该检验越有帮助。当然,这一检验并不是充分条件,不能拒绝假设(6.49)时,也不能保证 CIA 成立,但是提供了没有发现 CIA 不成立的证据,从而使我们有信心相信因果效应估计有因果效应的解释。如果拒绝假设(6.49),则说明 CIA 不成立,匹配估计量可能存在较大偏差,需要重新设计匹配。

伪干预方法是利用多个控制组的比较来检验 CIA 是否成立的一种方法。假设有两个控制组,用 $T_i \in \{-1, 0, 1\}$ 来表示分组,$D_i = 1(T_i = 1)$,$1(\cdot)$ 为示性函数,括号内条件为真取 1,为假取 0,即 $T_i = -1, 0$ 为两个控制组,$T_i = 1$ 为干预组。考察一种更强的 CIA 条件(简记为 SCIA),以协变量 X_i 为条件,潜在结果独立于 T_i,即 $(Y_{0i}, Y_{1i}) \perp\!\!\!\perp T_i \mid X_i$。该条件成立,意味着通常的 CIA 条件($Y_{0i}$,

$Y_{1i}) \perp D_i | X_i$ 成立。当然两者并不完全等价,CIA 成立不一定有 SCIA 成立。Imbens and Rubin (2015)认为,在应用中,如果每一个控制组都满足 CIA 条件,没有理由认为 SCIA 不成立。SCIA 具有可检验的内涵,因为 SCIA 成立,意味着有$(Y_{0i}, Y_{1i}) \perp T_i | X_i, D_i = 0$,对于两个控制组也会有条件独立性假设成立,而对于两个控制组,均没有受到干预,它们的基线潜在结果 Y_{0i} 都是可以观测的,而对于基线潜在结果是否条件独立于伪干预变量 T_i,是可以检验的。伪干预方法主要检验 $Y_{0i} \perp T_i | X_i, T_i = -1, 0$ 是否成立,可以检验下面原假设:

$$H_0: E\{E[Y_i | X_i, T_i = 0] - E[Y_i | X_i, T_i = -1]\} = 0 \quad (6.50)$$

将 T_i 看作一项伪干预,$T_i = 0$ 为伪干预组,$T_i = -1$ 为伪控制组。事实上,两组均为控制组,均没有受到干预,如果控制 X_i 后,伪干预组和伪控制组之间的差异是非系统性的,那么,伪干预的平均因果效应将为零,上述原假设应为真。当然,这一检验也不是充分的,不能拒绝原假设时,也不能说明 CIA 或 SCIA 成立。但是,如果拒绝了假设(6.50),则说明 CIA 条件不成立。直观理解,如果控制 X_i 后,根据两个控制组计算的平均因果效应为零,说明决定结果变量的主要混杂因素已经控制;相反,如果控制 X_i 之后,根据两个控制组计算的平均因果效应显著不为零,说明除 X_i 外,存在未观测因素影响结果变量,从而使两组控制组平均结果出现差异。那么,我们也有理由相信原干预组和控制组仅控制协变量 X_i 也是不充分的,从而 CIA 条件不成立。

第四节 倾向指数匹配方法的软件实现

在这一节,我们讨论匹配方法在 Stata 软件中的实现。为了便于说明,首先介绍一下将使用的数据,然后介绍常用的匹配命令,最后,以倾向指数匹配为例,提供一个完整的由设计到结果估计的实现过程。

1. 数据说明

本节使用的数据来自于 Dehejia and Wahba (1999)的培训数据,参见例 3.1。我们主要使用数据集 nsw_dw.dta 和 cps_controls.dta,前者是 Dehejia and Wahba (1999)所使用的完全随机化实验数据,干预组 185 个,控制组 260 个,后者是美国的当前人口调查数据,共 15992 个样本点。主要变量如下表所示:

表 6.1 数据变量说明

变量	含义
treat	干预状态(＝1 接受培训,＝0 未接受培训)
age	年龄
education	教育年限
black	黑人
hispanic	西班牙裔
married	婚姻状态(＝1 表示已婚,＝0 其他)
nodegree	是否有高中学历(＝1 表示没有高中学历,＝0 表示有高中学历)
re74	1974 年收入
re75	1975 年收入
re78	1978 年收入

2. Stata 软件中的匹配命令

自 13.0 版开始,Stata 开始提供匹配命令 teffects,它主要包括七个子命令,分别是 ipw、aipw、ipwra、nnmatch、psmatch、ra、overlap,其中前三个子命令对应于逆概加权方法,nnmatch 是近邻匹配命令,psmatch 是倾向指数匹配命令,ra 是回归调整命令,overlap 用于画干预组和控制组的倾向指数分布图以显示共同覆盖的程度。另外,Stata 还提供辅助命令 tebalance,用于检验协变量的平衡性。相应的使用方法可以利用 help teffects 和 help tebalance 命令进行查询。这里简要介绍 teffects nnmatch 和 teffects psmatch 的用法,teffects nnmatch 是协变量匹配命令,teffects psmatch 是倾向指数匹配命令。

teffects nnmatch 的基本命令语法和主要选项如下:

teffects nnmatch (ovar omvarlist)(tvar) [if][in][weight][,stat options]

stat	Description
ate	estimate average treatment effect in population; the default
atet	estimate average treatment effect on the treated
Model	
nneighbor(#)	specify number of matches per observation; default is nneighbor(1)
biasadj(varlist)	correct for large-sample bias using specified variables
ematch(varlist)	match exactly on specified variables

第六章 匹配方法

SE/Robust

vce(vcetype)	vcetype may be
vce(robust [, nn(#)]); use robust Abadie - Imbens standard errors with # matches	
vce(iid); use default Abadie - Imbens standard errors	

Advanced

caliper(#)	specify the maximum distance for which two observations are potential neighbors
generate(stub)	generate variables containing the observation numbers of the nearest neighbors
metric(metric)	select distance metric for covariates

metric	Description
mahalanobis	inverse sample covariate covariance; the default
ivariance	inverse diagonal sample covariate covariance
euclidean	identity

其中，ovar 为结果变量，omvarlist 为结果模型中的协变量，tvar 为干预变量，这三项为必选项，第一个括号为结果变量模型，第二个括号为干预变量。选项 stat 包含两个可以选择的估计量，ate 为总体平均因果效应(6.8)的估计量，atet 为干预组平均因果效应(6.7)的估计量。关于匹配模型有三个选项，nneighbor(#)为近邻匹配，改变#的值可以决定是选择 1:1 最近邻匹配还是 1:k 近邻匹配，biasadj(varlist)可以根据括号内变量进行匹配偏差调整得到偏差调整的匹配估计(6.37)，ematch(varlist)可以根据括号内的变量列表进行精确匹配，这里的变量列表应该是离散变量。标准误差可以选择 Abadie and Imbens (2006)构造的两种估计量，另外，还可以选择卡尺 caliper(#)以提高匹配质量，选项 generate(stub)会产生新的变量，对应每个个体最近邻的观测号，选项 metric(metric)可以选择定义相似性的距离测度，共提供三种距离测度，mahalanobis 为马氏距离，ivarance 为标准化的欧氏距离，euclidean 为欧氏距离，默认马氏距离。

下面我们利用 Dehejia and Wahba (1999)使用的完全随机化实验数据，估计培训对个人收入的干预组平均因果效应，采用 1:1 最近邻匹配，估计结果如下：

```
. global xlist "age education black hispanic married nodegree re74 re75"
. teffects nnmatch (re78 $xlist)(treat),atet nn(1)
Treatment-effects estimation              Number of obs     =    445
Estimator      : nearest-neighbor matching Matches: requested =      1
Outcome model  : matching                  min                =      1
```

Distance metric: Mahalanobis			max		=	8
re78	Coef.	AI Robust Std. Err.	z	P>|z|	[95% Conf. Interval]	
ATET						
treat						
(1 vs 0)	2453.076	771.4713	3.18	0.001	941.0203	3965.132

如果认为匹配后，75 年收入匹配效应不好，仍然存在着一定的协变量差异，可以根据 75 年收入进行匹配偏差调整，在前述命令基础上加上选项 biasadj (re75)，估计结果如下：

```
. teffects nnmatch (re78 $xlist)(treat),atet nn(1) biasadj(re75)
```

Treatment-effects estimation			Number of obs		=	445
Estimator	: nearest-neighbor matching		Matches: requested		=	1
Outcome model	: matching		min		=	1
Distance metric: Mahalanobis			max		=	8
re78	Coef.	AI Robust Std. Err.	z	P>|z|	[95% Conf. Interval]	
ATET						
treat						
(1 vs 0)	2290.232	771.1574	2.97	0.003	778.791	3801.672

倾向指数匹配命令 teffects psmatch 的语法和基本选项如下：

```
teffects psmatch (ovar) (tvar tmvarlist [, tmodel]) [if] [in] [weight] [, stat options]
```

同样地，ovar 表示结果变量，tvar 表示干预变量，tmvarlist 表示倾向指数模型中的协变量，可选项 tmodel 设定倾向指数模型的形式，可以选择 logit 或 probit 模型，默认为 logit 模型，选项 stat 可以选择 ate 或 atet 估计不同的因果效应参数，另外，还有其他的选项与 nnmatch 类似，读者可以参考该命令的 help 文件。

下面用倾向指数匹配命令估计培训的因果效应：

```
. teffects psmatch (re78)(treat $xlist),atet nn(1)
```

Treatment-effects estimation		Number of obs	=	445
Estimator	: propensity-score matching	Matches: requested	=	1
Outcome model	: matching	min	=	1
Treatment model: logit		max	=	8

re78	Coef.	AI Robust Std. Err.	z	P>|z|	[95% Conf. Interval]	
ATET						
treat						
(1 vs 0)	2639.865	714.7758	3.69	0.000	1238.93	4040.799

倾向指数匹配完成后,可以使用辅助命令 teffects overlap 画出干预组和控制组的倾向指数分布图,以判断两组结果是否满足共同区间要求。

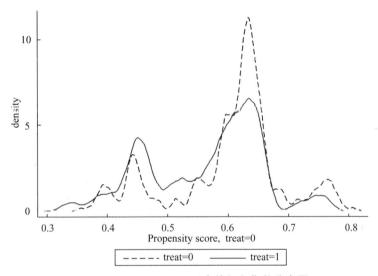

图 6.1　teffects overlap 画出的倾向指数分布图

另一个官方的辅助命令是 tebalance(Stata 14 开始提供),它主要用于检验协变量的平衡性,包括 4 个子命令,分别是 box、density、overid、summarize。tebalance box 可以画出匹配前后协变量的箱形图,只能在 nnmatch 和 psmatch 命令后面使用。tebalance density 画出两组个体的核密度分布图,teffects 子命令后均可使用。overid 平衡性检验只能在 ipw 命令后使用。summarize 可以计算标准化平均值差异和两组协变量的方差比,teffects 命令后均可以使用。

在前面的协变量匹配之后,可以用 tebalance summarize 计算所有协变量的标准化平均值差异和协变量方差比。

```
. tebalance summarize
note: refitting the model using the generate() option
Covariate balance summary
```

		Raw	Matched
Number of obs	=	445	370
Treated obs	=	185	185
Control obs	=	260	185

	Standardized	differences	Variance ratio	
	Raw	Matched	Raw	Matched
age	.1072771	.156455	1.027755	1.143346
education	.1412198	-.0056988	1.551284	1.281513
black	.0438866	0	.9250286	1
hispanic	-.1745611	0	.5828804	1
married	.0936407	.0563479	1.180212	1.099707
nodegree	-.3039864	-.0118903	1.499755	1.011149
re74	-.0021599	.1628147	.7380953	1.857613
re75	.0838632	.2022192	1.076344	2.241771

上述表格前两列报告了各协变量的标准化平均值差异，Raw 表示原始样本，Matched 表示匹配样本，最后两列显示干预组和控制组协变量方差比，从结果上看，各变量标准化平均值差异基本接近 0，方差比基本接近 1，尤其是匹配后，除 74 年和 75 年收入匹配后变差，其他变量平衡性均变好了。总体上看，数据是比较平衡的，这不奇怪，因为使用的是完全随机化实验数据。

可以用 tebalance density 或 tebalance box 画出各协变量的分布图，图 6.2 是教育变量匹配前后的分布图，尽管随机化实验数据本身协变量就比较平衡，但仍然存在着一定的差异，匹配后协变量平衡性变好。官方命令的使用方法，可以参考其 help 文件，在此不再赘述。

除上述官方命令之外，匹配方法还有一些用户写的命令，常用的包括 Becker and Ichino (2002) 的 pscore 软件包、Leuven and Sianesi (2003) 的 psmatch2 软件包、Abadie et al. (2004) 的 nnmatch 软件包。Stata 官方的匹配命令主要是根据 Abadie et al. (2004) 的 nnmatch 软件重新设计的，两者非常相似，不再作详细介绍。下面，主要介绍一下 pscore 和 psmatch2 两个用户写的匹配命令。

pscore 软件包共包括 6 个命令，pscore、attnd、attnw、atts、attr、attk。pscore 可以进行倾向指数模型估计，并检验倾向指数模型是否满足平衡指数特

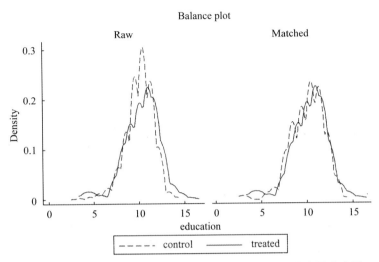

图 6.2 tebalance density education 画出的匹配前后教育变量密度图

征。attnd 和 attnw 可以进行最近邻匹配,两者的不同主要在于对相同距离匹配的处理上,如果有多个个体与干预组个体具有相同的最近距离,attnd 是随机地选择一个作为干预组个体的匹配,attnw 是将所有相同距离的控制组个体的平均值作为干预组个体的匹配。atts 是分层匹配命令,attr 是半径匹配命令,attk 是核匹配命令。这 6 个命令的基本语法均类似于 Stata 的回归命令,这里主要介绍 pscore 和 atts,其他命令具有相似的语法,读者可以自行参考其 help 文件。

pscore 可以用来估计倾向指数模型,并检测倾向指数模型是否满足平衡指数特征,pscore 命令基本语法和选项如下:

pscore treatment varlist [weight] [if exp] [in range] , pscore(newvar)
        [blockid(newvar) detail logit comsup level(#) numblo(#)]

Options

pscore(newvar) is required and asks users to specify the variable name for the estimated propensity score, which is added to the dataset.

blockid(newvar) allows users to specify the variable name for the block number of the estimated propensity score, which is added to the dataset.

detail displays more detailed output documenting the steps performed to obtain the final results.

logit uses a logit model to estimate the propensity score instead of the default probit model

comsup restricts the analysis of the balancing property to all treated plus those controls in the region of common support. A dummy variable named comsup is added to the dataset to identify the observations in the common support.

level(real) allows to set the significance level of the tests of the balancing property. The default is 0.01.

numblo(real) allows to set the number of blocks of equal score range to be used at the beginning of the test of the balancing hypothesis. The default is set to 5 blocks.

其中,treatment 是干预变量,varlist 是进入倾向指数模型的协变量,pscore(newvar)是必选项,命令运行后,会将拟合的倾向指数保存在该选项设定的 newvar 中,如果后面想根据估计的倾向指数进行分层匹配,在估计倾向指数模型时,需要加上选项 blockid(newvar),命令运行后会将分好的层标识保存在该选项的 newvar 中,便于后面分层匹配时利用,加上可选项 detail 将详细报告分层及平衡指数特征检验的过程。如果加上可选项 logit,将运用 logit 模型估计倾向指数模型。否则利用 probit 模型估计倾向指数模型,可选项 comsup 将平衡指数特征检验限制在共同区间上进行,可选项 numblo(♯)可以允许用户自行设定分层数,默认为 5 层,level(♯)设定平衡指数特征检验时的显著性水平,默认为 1%。

下面用 pscore 命令估计一个基本的倾向指数模型,加上可选项 logit,必选项 pscore(ps)生成了一个新的变量 ps,并将拟合的倾向指数保存在 ps 中,为了后面进行分层匹配,加上可选项 blockid(id)新生成一个变量 id 表示不同的层,加上可选项 comsup 以保证平衡指数特征检验在共同区间上进行,输出结果如下:

```
. pscore treat age - re75, pscore(ps) blockid(id) logit comsup
* * * * * * * * * * * * * * * * * * * * * * * * * * * *
Algorithm to estimate the propensity score
* * * * * * * * * * * * * * * * * * * * * * * * * * * *
The treatment is treat
```

treat	Freq.	Percent	Cum.
0	260	58.43	58.43
1	185	41.57	100.00
Total	445	100.00	

```
Estimation of the propensity score
Iteration 0: log likelihood =     -302.1
Iteration 1: log likelihood = -293.62952
Iteration 2: log likelihood = -293.60822
Iteration 3: log likelihood = -293.60822
```

```
Logistic regression                              Number of obs   =      445
                                                 LR chi2(8)      =    16.98
                                                 Prob > chi2     =   0.0303
Log likelihood = -293.60822                      Pseudo R2       =   0.0281
```

treat	Coef.	Std. Err.	z	P>|z|	[95% Conf. Interval]	
age	.0046982	.0143268	0.33	0.743	-.0233819	.0327782
education	-.071239	.0717266	-0.99	0.321	-.2118206	.0693425
black	-.2247005	.3655324	-0.61	0.539	-.9411308	.4917297
hispanic	-.8527818	.5065604	-1.68	0.092	-1.845622	.1400582
married	.1636176	.2769247	0.59	0.555	-.3791449	.7063802
nodegree	-.9035053	.3134894	-2.88	0.004	-1.517933	-.2890773
re74	-.0000316	.0000258	-1.22	0.221	-.0000823	.000019
re75	.0000616	.0000436	1.41	0.157	-.0000238	.000147
_cons	1.177674	1.055966	1.12	0.265	-.8919813	3.247329

Note: the common support option has been selected
The region of common support is [.23791343, .67556101]

Description of the estimated propensity score
in region of common support

Estimated propensity score

	Percentiles	Smallest		
1%	.2423395	.2379134		
5%	.285614	.2402362		
10%	.3430459	.2405133	Obs	434
25%	.3614771	.2406011	Sum of Wgt.	434
50%	.3921638	Mean	.4205563	
		Largest	Std. Dev.	.0921653
75%	.4772232	.6523377		
90%	.5594795	.655084	Variance	.0084944
95%	.5948073	.6615352	Skewness	.62618
99%	.6432808	.675561	Kurtosis	2.704369

```
* * * * * * * * * * * * * * * * * * * * * * * * * * * * * * * * * * * * * *
Step 1: Identification of the optimal number of blocks
Use option detail if you want more detailed output
* * * * * * * * * * * * * * * * * * * * * * * * * * * * * * * * * * * * * *

The final number of blocks is 4
This number of blocks ensures that the mean propensity score
is not different for treated and controls in each blocks

* * * * * * * * * * * * * * * * * * * * * * * * * * * * * * * * * * * * * *
```

Step 2: Test of balancing property of the propensity score
Use option detail if you want more detailed output
* *
The balancing property is satisfied
This table shows the inferior bound, the number of treated
and the number of controls for each block

Inferior of block of pscore	treat 0	1	Total
.2	156	82	238
.4	84	93	177
.6	9	10	19
Total	249	185	434

Note: the common support option has been selected
* *
End of the algorithm to estimate the pscore
* *

首先，它会给出干预变量列表，提示利用逻辑回归估计倾向指数模型，然后提醒公共区间为[0.2379,0.6756]，接着对拟合的倾向指数进行简单统计，列出分布信息。下面进入第一步，识别最优分层数，因为没有加可选项 detail，所以直接报告最终得到的最优分层数为 4 层。然后，进入第二步倾向指数的平衡指数特征检验，显示满足平衡指数特征，说明倾向指数模型是充分的，可以作为倾向指数匹配的依据了。加上 detail 会显示详细的平衡指数特征检验过程，为节约空间，在此省略。最后，将满足共同区间的分层信息显示出来，包括 3 层，[0.2,0.4]、[0.4,0.6]及 0.6 以上，有一层不满足共同区间要求，没有报告。

在估计出倾向指数之后，即可以采用相应的匹配命令进行倾向指数匹配了，我们只列出分层匹配命令的语法，其他命令语法相似。

```
atts outcome treatment [if exp] [in range] , pscore(scorevar)
                blockid(blockvar) [ comsup detail bootstrap bs_options ]
Options
    pscore(varname) is a compulsory option that specifies the name of the user-
        provided variable containing the estimated propensity score.
    blockid(varname) is a compulsory option that specifies the name of the user-
        provided variable containing the block identifier of the estimated pro-
        pensity score.
    comsup restricts the computation of the ATT to the region of common support.
```

detail displays more detailed output documenting the steps performed to obtain the final results.
bootstrap bootstraps the standard error of the treatment effect.
bs_options allows the use of all options coming with Stata 8's bootstrap command.

在 pscore 命令之后,可以使用各匹配命令估计相应的因果效应参数,上面列出了分层匹配命令的基本语法和选项,outcome 表示结果变量,treatment 为干预变量,pscore(scorevar)告诉命令 atts 估计中使用 scorevar 提供的倾向指数,blockid(blockvar)告诉 atts 分层标识。还有 4 个可选项,bootstrap 可以利用自抽样方法估计匹配估计量的标准误差,bs_options 设置相应的自抽样选项。用分层匹配估计培训的影响,估计结果如下:

```
. atts re78 treat, pscore(ps) blockid(id)
```

ATT estimation with the Stratification method
Analytical standard errors

n. treat.	n. contr.	ATT	Std. Err.	t
185	249	1830.437	681.845	2.685

结果显示,干预组 185 个,控制组 249 个,干预组平均因果效应为 1830,标准误差为 681,t 值为 2.685,结果显著不为零。

另一个广泛使用的命令是 psmatch2,除了能够实施近邻匹配、半径匹配、核匹配之外,还增加了局部线性回归匹配、样条匹配等方法,该软件包还包括两个辅助命令,用于协变量平衡性检验的 pstest 命令和倾向指数分布图命令 psgraph。psmatch2 命令语法和选项如下:

```
psmatch2 depvar [indepvars] [if exp] [in range] [, outcome(varlist) pscore
(varname) neighbor(integer) radius caliper(real) mahalanobis(varlist) ai(integer) population altvariance kernel llr kerneltype(type) bwidth(real) spline
nknots(integer) common trim(real) noreplacement descending odds index logit ties
quietly w(matrix) ate]
```

其中 depvar 是干预变量,可选项 indepvars 是进入倾向指数模型的协变量,如果想让 psmatch2 估计倾向指数,需要加上协变量,如果已经估计好了倾向指数,可以使用选项 pscore(varname)告诉软件使用 varname 变量提供的倾向指数。可选项 outcome(varlist)是告诉软件结果变量列表,该命令可以同时估计多个结果的平均因果效应。选项 neighbor(integer)可以进行近邻匹配,通过该选项括号内的数字决定是进行 1∶1 最近邻匹配,还是 1∶k 近邻匹配。radius

选项进行半径匹配,caliper(real)可以设定卡尺范围。mahalanobis(varlist)使用马氏距离,ai(integer)使用 Abadie and Imbens (2006)的异方差一致性标准误差,population 和 altvariance 是当使用 ai 选项时两种计算标准误差的方法。kernel 为核匹配,llr 为局部线性回归匹配,kerneltype(type)可以选择核类型,bwidth(real)设置带宽,默认为 0.06。spline 是样条匹配,nknots 设定样平滑的内部节点数量。common 设定共同区间,trim(real)通过截尾方式设定共同区间。noreplacement 只能在 1∶1 最近邻匹配中使用,加上该选项控制组个体不会重复匹配,没有该选项则允许重复匹配。descending 只用于 1∶1 最近邻匹配,加上该选项匹配以降序进行,否则为升序。odds 选项根据线性化的倾向指数进行匹配,index 利用潜在变量指数进行匹配,logit 利用 logit 模型估计倾向指数。ties 选项允许在最近邻匹配中,多个相同倾向指数的控制组个体与干预组个体相匹配。quietly 不输出倾向指数估计结果。w(matrix)在马氏距离中使用用户提供的矩阵。加上 ate 选项,除提供 ATT 估计量外,还提供 ATE 和 ATC 的匹配估计量。

下面利用不放回的降序最近邻匹配方法估计培训对收入的影响,利用选项 ate 分别报告 ATT、ATC(ATU)、ATE 三个因果效应参数的估计:

```
. psmatch2 treat, outcome(re78) n(1) ai(1) odds pscore(ps) ate norepl descending
Make sure that the sort order is random before calling psmatch2.
```

Variable	Sample	Treated	Controls	Difference	S.E.	T-stat
re78	Unmatched	6349.1435	4554.80112	1794.34238	632.853392	2.84
	ATT	6349.1435	4362.23331	1986.91019	682.193739	2.91
	ATU	4418.01981	6349.1435	1931.12369	707.401494	2.73
	ATE			1959.01694	688.582197	2.85

Note: Sample S.E.

psmatch2: Treatment assignment	psmatch2: Common support		Total
	Off suppo	On suppor	
Untreated	75	185	260
Treated	0	185	185
Total	75	370	445

匹配完成后,可以利用 pstest 命令检验协变量平衡性,pstest 类似于官方的 tebalance 命令,可以计算协变量的标准化平均值差异和协变量方差比,还可以画出协变量匹配前后的分布图。

下面是利用 pstest 命令检测变量 age、re75 匹配前后的平衡性：

. pstest age re75, both

Variable	Unmatched Matched	Mean Treated	Mean Control	%bias	%reduct |bias|	t-test t	t-test p>|t|	V(T)/ V(C)
age	U	25.816	25.054	10.7		1.12	0.265	1.03
	M	25.816	26.568	-10.6	1.4	-0.92	0.356	0.88
re75	U	1532.1	1266.9	8.4		0.87	0.382	1.08
	M	1532.1	1635.7	-3.3	60.9	-0.27	0.784	0.77

* if variance ratio outside [0.75; 1.34] for U and [0.75; 1.34] for M

第 1 列是变量名，第 2 列对应每个变量有两行，U 表示匹配前原始样本，M 表示匹配样本，第 3、4 列分别是干预组和控制组的变量平均值，第 5 列为标准化平均值差异，以百分数形式表示，第 6 列为匹配后标准化平均值差异下降的幅度，最后一列为协变量方差比，中间提供了 t 检验值和相应的 p 值。另外，可以用 psgraph 画出两组的倾向指数分布图。

3. 培训的影响：倾向指数匹配方法案例

下面用 Dehejia and Wahba (1999) 的随机化实验干预组样本（nsw_dw.dta）和 CPS 调查数据（cps_controls.dta）合并为一个数据集，利用倾向指数匹配方法，估计干预组平均因果效应。

首先构造数据集：

```
use nsw_dw,clear // 打开随机化实验数据
drop if treat = = 0 // 删除实验数据的控制组
append using cps_controls // 将 CPS 数据追加上来
save nsw_cps, replace // 将新数据保存为 nsw_cps.dta
```

数据构造完成后，检测协变量是否平衡，先做个简单统计或平衡性检验：[①]

```
estpost tabstat age - re75,by(treat) s(mean sd) column(s) listwise //用 tabstat 分组简单统计
eststo sum // 结果保存到 sum 中
esttab sum, main(mean) aux(sd) unstack nonumber nomtitle nogap // 将统计结果列到显示器上
```

---

① estpost、eststo、esttab 等是用户写的命令，需要先安装才可以使用，具体参考本书附录。

显示统计信息如下:

```
. esttab sum, main(mean) aux(sd) unstack nonumber nomtitle nogap
```

	control	treated	Total
age	33.23	25.82	33.14
	(11.05)	(7.155)	(11.04)
education	12.03	10.35	12.01
	(2.871)	(2.011)	(2.868)
black	0.0735	0.843	0.0823
	(0.261)	(0.365)	(0.275)
hispanic	0.0720	0.0595	0.0719
	(0.259)	(0.237)	(0.258)
married	0.712	0.189	0.706
	(0.453)	(0.393)	(0.456)
nodegree	0.296	0.708	0.301
	(0.456)	(0.456)	(0.459)
re74	14016.8	2095.6	13880.5
	(9569.8)	(4886.6)	(9613.1)
re75	13650.8	1532.1	13512.2
	(9270.4)	(3219.3)	(9313.2)
N	15992	185	16117

mean coefficients; sd in parentheses.

也可以使用 pstest 检验原始数据协变量的平衡性:

```
. pstest age-re75, raw t(treat)
```

Variable	Mean Treated	Mean Control	%bias	t-test t	t-test p>|t|	V(T)/V(C)
age	25.816	33.225	-79.6	-9.10	0.000	0.42*
education	10.346	12.028	-67.9	-7.94	0.000	0.49*
black	.84324	.07354	242.8	39.66	0.000	.
hispanic	.05946	.07204	-5.1	-0.66	0.510	.
married	.18919	.71173	-123.3	-15.62	0.000	.
nodegree	.70811	.29584	90.4	12.22	0.000	.
re74	2095.6	14017	-156.9	-16.92	0.000	0.26*
re75	1532.1	13651	-174.6	-17.77	0.000	0.12*

* if variance ratio outside [0.75; 1.34]

无论是从简单统计还是平衡性检验上看,干预组和控制组两组差异都非常显著,不能直接利用线性回归,考虑利用倾向指数匹配方法构造匹配样本。第二步进行倾向指数匹配。采用 logit 模型估计倾向指数,从一个最基本的模型出发,将主要协变量均引入倾向指数模型,并利用倾向指数的平衡指数特征,检验倾向指数模型是否充分。如果不满足平衡指数特征,则需要重新调整倾向指数模型。第二阶段的估计可能要进行多次反复修改。

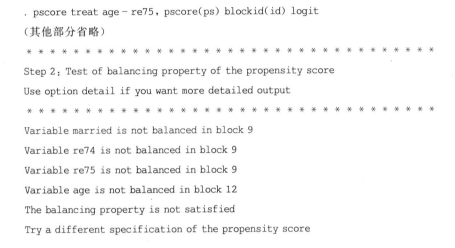

```
. pscore treat age - re75, pscore(ps) blockid(id) logit
```
(其他部分省略)

```
* * * * * * * * * * * * * * * * * * * * * * * * * * * * *
Step 2: Test of balancing property of the propensity score
Use option detail if you want more detailed output
* * * * * * * * * * * * * * * * * * * * * * * * * * * * *
Variable married is not balanced in block 9
Variable re74 is not balanced in block 9
Variable re75 is not balanced in block 9
Variable age is not balanced in block 12
The balancing property is not satisfied
Try a different specification of the propensity score
```

结果显示,基础模型没有通过平衡指数特征检验,因而,仅将协变量纳入倾向指数模型并不充分。尝试引入协变量高阶项,在基础模型的基础上,又引入了 married 和 re75 的交叉项及 age 与 re74 的交叉项,估计结果如下:

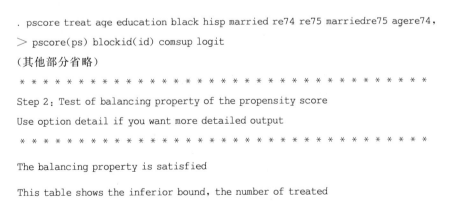

```
. pscore treat age education black hisp married re74 re75 marriedre75 agere74,
> pscore(ps) blockid(id) comsup logit
```
(其他部分省略)

```
* * * * * * * * * * * * * * * * * * * * * * * * * * * * *
Step 2: Test of balancing property of the propensity score
Use option detail if you want more detailed output
* * * * * * * * * * * * * * * * * * * * * * * * * * * * *
The balancing property is satisfied
This table shows the inferior bound, the number of treated
and the number of controls for each block
```

Inferior of block of pscore	treat 0	1	Total
.0009204	4872	29	4901
.05	166	13	179
.1	133	24	157
.2	155	75	230
.4	51	43	94
.6	0	1	1
Total	5377	185	5562

Note: the common support option has been selected

这一次发现倾向指数模型通过了平衡指数特征检验,说明现在倾向指数模型比较充分了,并且划分了 6 个层,每层的样本分布情况列在上面的表格里。可以看到最后一层内,只有一个干预组个体,很难找到合适的匹配,为了保证匹配质量,该干预组个体可以删除。估计出倾向指数后,也可以用 histogram 或 twoway kdensity 命令画出两组个体的倾向指数分布图,以比较两组协变量的差异。图 6.3 画出了倾向指数分布的直方图。

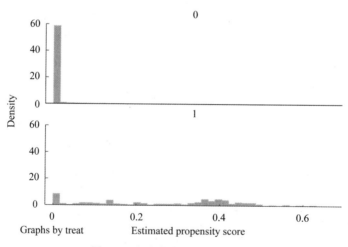

图 6.3 倾向指数估计值分布图

从图 6.3 可以看出,两组倾向指数差异很大,控制组个体很多集中在 0 附近,这也证明两组协变量极不平衡,不能直接进行分析,需要进行调整。下面利用 1∶1 不重复降序最近邻匹配方法,[①] 在最近邻匹配中,如果同时有多个个体与干预组个体具有相同的最近距离,那么,psmatch2 会选择首先遇到的控制组个体作为匹配,因而,样本的排列顺序将会影响到匹配样本,样本排序不同,匹配样本也会不同。为保证排序的随机性,可以通过生成随机数的形式来保证样本的随机排序。因而,在进行正式匹配之前,可以先利用下列语句对样本进行随机排序:

```
set seed 2342 // 设定随机产生器种子
gen u = runiform() // 产生一个标准均匀分布的随机变量 u
sort u // 根据 u 进行排序
```

当然,在最近邻匹配时,如果遇到多个控制组个体与干预组个体具有相同的最近距离,那么可以用所有相同最近距离的控制组个体的平均结果作为干预组个体的匹配,在匹配命令中加上选项 ties 可以实现这一功能。如果选用了 ties,样本排序将不重要了,上述语句就不需要了。为了方便构造匹配样本,这里不加选项 ties,随机选择其中的一个作为匹配。估计结果如下.

```
. psmatch2 treat, outcome(re78) p(ps_nsw) n(1) norepl descending odds
There are observations with identical propensity score values.
The sort order of the data could affect your results.
Make sure that the sort order is random before calling psmatch2.
```

Variable	Sample	Treated	Controls	Difference	S.E.	T-stat
re78	Unmatched	6349.1435	14846.6597	−8497.51615	712.02072	−11.93
	ATT	6349.1435	4850.27418	1498.86932	745.57336	2.01

Note: S.E. does not take into account that the propensity score is estimated.

psmatch2: Treatment assignment	psmatch2: Common support On suppor	Total
Untreated	15992	15992
Treated	185	185
Total	16177	16177

[①] 因为控制组样本比较多,不需要使用重复匹配,按照降序是首先匹配倾向指数最高也是最难匹配的,然后再匹配容易的,匹配时根据对数或然比进行。

psmatch2 命令的输出结果显示,原始样本(Unmatched)干预组 78 年平均收入为 6349 美元,控制组为 14846 美元,两组平均收入之差为 -8497 美元！匹配样本干预组平均收入为 6349 美元,控制组平均收入为 4850 美元,干预组平均因果效应为 1499 美元,标准误差为 746,t 值为 2.01,说明培训对参与培训的个体收入具有显著的正向影响,影响程度为 1499 美元。

最近邻匹配已经使两组个体特征非常相似,事实上,可以直接在 psmatch2 命令之后,再做一次协变量平衡性检验,结果如下：

. pstest age-re75, both

Variable	Unmatched Matched	Mean Treated	Mean Control	%reduct %bias	%reduct |bias|	t-test t	t-test p>|t|	V(T)/V(C)
age	U	25.816	33.225	-79.6		-9.10	0.000	0.42*
	M	25.816	26.859	-11.2	85.9	-1.07	0.285	0.41*
education	U	10.346	12.028	-67.9		-7.94	0.000	0.49*
	M	10.346	10.346	0.0	100.0	-0.00	1.000	0.50*
black	U	.84324	.07354	242.8		39.66	0.000	.
	M	.84324	.83784	1.7	99.3	0.14	0.887	.
hispanic	U	.05946	.07204	-5.1		-0.66	0.510	
	M	.05946	.05946	0.0	100.0	0.00	1.000	
married	U	.18919	.71173	-123.3		-15.62	0.000	
	M	.18919	.20541	-3.8	96.9	-0.39	0.696	
nodegree	U	.70811	.29584	90.4		12.22	0.000	
	M	.70811	.57297	29.6	67.2	2.73	0.007	
re74	U	2095.6	14017	-156.9		-16.92	0.000	0.26*
	M	2095.6	1651	5.9	96.3	1.05	0.295	2.54*
re75	U	1532.1	13651	-174.6		-17.77	0.000	0.12*
	M	1532.1	1392.5	2.0	98.8	0.45	0.656	1.34

* if variance ratio outside [0.75; 1.34] for U and [0.75; 1.34] for M

可以看出,匹配后,干预组和控制组协变量已经非常相似,标准化平均值差异均接近 0,所有协变量匹配后不平衡性均显著降低。从方差比看,两组协变量的方差仍然存在着一定的差异,但我们更关心协变量平均值的平衡性。当然,上述不平衡检验结果也反映出,匹配后两组样本之间仍然存在着一定的差异,这些微小差异可能造成估计偏差,可以采用 Abadie and Imbens (2011) 的方法进行偏差修正,为此,将匹配好的样本识别出来。psmatch2 在匹配过程中会产生一些变量,_treat 记录了干预变量,在本例中等同于原数据中的 treat 变量,

_id 是匹配前各观测的编码或顺序号，_n1 是与对应个体相匹配的个体编码，_outcome 是与干预组相匹配的结果，本例中会产生匹配结果变量_re78。根据这些信息，可以将匹配好的匹配样本识别出来，具体程序如下：

```
sort _id // 恢复原始排序
gen pair = _id if _treated = = 0 // 如果是控制组个体，将其对应编码赋给变量 pair
replace pair = _n1 if _treated = = 1 // 如果是干预组个体，将与其相匹配的个体的编码赋给变量 pair
bysort pair: egen paircount = count(pair) // 这里与干预组相匹配的个体的编码将出现两次，统计一下次数
drop if paircount ! = 2 // 仅保留会出现两次的样本，只有匹配样本才会出现两次
save match, replace // 保存匹配样本
```

对于匹配样本，因为本身协变量比较平衡，类似于完全随机化实验产生的数据，可以直接利用回归分析的方法来估计因果效应参数，事实上，利用匹配样本，回归分析所得的结果可以解释为偏差修正的匹配估计量（Imbens and Rubin, 2015）。直接利用下面程序可以得到调整的因果效应估计，输出结果如下：

```
. quietly reg re78 treat,vce(robust)
. eststo m1
. quietly reg re78 treat age - re74 , vce(robust)
. eststo m2
. esttab m1 m2, b(%10.2f) se(%10.2f) mtitles("unadjusted" "adjusted")
> keep(treat) star( * .10 * * .05 * * * .01) nogap ar2
```

	(1)	(2)
	unadjusted	adjusted
treat	1498.87**	1473.28**
	(745.57)	(715.70)
N	370	370
adj. R-sq	0.008	0.068

Standard errors in parentheses,
* p<.10, ** p<.05, *** p<.01

第 1 列是直接用匹配样本两组观测收入之差，即简单回归系数，实际上就是上文中估计出的干预组平均因素效应，没有进行任何的偏差调整。第 2 列是引入了主要的协变量，相当于 Abadie and Imbens（2011）的偏差修正的干预组平均因果效应，进一步调整了匹配样本可能的协变量差异造成的估计偏差，估

计结果显示偏差调整的平均效应为 1473 美元，并且在 5% 水平下显著。

估计出平均因果效应之后，需要检验 CIA 是否成立。如果 CIA 不成立，前面估计的结果不能解释为因果效应。只有 CIA 成立时，上文的估计结果才有因果效应的解释。可以利用前文介绍的伪结果方法和伪干预方法进行检验。因为我们有干预实施之前的个体收入 re74、re75，这里用 re75 作为一个伪结果，看一看根据协变量 age-re74 进行匹配，两组的 re75 平均值是否有显著差异，如果有显著差异，说明除这些协变量之外，可能还有其他的未观测因素影响收入 re75，那么这些未观测因素也有可能是影响 re78 的重要因素，从而说明 CIA 条件不成立。否则，如果没有显著差异，尽管不能说 CIA 一定成立，但至少证明没有发现 CIA 不成立，从而估计结果有一定的可信性。利用类似的方法，估计的伪结果效应如下：

```
. set seed 2342
. gen u = runiform()
. sort u
. psmatch2 treat, outcome(re75) p(ps_nsw) n(1) norepl descending odds
There are observations with identical propensity score values.
The sort order of the data could affect your results.
Make sure that the sort order is random before calling psmatch2.
```

Variable	Sample	Treated	Controls	Difference	S.E.	T-stat
re75	Unmatched	1532.05531	13650.8035	−12118.7482	682.067154	−17.77
	ATT	1532.05531	1392.45485	139.600459	312.978955	0.45

Note: S.E. does not take into account that the propensity score is estimated.

结果显示，培训对 75 年收入没有显著影响，说明没有证据表明这些协变量后，未观测变量对伪结果 re75 有显著影响，没有发现 CIA 条件不成立的证据。

第二种方法是伪干预方法，因为有随机化实验的控制组，另外，调查数据 cps_controls.dta 也未受到干预，对于这两个均没有受到干预的样本可以构造一个伪干预，利用两个控制组检测控制所有的协变量 age-re75 后，看看两个控制组的结果 re78 是否有显著差异。因为两组同在控制组，如果没有差异，说明控制这些协变量是充分的，未观测因素不会对结果 re78 产生系统性影响，从而使我们相信，在干预组和控制组之间进行比较时，控制这些协变量也应该是充分的，剩下的结果差异就是干预的影响。检验结果如下：

```
. psmatch2 w age education black hispanic married re74 re75 marriedre75 agere74,
> outcome(re78) n(1) norepl descending odds ties
```

Variable	Sample	Treated	Controls	Difference	S.E.	T-stat
re78	Unmatched	4554.80112	14846.6597	-10291.8585	599.887485	-17.16
	ATT	4554.80112	5330.9612	-776.1600	524.145335	-1.48

Note: S.E. does not take into account that the propensity score is estimated.

其中 w 表示两个控制组:实验的控制组($w=1$)和调查数据 CPS($w=0$)。利用与上文相同的倾向指数匹配方法重新估计了因果效应参数 ATT。结果显示,两组收入 re78 并没有显著差异,说明控制主要的协变量之后,未观测因素对结果 re78 没有系统性影响,CIA 条件可能成立。伪结果方法和伪干预方法均没有发现 CIA 不成立的证据,匹配估计具有一定的可信性。

本节主要介绍了倾向指数匹配方法的基本实施步骤,其他匹配估计量的估计类似,不再赘述。

第五节 总 结

本章主要介绍了协变量匹配和倾向指数匹配方法及其实施步骤。然后利用一个具体的例子,详细介绍了倾向指数匹配方法在 Stata 软件中的实现。需要强调的是,匹配方法和上一章的回归方法本质上并没有什么区别,两种策略所需要的识别条件都是条件独立性假设(CIA),也就是说,控制所有可观测因素之后,未观测变量不会对两组观测结果造成系统性差别。如果 CIA 条件不成立,即控制所有可观测变量后,仍然有未观测因素对两组观测结果造成系统性差异,出现所谓的内生性问题,那么匹配方法和回归方法一样,是无法解决的。内生性问题意味着未观测因素可能是潜在的混杂因素,影响个体的选择,同时对结果产生影响,控制可观测因素后,选择偏差仍然存在。因而,匹配方法不能解决内生性问题,国内有些文献利用匹配方法来解决内生问题是错误的。当然,匹配方法相对于回归方法确实有它的优势。当两组协变量差异很大时,回归分析一般不能得到稳健的估计结果,估计结果对模型函数形式非常敏感,并且回归分析对于具体使用了哪些样本不会给出显性的提示,从而使使用者往往倾向于将得到的估计结果解释为总体的平均因果效应。匹配方法通过匹配,在协变量不平衡的观测样本中,分离出一个协变量相对平衡的匹配样本,用 King and Nielsen(2016)的语言表述,就是匹配方法将隐藏在观测数据中的随机化实验样本寻找出来,因而,我们很清楚地知道采用了哪些样本估计匹配估计量,得到的匹配估计量可以解释为哪些个体的因果效应。另外,利用匹配样本进行分析,估计结果往往更加稳健,对函数形式不再敏感(赵西亮,2015),这些都是匹配方法相对于回归方法的优点。

King and Nielsen(2016)指出由于倾向指数匹配方法将协变量综合为一个一维的变量,倾向指数相似反而协变量差异更大。举个简单的例子,比如研究大学教育收益率,考察接受大学教育对个人收入的影响。假设我们主要利用高中学习成绩和家庭收入作为影响个体大学教育选择的因素,那么倾向指数就是这两个变量的一个函数,这两个因素对接受大学教育的可能性都是正向影响,因而,如果两个个体倾向指数相同,有可能一个个体学习成绩很好,但家庭收入较低,另一个个体则相反,学习成绩较差,但家庭收入较高,那么尽管倾向指数相同,但协变量差异却很大。King and Nielsen(2016)证明有时倾向指数匹配反而会使协变量平衡性变差,因而,King and Nielsen(2016)建议采用协变量匹配方法进行样本匹配。倾向指数匹配是以完全随机化实验为基础的,所获得的匹配样本类似于完全随机化实验,而协变量匹配则是以分层随机化实验为基础的,所获得的匹配样本类似于分层随机化实验,协变量匹配由于考察了协变量的差异,可以保证匹配样本协变量的平衡性。

 推荐阅读

Imbens(2004)和 Stuart(2010)对匹配方法进行了很好的综述。Imbens and Rubin(2015)第 12—22 章对匹配方法从理论上和方法上进行了非常好的论述。关于匹配方法和回归方法的关系可以参考 Angrist and Pischke(2009)第 3 章。Morgan and Winship(2015)第 5 章也有关于匹配方法的介绍。

第七章 工具变量法

通过前面两章的学习，我们知道，如果满足条件独立性假设（CIA），匹配估计量或回归估计量具有因果效应的解释。但是如果控制观测变量 X_i 后，两组潜在结果仍然存在着显著差异，则说明存在未观测混杂因素，同时影响原因变量和潜在结果，这时仅仅以观测变量 X_i 为条件，原因变量将不独立于潜在结果，从而 CIA 条件不成立。CIA 条件不成立意味着未观测因素会造成选择偏差，从而出现由于未观测因素而造成的选择问题（selection on unobservable），也称为内生性问题，[①] 匹配方法或回归方法将无法识别因果效应参数。工具变量法是解决内生性问题的一种经典方法，也是实证研究中仅次于线性回归的一种实证分析方法。工具变量法最早起源于 Wright 父子 1928 年关于亚麻籽供求联立方程组的求解，他们发现仅仅利用可以观测到的市场均衡价格和均衡数量的数据是无法估计出亚麻籽的供给方程和需求方程的，他们提出的办法是引入需求的扰动因素（demand shifter）来估计供给方程，引入供给的扰动因素（supply shifter）来估计需求方程，这两个扰动因素现在称为工具变量。[②] 工具变量法根据其发展，可以分为两种类型，第一种类型假设干预对所有个体的影响是相同的，即同质性工具变量法，第二种类型是后来 Imbens and Angrist (1994)、Angrist et al. (1996) 发展的异质性工具变量法，假设干预对个体的影响是异质的。本章首先介绍传统的工具变量法，然后再介绍 Angrist 等人发展的异质性工具变量法。

第一节 同质性工具变量法

还是以教育对收入的影响为例，假设因果效应模型如下：

$$Y_i = \alpha + \tau D_i + A_i'\gamma + v_i \tag{7.1}$$

其中 Y_i 为（对数）收入，D_i 为教育年限，A_i 为能力，v_i 为误差项，并且满足 $E[v_i | D_i, A_i] = 0$。常数 τ 是因果效应参数，反映的是教育对收入的影响，并且对所有

[①] 在回归分析中，通常将模型误差项或未观测因素与原因变量相关称为内生性问题，从而通常的 OLS 估计量存在偏差，不是总体参数的一致估计量。

[②] 关于工具变量法起源的介绍可以参考 Angrist and Krueger (2001)。

个体都是相同的。

对于模型(7.1),如果能力变量 A_i 是可观测的,那么要识别教育 D_i 对收入 Y_i 的影响,可以直接利用回归分析或根据 A_i 进行匹配,均可以得到正确的因果效应估计。图 7.1(a)给出了相应的因果图。如果能力变量 A 是可以观测的,A 是造成混杂偏差的唯一因素,因而,只要以 A 为条件,则可以阻断后门路径 $D \leftarrow A \rightarrow Y$,从而识别出 $D \rightarrow Y$ 的因果效应。

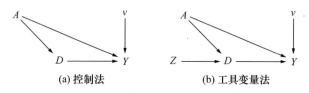

(a) 控制法   (b) 工具变量法

图 7.1　工具变量法因果图

但是,如果能力变量 A 不可观测,那么我们就没有办法控制 A 或根据 A 进行匹配。如果能够找到一个工具变量 Z 满足下面两个基本条件,也可以识别 D 对 Y 的因果影响:

(1) 相关性。工具变量必须与原因变量相关,即:
$$\text{Cov}(D_i, Z_i) \neq 0 \tag{7.2}$$

(2) 外生性。工具变量外生于我们关心的经济系统,工具变量不通过未观测因素影响结果,或者说工具变量分配类似于随机化实验,独立于潜在结果,从而
$$\text{Cov}(\eta_i, Z_i) = 0 \tag{7.3}$$

其中 $\eta_i = A_i' \gamma + v_i$。

图 7.1(b)给出了工具变量法的因果图。Z 为工具变量,直接影响 D,从而与 D 密切相关,满足相关性条件。其次,Z 与 A 和 v 都不相关,Z 不会通过 A 和 v 影响 Y,从而满足外生性。从图中可以直观地理解为何工具变量 Z 可以识别 D 对 Y 的因果影响。图中显示,D 到 Y 有两条路径表现出 D 与 Y 的相关性,由于混杂因素 A 造成的 D 与 Y 的相关性和真正的因果路径 $D \rightarrow Y$ 造成的相关性混杂在一起,当 A 不可观测时,我们没有办法利用匹配或控制的方法阻断后门路径,从而产生混杂偏差。如果我们有图中的工具变量 Z,可以看到当 Z 变化时,直接影响 D 变化,最终会影响 Y 变化,并且我们知道此时 Y 的变化是因为 Z 的变化通过 D 影响到 Y,此时 D 和 Y 反映出的相关性就是 $D \rightarrow Y$ 的因果

影响。[①] 用公式表示,可以计算工具与结果之间的相关性:
$$\text{Cov}(Y_i, Z_i) = \text{Cov}(\alpha, Z_i) + \tau\text{Cov}(D_i, Z_i) + \text{Cov}(\eta_i, Z_i)$$
因为 α 为常数项,所以,$\text{Cov}(\alpha, Z_i)=0$,由外生性条件,$\text{Cov}(\eta_i, Z_i)=0$,并且由相关性条件,$\text{Cov}(D_i, Z_i)\neq 0$,所以上式整理,得:
$$\tau_{IV} = \frac{\text{Cov}(Y_i, Z_i)}{\text{Cov}(D_i, Z_i)} = \frac{\text{Cov}(Y_i, Z_i)/\text{Var}(Z_i)}{\text{Cov}(D_i, Z_i)/\text{Var}(Z_i)}. \tag{7.4}$$

其中,分子实际是 Y_i 对 Z_i 的总体回归系数,通常称为简化式,[②]分母是 D_i 对 Z_i 的总体回归系数,通常称为第一阶段。(7.4)称为工具变量估计测度,对应的样本形式即工具变量估计量:
$$\hat{\tau}_{IV} = \frac{\sum_{i=1}^{N}(Z_i - \bar{Z})(Y_i - \bar{Y})}{\sum_{i=1}^{N}(Z_i - \bar{Z})(D_i - \bar{D}_i)}. \tag{7.5}$$

工具变量法就是利用工具变量的外生性假设来识别原因变量和结果变量之间的因果关系的,但是,工具变量的选择并不容易,需要保证工具变量的外生性条件成立,往往需要研究者对所研究问题的背景知识具有相当的了解,有些工具变量来自于外生的"自然实验",因而工具变量有时被称为"自然的礼物"(Rosenzweig and Wolpin,2000)。

下面看一个经典的例子,Angrist and Krueger(1991)利用美国的普查数据估计了美国的教育收益率。在教育收益率的研究中,能力变量是一个文献中公认的混杂因素,会影响个体的教育选择,也会影响个体的收入水平,但是,能力往往无法观测,[③]无法利用匹配或回归方法得到教育的正确因果效应,为此,考虑寻找教育的工具变量,这个工具变量需要与教育密切相关,但不能与能力或其他未观测因素有关。Angrist and Krueger(1991)利用美国义务教育法对入学年龄和退学年龄的限制,找到工具变量即个人的出生季度。个人出生季度为什么可以作为教育的工具变量呢? 首先,美国各州一般规定到当年年底前年

[①] 工具变量 Z 的作用是将因果路径 $D \to Y$ 造成的相关性分离出来,从而排除了其他混杂因素造成的影响。

[②] 简化式的概念来自于联立方程模型,是所有内生变量对所有外生变量进行回归的模型。与之相对应,结构式是根据经济理论或行为假设构造的模型,结构式左右边可以同时有内生变量和外生变量,而简化式是左手边全部为内生变量,右手边全部为外生变量。从而对于简化式,可以直接利用回归方法进行参数估计,再从简化式参数中反推出结构式参数。凡是恰好能够从简化式反推出唯一一组结构式参数的,称为恰好识别,如果可以从简化式中推出多个满足结构式的参数,称为过度识别,如果无法从简化式推出结构式参数,称为不可识别。尽管现在联立方程组方法已经不再流行,但与之相关的概念仍然在计量经济学中广泛应用。

[③] 有些文献利用 IQ 指数作为能力的代理变量,但这也依赖于数据是否提供类似代理变量。

满 6 岁的孩子可以在当年 9 月份入学,这一限制会使个体入学年龄产生差异,12 月份出生的孩子,入学时年龄还不到 6 岁,然而,1 月份出生的孩子入学时年龄已经接近 7 岁。因而,出生季度不同,意味着入学年龄不同,第四季度出生的孩子入学时年龄较小,而第一季度出生的孩子入学时年龄较大,两者相差近 1 岁。① 仅仅根据这一点还不能保证出生季度是合适的工具变量,美国义务教育法还明确规定,小孩年龄必须达到 16 岁才能退学,入学年龄限制和退学年龄限制,这两点结合起来,使出生季度与教育年限之间发生关系,对于准备在 16 岁退学的孩子而言,出生于第一季度的由于入学年龄较大,16 岁退学时的受教育年限不足 10 年,而对于第四季度出生的孩子由于入学年龄较小,16 岁退学时受教育年限超过 10 年,因而,平均而言,出生于第一季度的受教育年限较短,而出生于第四季度的受教育年限相对较长,使得受教育年龄与出生季度有关系。图 7.2 复制了 Angrist and Krueger(1991)文章中的图 I,总体上看,平均教育年限有增长的趋势,这与社会发展和人们对教育的重视有关,出生年份越晚的个体倾向于受更多的教育,对于这一点可以通过控制出生年份来消除影响。② 我们主要关注教育年限与出生季度之间的关系,三、四季度出生的个体比一、二季度出生的个体倾向于受更多的教育,并且所有出生年份的个体均有类似模式,从而说明教育与出生季度之间确实有密切的关系。事实上,图 7.2 反映了工具变量估计量的第一阶段,即(7.5)分母上的部分。

直觉上看,出生季度不会直接影响个体收入,用人单位不会因为出生季度的不同而支付不同的工资,因而,出生季度满足外生性条件。但是,个人收入与出生季度之间的关系也表现出类似于教育与出生季度之间的模式,参见图 7.3。图 7.3 显示,总体上收入比较平缓,不同年份出生的人平均收入差异不大,有一点点向下倾斜的趋势,主要是因为年长的人工作经验更多,这一点可以通过控制出生年份或年龄来消除。我们关注的仍然是出生季度与收入之间的关系,可以看出,一、二季度出生的个体相对于三、四季度出生的个体,平均收入要低一些,并且对所有年份出生的个体均有类似模式。但是,出生季度不会对收入产生直接影响,为何收入表现出上述变动模式呢?唯一的原因可能是出生季度通过影响教育间接影响个人收入,从而使个人收入与出生季度之间出现类似变动

---

① 中国的入学年龄往往是以当年 8 月 31 日前年满 6 岁的可以当年 9 月份入学,这样 8 月份出生的孩子当年可以入学,入学年龄刚满 6 岁,而 9 月份出生的孩子要第二年才能入学,入学时年龄接近 7 岁。对于中国的情形,第三季度出生的孩子入学年龄小,而第四季度出生的孩子入学年龄大,两者相差近 1 岁。但中国义务教育法并没有关于退学年龄的规定,尽管有九年义务教育的要求,但强制性并不强。因而,出生季度作为教育的工具变量可能并不适用于中国的情形。

② 所谓 cohort effect。

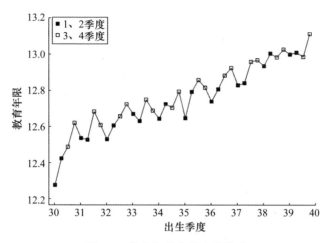

图 7.2 教育与出生季度的关系

模式。图 7.3 呈现的实际上是简化式,即工具变量估计量(7.5)分子上的部分。

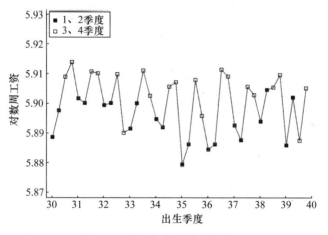

图 7.3 收入与出生季度的关系

上述的两张图形可以写成下列计量经济学模型:

$$D_i = X_i'\pi_{10} + \pi_{11}Z_i + \varepsilon_{1i} \tag{7.6}$$

$$Y_i = X_i'\pi_{20} + \pi_{21}Z_i + \varepsilon_{2i} \tag{7.7}$$

(7.6)是第一阶段回归,是控制 X_i 后工具变量 Z_i 对原因变量 D_i 的影响,(7.7)是简化式,[①]反映的是控制 X_i 后,工具变量 Z_i 对结果 Y_i 的影响。因为引入

---

① 在联立方程理论中,(7.6)和(7.7)均称为简化式,因为内生变量均在左手边,外生变量均在右手边。

了协变量 X_i,相应的结构式可以写为:

$$Y_i = X_i'\alpha + \tau D_i + \eta_i \tag{7.8}$$

在本例中,X_i 表示出生年份,以控制不同年份对教育和收入的影响,所谓同辈效应(cohort effects)。X_i 包括常数1,从而不用写出常数项。将(7.6)代入结构式(7.8),得:

$$\begin{aligned}Y_i &= X_i'\alpha + \tau[X_i'\pi_{10} + \pi_{11}Z_i + \varepsilon_{1i}] + \eta_i \\ &= X_i'[\alpha + \tau\pi_{10}] + \tau\pi_{11}Z_i + [\tau\varepsilon_{1i} + \eta_i] \\ &= X_i'\pi_{20} + \pi_{21}Z_i + \varepsilon_{2i}\end{aligned} \tag{7.9}$$

(7.9)第三行实际上是简化式(7.7),与第二行相对照,可以得到简化式系数与结构式系数之间的对应关系,即 $\alpha+\tau\pi_{10}=\pi_{20}$、$\tau\pi_{11}=\pi_{21}$、$\tau\varepsilon_{1i}+\eta_i=\varepsilon_{2i}$。因为在简化式中,右手边均是外生变量,与误差项没有相关性,从而简化式可以用 OLS 方法得到一致的估计,结构式因为有未观测能力变量造成的混杂影响无法利用 OLS 得到一致估计,我们可以利用简单式和结构式的参数关系,将结构式参数从简化式参数中恢复出来。根据结构式和简化式参数关系,可以得到因果效应参数:

$$\tau = \frac{\pi_{21}}{\pi_{11}} \tag{7.10}$$

利用(5.10),(7.6)和(7.7)中工具变量的系数可以分别写为:

$$\pi_{11} = \frac{\text{Cov}(D_i, \widetilde{z}_i)}{\text{Var}(\widetilde{z}_i)}, \quad \pi_{21} = \frac{\text{Cov}(Y_i, \widetilde{z}_i)}{\text{Var}(\widetilde{z}_i)}$$

其中 $\widetilde{z}_i$ 是 Z_i 对 X_i 进行回归得到的回归残差。因而,(7.10)可以写为,

$$\tau = \frac{\pi_{21}}{\pi_{11}} = \frac{\text{Cov}(Y_i, \widetilde{z}_i)}{\text{Cov}(D_i, \widetilde{z}_i)} \tag{7.11}$$

对照(7.4),(7.11)也是工具变量估计测度,只是 $\widetilde{z}_i$ 替代了 Z_i,(7.10)的样本形式在计量经济学中通常称为间接最小二乘法估计量。

观察(7.9)第二行,整理一下可以写为:

$$Y_i = X_i'\alpha + \tau[X_i'\pi_{10} + \pi_{11}Z_i] + \varepsilon_{2i} \tag{7.12}$$

其中 $X_i'\pi_{10}+\pi_{11}Z_i$ 是原因变量 D_i 对 X_i 和 Z_i 的总体回归方程,由于 Z_i 和 X_i 与 ε_{2i} 是不相关的,(7.12)可以直接用 OLS 回归得到 τ 的一致估计。我们可以利用工具变量 Z_i 采用一种两阶段的方法估计因果效应参数,第一步估计第一阶段回归(7.6),然后将第一阶段得到的 D_i 的拟合值代入结构方程(7.8),然后进行第二阶段的回归(7.12),这种方法称为两阶段最小二乘法(2SLS)。具体应用中使用样本数据,第一阶段得到样本回归方程:

$$\hat{D}_i = X_i'\hat{\pi}_{10} + \hat{\pi}_{11}Z_i$$

其中 $\hat{\pi}_{10}$、$\hat{\pi}_{11}$ 是对方程(7.6)进行 OLS 估计得到的回归系数,根据上述样本回归方程得到 D_i 的拟合值 $\hat{D}_i$,并用 $\hat{D}_i$ 替代结构式(7.8)中的 D_i 进行第二阶段的回归,即:

$$Y_i = X'_i\alpha + \tau\hat{D}_i + [\eta_i + \tau(D_i - \hat{D}_i)] \qquad (7.13)$$

因为

$$\text{Cov}(\hat{D}_i, \eta_i + \tau(D_i - \hat{D}_i)) = \text{Cov}(\hat{D}_i, \eta_i) + \tau\text{Cov}(\hat{D}_i, D_i - \hat{D}_i) = 0$$

所以,第二阶段回归(7.13)可以得到 τ 的一致估计,其中第一项 $\hat{D}_i$ 是 X_i 和 Z_i 的线性组合,由工具变量的外生性条件(7.3),第一项为零;第二项 $D_i - \hat{D}_i$ 是第一阶段(7.6)的回归残差,根据回归系数的性质(5.9),回归残差与解释变量 X_i、Z_i 是正交的,$\hat{D}_i$ 是 X_i 和 Z_i 的线性组合,因而,回归残差 $D_i - \hat{D}_i$ 也与 $\hat{D}_i$ 是正交的,从而第二项也为零。对(7.13)回归得到的估计量称为两阶段最小二乘估计量,但要注意一点,直接对(7.13)进行回归,得到的标准误差是不正确的,因为直接回归得到的残差是 $\eta_i + \tau(D_i - \hat{D}_i)$,而不是 η_i,正确的方法是利用两阶段回归估计量计算出正确的残差:

$$\hat{\eta}_i = Y_i - X'_i\hat{\alpha}_{2sls} - \hat{\tau}_{2sls}D_i \qquad (7.14)$$

并利用其估计正确的标准误差。当然,很多软件中均有相关的命令进行处理,比如在 Stata 软件中,ivregress 命令就可以直接进行两阶段最小二乘法的估计,并且得到的标准误差是调整后的正确标准误差。很容易证明两阶段回归估计量是工具变量估计量,观察第二阶段回归(7.13),利用(5.10)可以将两阶段回归估计量写为:

$$\hat{\tau}_{2sls} = \frac{\text{Cov}(Y_i, \widetilde{D}_i)}{\text{Var}(\widetilde{D}_i)} \qquad (7.15)$$

其中 $\widetilde{D}_i$ 是 $\hat{D}_i$ 对 X_i 的回归残差,因为

$$\text{Cov}(D_i, \widetilde{D}_i) = \text{Cov}(\hat{D}_i + (D_i - \hat{D}_i), \widetilde{D}_i)$$
$$= \text{Cov}(\hat{D}_i, \widetilde{D}_i) + \text{Cov}(D_i - \hat{D}_i, \widetilde{D}_i)$$

其中第二项中 $D_i - \hat{D}_i$ 是第一阶段回归(7.6)的回归残差,根据回归性质(5.9),回归残差 $D_i - \hat{D}_i$ 与 $\hat{D}_i$($\hat{D}_i$ 是 X_i 和 Z_i 的线性组合)不相关,而 $\hat{D}_i = \widetilde{D}_i + (\hat{D}_i - \widetilde{D}_i)$,即 $\widetilde{D}_i$ 是 $\hat{D}_i$ 的一部分,因而,回归残差 $D_i - \hat{D}_i$ 也与 $\widetilde{D}_i$ 不相关,从而上式第二项为零,则

$$\text{Cov}(D_i, \widetilde{D}_i) = \text{Cov}(\hat{D}_i, \widetilde{D}_i) = \text{Cov}((\hat{D}_i - \widetilde{D}_i) + \widetilde{D}_i, \widetilde{D}_i)$$

$$= \mathrm{Cov}(\hat{D}_i - \widetilde{D}_i, \widetilde{D}_i) + \mathrm{Var}(\widetilde{D}_i)$$

其中 $\hat{D}_i - \widetilde{D}_i$ 是 $\hat{D}_i$ 对 X_i 的样本回归方程，$\widetilde{D}_i$ 是相应的回归残差，因而 $\mathrm{Cov}(\hat{D}_i - \widetilde{D}_i, \widetilde{D}_i) = 0$，则 $\mathrm{Var}(\widetilde{D}_i) = \mathrm{Cov}(D_i, \hat{D}_i)$，代入式(7.15)，得：

$$\hat{\tau}_{2\mathrm{sls}} = \frac{\mathrm{Cov}(Y_i, \widetilde{D}_i)}{\mathrm{Cov}(D_i, \widetilde{D}_i)} \tag{7.16}$$

与(7.4)具有相似的形式，不过是用 $\widetilde{D}_i$ 替代了 Z_i，两阶段回归相当于用 $\widetilde{D}_i$ 作为工具变量，因而，两阶段最小二乘估计量也是工具变量估计量。

如果工具变量 Z_i 为二值的，则工具变量估计量具有更为简单的形式，定义 $Z_i = 1$ 的概率为 p，则

$$\begin{aligned}
\mathrm{Cov}(Y_i, Z_i) &= E[Y_i Z_i] - E[Y_i]E[Z_i] \\
&= E[Z_i E[Y_i \mid Z_i]] - pE[E[Y_i \mid Z_i]] \\
&= pE[Y_i \mid Z_i = 1] - p(pE[Y_i \mid Z_i = 1] \\
&\quad + (1-p)E[Y_i \mid Z_i = 0]) \\
&= p(1-p)\{E[Y_i \mid Z_i = 1] - E[Y_i \mid Z_i = 0]\}
\end{aligned}$$

同样地，

$$\mathrm{Cov}(D_i, Z_i) = p(1-p)\{E[D_i \mid Z_i = 1] - E[D_i \mid Z_i = 0]\}$$

则工具变量估计测度为：

$$\tau_{\mathrm{IV}} = \frac{\mathrm{Cov}(Y_i, Z_i)}{\mathrm{Cov}(D_i, Z_i)} = \frac{E[Y_i \mid Z_i = 1] - E[Y_i \mid Z_i = 0]}{E[D_i \mid Z_i = 1] - E[D_i \mid Z_i = 0]} \tag{7.17}$$

上式称为 Wald 估计测度(Angrist and Pischke, 2009)，即 Wald 估计量的总体形式。Wald 估计量可以更加直观透明地分析工具变量识别因果效应的过程。工具变量识别因果效应主要是利用工具变量只通过影响原因变量这一途径影响结果变量，工具变量不会通过其他影响结果变量的因素而影响到 Y_i。由于工具变量是二元变量，因而第一阶段和简化式均可以表示为根据工具变量分组的观测结果平均值之差。比如，回到刚才 Angrist and Krueger(1991)的文章，利用出生季度作为工具估计教育对收入的因果效应，如果用第一季度(相对于第四季度)作为工具，那么，工具变量的识别结果可以用表 7.1 表示，第 1 列列出了出生在第一季度的个体的收入和教育年限平均值，第 2 列列出了出生在第四季度的个体的收入和教育年限平均值，第 3 列列出的是 1、2 列平均值之差及对应的标准误差。可以看到，出生于第一季度的个人平均周工资比出生在第四季度的低 0.0135，同时，平均教育年限也低 0.151 年，对应的两者之比即为教育收益率的 Wald 估计量为 0.089，教育收益率约为 8.9%。第四行教育收益率的

OLS估计量为 7%，Wald 估计量比 OLS 估计量高，说明 OLS 估计可能低估了教育收益率。

表 7.1 利用出生季度工具的教育收益率 Wald 估计

	(1) 第一季度	(2) 第四季度	(3) 平均值之差 (1)—(2)
ln(周工资)	5.892	5.905	−.0135
			(.0034)
教育年限	12.688	12.839	−.151
			(.016)
教育收益率的 Wald 估计量			.089
			(.021)
教育收益率的 OLS 估计量			.070
			(.0005)

注：括号内为标准误差，数据来自 1980 年美国人口普查数据 5% 的随机样本，本表样本为 1930—1939 年在美国出生的男性，样本容量为 162515。本表来自 Angrist and Pischke (2009)。

在另一篇有趣的文章中，Angrist(1990)考察了越战期间服兵役对个人收入的影响，充分体现了 Wald 估计量的威力。20 世纪 70 年代越战期间，为了保证征兵的透明性和公正性，美国采用了一种特殊的征兵机制，为每一天赋予一个随机的数字，一年 365 天共 1—365 个数字随机地分配到每一天，从而使每个人的生日均对应一个随机化的数字，不妨称之为征兵随机数。征兵随机数产生之后，美国国防部会给出一个门槛，比如 1970 年为 195，所有生日对应的随机数字低于 195 的获得参军资格，而生日对应随机数字高于 195 的不需要参军，当然获得参军资格的人也可能由于身体或升学原因而免除参军义务，没有参军资格的人也有部分志愿参军，但数量非常少，可以忽略。由于征兵随机数的产生机制使参军资格完全独立于个体特征，但参军资格却对是否参军具有重要影响，因而，参军资格成为一个天然的工具。用 Z_i 来表示参军资格，$Z_i=1$ 表示获得参军资格（即个人生日对应的随机数低于门槛），$Z_i=0$ 表示没有参军资格。获得参军资格参军的可能性会更大，除非由于身体或升学原因才能免除参军义务。用 D_i 表示最终是否参军，$D_i=1$ 表示个体 i 在越战期间参军了，$D_i=0$ 表示没有参军。Z_i 和 D_i 之间密切相关，由于征兵随机数生成的随机性，可以认为 Z_i 独立于个体的潜在收入，即是否获得参军资格并不直接影响个人收入，因而 Z_i 是一个合适的工具变量。

表 7.2　越战期间参军对美国白人男性收入影响的 Wald 估计量

年份	收入(Y_i)		参军状态(D_i)		Wald 估计量 (5)
	均值 (1)	资格效应 (2)	均值 (3)	资格效应 (4)	
1981	16461	−435.8 (210.5)	.267	.159 (.040)	−2741 (1324)
1971	3338	−325.9 (46.6)			−2050 (293)
1969	2299	−2.0 (34.5)			

注：来自 Angrist(1990)。括号内为标准误差，样本容量为 13500。资格效应是有资格和没有资格观测结果平均值之差，即对应于 Wald 估计量分子和分母上的部分。

表 7.2 列出的是出生于 1950 年的美国白人，1970 年他们面临服兵役，从而受到影响。第 1 列是对应年份的平均收入，第 2 列资格效应是对应于有资格的个体和没有资格的个体平均收入的差额，即 $E[Y_i|Z_i=1]-E[Y_i|Z_i=0]$。可以看到 1971 年参军 1 年后，两组人群收入就有差异，有资格的人和没有资格的人相比，平均收入下降 326 美元。十年之后，当年获得参军资格的个体平均收入仍然显著低于另一组人群，平均收入下降 436 美元。然而，1969 年两组人群（参军之前的）平均收入并没有显著差异，这说明参军资格并没有直接影响个人收入，而可能是通过参军影响到收入。第 3 列显示，1950 年出生的美国白人中参军者占 26.7%，第 4 列资格效应说明有参军资格的参军可能性比没有参军资格的参军可能性要高 15.9%，即 $E[D_i|Z_i=1]-E[D_i|Z_i=0]$。第 5 列是相应的 Wald 估计量，反映的是参军(D_i)对个人收入(Y_i)的影响，结果显示，参军一年后，个人收入就因为参军而降低了 2050 美元，十年后，影响仍然存在，参军使收入降低 2741 美元。Angrist(1990) 从参军影响个人在劳动力市场上的人力资本积累的角度提供了一种解释。

有效的工具变量需要满足相关性和外生性两个基本条件，相关性很容易检验，第一阶段的回归系数即可以反映出工具变量是否与原因变量相关，可以利用 t 统计量或 F 统计量进行检验。困难的是对外生性的判断，很多时候是依赖于研究者对所研究问题的制度背景的把握和经济直觉。[①] Wald 估计量的一个

---

① 如果一个内生变量有多个工具变量，在同质性工具变量法框架下，可以用过度识别检验来考察外生性条件是否成立，即 $H_0: E[Z_i \eta_i]=0$，相应样本矩记为 $m(\Gamma_{2sls})=1/N \sum_i Z_i \eta_i)$，检验估计量为 $J=N_m(\Gamma_{2SLS}) \Lambda^{-1} m(\Gamma_{2SLS}) \sim \chi^2(Q-1)$，其中 Q 为工具变量数目。详细讨论可以参考 Angrist and Pischke(2009)；洪永淼(2011)。

重要优势是识别外生性假设比较直观,Wald 估计量识别因果效应的主要依据是,$E[Y_i|Z_i]$ 随 Z_i 变化的唯一原因是 $E[D_i|Z_i]$ 随 Z_i 变化造成的。[①] 而对于这一点可以有两种办法,一种办法是检验工具变量 Z_i 是否与影响 Y_i 的观测变量 X_i 相关,如果 Z_i 与部分影响 Y_i 的观测变量 X_i 相关,则说明工具变量还通过其他途径影响到 Y_i,尤其是担心 Z_i 也可能通过影响 Y_i 的未观测因素影响到 Y_i,从而不满足外生性。上文中,作者利用 1969 年的收入,观察工具是否影响收入,发现工具对收入没有影响,从而说明工具没有通过影响收入的其他因素影响到收入,就是利用了这种方法。另一种方法是利用 Z_i 与 D_i 不相关的样本,检验 Z_i 是否与 Y_i 相关,这种方法依赖于数据。Angrist(1990)指出,1973 年美国也针对 1953 年出生的个体实施了征兵随机数的分配,但是,国防部最终没有根据这一数字进行征兵,从而使作者获得一个工具与原因变量没有关系的子样本,利用 1953 年出生的个人的数据,发现参军资格与个人收入之间没有关系,从而证明征兵随机数不会直接影响个人收入。这两种方法可以用图 7.4 表示,为了检验工具 Z 只通过 D 这一途径影响 Y,而不会通过其他影响 Y 的变量影响 Y。图 7.4(a)是检验 Z 与 X 是否相关。这一方法并不完全充分,事实上,如果 Z 与 X 相关,X 可以观测,则我们可以利用后门规则,控制 X 后,Z 只要不与未观测变量 v 相关,Z 仍然满足外生性,是有效的工具变量。图 7.4(b)是 Z 与 D 没有关系时,检验 Z 与 Y 是否相关,如果 Z 与 Y 不相关,则说明 Z 没有通过其他影响 Y 的因素影响到 Y。

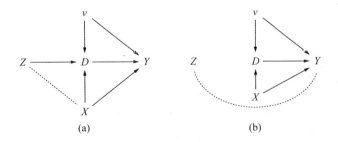

图 7.4 外生性条件的检验方法

---

① 有些人认为,要检验 Z 只通过 D 影响 Y,而不通过其他路径影响 Y,可以通过控制 D 后检验 Z 和 Y 之间是否相关。这种方法具有一定的作用,如果控制 D 后发现 Z 与 Y 不相关,可以说明 Z 仅通过 D 影响 Y,从而 Z 满足外生性条件。但是,如果发现控制 D 后,Z 与 Y 相关,并不能说明 Z 不满足外生性条件。图 7.1(b)中 Z 是有效的工具变量,满足外生性,由于 D 是 Z 和 A 的交汇变量(collider),以 D 为条件,Z 和 A 将表现出相关性,从而 Z 与 Y 之间表现出相关性。因而,如果控制 D 后发现 Z 与 Y 相关,并不能说明工具变量不满足外生性条件。

工具变量估计量是一致估计量,只有当样本容量足够大时,工具变量估计量才接近于真实值,在有限样本下,估计偏差可能会比较大,尤其当工具变量外生性条件不满足并且存在弱工具变量时,工具变量估计量的估计偏差可能会更大。回到(7.4)式,如果 $\text{Cov}(\eta_i, Z_i) \neq 0$,则

$$\tau_{\text{IV}} = \frac{\text{Cov}(Y_i, Z_i)}{\text{Cov}(D_i, Z_i)} + \frac{\text{Cov}(\eta_i, Z_i)}{\text{Cov}(D_i, Z_i)}$$

$$= \tau + \frac{\text{Cov}(\eta_i, Z_i)}{\text{Cov}(D_i, Z_i)}$$

其中 $\frac{\text{Cov}(\eta_i, Z_i)}{\text{Cov}(D_i, Z_i)}$ 是估计偏差,如果此时工具变量相关性不强,存在弱工具变量问题,即 $\text{Cov}(D_i, Z_i)$ 比较小,即使 $\text{Cov}(\eta_i, Z_i)$ 比较小,也可能产生很大的估计偏差。

即使使用完全随机化产生的工具变量也不能完全保证外生性条件的成立。比如,Angrist(1990)利用征兵随机数作为参军状态的工具变量识别参军对个人收入的影响;Heckman(1997)指出,征兵随机数分配之后,国防部公布门槛之前,如果雇主根据雇员的随机数进行相应的人力资本投资,对于那些随机数较小、参军可能性较大的雇员,降低他们的职业培训机会或安排他们从事一些短期性的工作,从而他们的收入相对较低,就会使征兵随机数和个人收入相关,征兵随机数不再满足外生性要求。

传统工具变量法假设干预对所有个体的影响是相同的,而现实中干预的影响往往是异质的,同样的政策干预对有些个体影响大,对有些个体影响小,同样是接受大学教育,有些人因此收入有很大提高,有些人收入并没有因教育而变化多少,因而,同质性假设往往不符合现实。如果干预对个体的影响具有异质性,工具变量只是识别一部分个体的平均因果效应,不能将工具变量估计量解释为总体的平均因果效应或简单地解释为干预组的平均因果效应。不同的工具变量往往估计的是不同群体的平均因果效应,因而,不同的工具识别不同的因果效应参数,下一节将对此进行详细讨论。

第二节 异质性工具变量法

下面讨论异质性框架下的工具变量法。所谓异质性是指干预对个体的影响会因人而异,同样一项政策对不同的人的影响可能会不同,同样完成了大学教育,有些人收入提高很多,有些人收入没有太大提高。现实中,异质性

是常态。Imbens and Angrist(1994)、Angrist et al.(1996)首先将异质性因果效应引入工具变量法，利用潜在结果框架的语言重新表述了工具变量法，从而使工具变量法的解释更加清晰。仍然从二元工具变量出发，并引入一些新的符号。

用 $Y_i(d,z)$ 表示个体 i 在干预状态 $D_i=d$ 和工具变量 $Z_i=z$ 下的潜在结果，为分析简便，这里原因变量 D_i 和工具变量 Z_i 均为二元变量，从而我们将有4个潜在结果，分别对应于 (D_i,Z_i) 四种取值状态。$Y_i(1,Z_i)-Y_i(0,Z_i)$ 表示相同工具变量取值情况下的个体因果效应，$Y_i(D_i,1)-Y_i(D_i,0)$ 表示相同干预变量取值下，工具变量对结果的个体因果效应。可以将工具变量对结果变量的影响看作一因果链，工具变量 Z_i 直接影响原因变量 D_i，原因变量 D_i 最终影响到结果变量 Y_i。为了反映工具变量 Z_i 对原因变量 D_i 的因果影响，令 D_{1i} 表示工具变量 $Z_i=1$ 时原因变量的取值，D_{0i} 表示工具变量 $Z_i=0$ 时原因变量取值，原因变量依赖于工具变量的状态，从而观测到的原因变量 D_i 可以写为：

$$D_i = D_{0i} + (D_{1i}-D_{0i})Z_i = \pi_0 + \pi_{1i}Z_i + \varepsilon_i \qquad (7.18)$$

其中 $\pi_0 = E[D_{0i}]$，$\pi_{1i} \equiv D_{1i}-D_{0i}$，$\varepsilon_i = D_{0i}-E[D_{0i}]$。$\pi_{1i}$ 是工具变量对原因变量的个体因果效应，允许不同个体对工具变量的反应不同，因而，有下标 i。与潜在结果一样，D_{1i} 和 D_{0i} 只能观察到一个，以 Angrist(1990) 为例，Z_i 表示是否有参军资格，D_{0i} 表示没有参军资格时个体的参军状态，D_{1i} 表示有参军资格时个体的参军状态，两者之差则反映了参军资格对个体参军状态的影响。为了考察异质性情况下工具变量法的基本内含，引入几个关键假设。

第一个假设是独立性假设，它要求工具变量类似于完全随机化分配的，独立于所有的潜在结果。

例7.1(独立性假设)

$$\{\{Y_i(d,z); \forall d,z\}, D_{0i}, D_{1i}\} \perp\!\!\!\perp Z_i \qquad (7.19)$$

在这一假设下，简化式 Y_i 对 Z_i 回归的回归系数可以写为：

$E[Y_i \mid Z_i=1] - E[Y_i \mid Z_i=0] = E[Y_i(D_{1i},1)] - E[Y_i(D_{0i},0)]$

同样地，第一阶段 D_i 对 Z_i 的回归系数可以写为：

$E[D_i \mid Z_i=1] - E[D_i \mid Z_i=0]$

$= E[D_{1i} \mid Z_i=1] - E[D_{0i} \mid Z_i=0] = E[D_{1i}-D_{0i}] \qquad (7.20)$

第二个假设是排除性假设(exclusion assumption)，它要求工具变量排除在所关心的因果效应模型之外，工具变量不直接影响潜在结果。

例 7.2(排除性假设)

$$Y_i(d,0) = Y_i(d,1), \quad d = 0,1 \tag{7.21}$$

排除性假设说明一旦原因变量 D_i 取值给定,工具变量 Z_i 不会改变潜在结果,或者说一旦原因变量取值给定,潜在结果不依赖于工具变量。在这一假设下,前面所讲的 4 个潜在结果又会恢复到 2 个,从而可以用原来的潜在结果符号,即

$$Y_{0i} \equiv Y_i(0,1) = Y_i(0,0)$$
$$Y_{0i} \equiv Y_i(1,1) = Y_i(1,0)$$

独立性假设和排除性假设两者结合起来,实际上是上一节工具变量的外生性要求。但外生性假设要求工具变量与模型未观测因素不相关,但并不清楚怎么样才能不相关。现在将这一假设具体化为两个假设,对工具变量的外生性要求就更加清楚了。独立性假设要求工具变量对结果有因果影响,但排除性假设则要求原因变量一旦确定,工具变量排除在因果模型之外,从而说明工具变量只通过影响原因变量这一唯一途径影响潜在结果。

例 7.3(单调性假设)

$$D_{1i} \geqslant D_{0i} \quad 或者 \quad D_{1i} \leqslant D_{0i} \tag{7.22}$$

单调性假设是说工具变量对个体的影响方向一致。比如,单调性 $D_{1i} \geqslant D_{0i}$ 成立,表示当工具变量由 0 变为 1 时,会推动部分个体干预变量的选择由 0 变为 1,而不会出现个体干预变量选择由 1 变为 0 的情况。当给个体参与资格时,受到影响的个体就会选择接受资格从而选择参与,在正向单调性假设下,不会出现给予资格时,他反而选择退出的情况。很多时候,单调性假设是合理的。

在正向单调性下,$D_{1i} \geqslant D_{0i}$,当工具变量由 $Z_i = 0$ 变为 $Z_i = 1$ 时,原因变量 D_i 只有三种可能性,$D_{0i} = D_{1i} = 0$、$D_{0i} = D_{1i} = 1$、$D_{0i} = 0$ 且 $D_{1i} = 1$。第一种情况,无论工具变量怎么变化,个体总是选择不参与,这种个体称为从不参与者(never takers)。第二种情况,无论工具变量怎么变化,个体总是选择参与,因而称为总是参与者(always takers)。第三种情况,个体选择会随着工具变量变化而变化,并且遵守工具变量的激励,不给予资格就不参与,给予资格就会参与,这类个体称为依从者(compliers)。还有一种个人,满足 $D_{0i} = 1$ 且 $D_{1i} = 0$,这种个体不给予他资格时他偏要参与,而给予他资格时他不参与,因而称为叛逆者(defiers)。但在正向单调性假设下,不会出现叛逆者。如果是负向的单调性假设 $D_{1i} \leqslant D_{0i}$ 成立,则包含叛逆者,不包含依从者。很多时候正向单调性假设更符合现实,因而,后文若无特别说明,单调性均指正向单调性。

给定独立性假设、排除性假设、单调性假设和第一阶段存在四个基本条件

下,工具变量估计测度可以解释为受到工具变量影响的这一部分个体的平均因果效应,这一因果效应测度通常称为局部平均因果效应(Local Average Treatment Effect,LATE)。

定理 7.1(LATE 定理(Imbens and Angrist, 1994))　假设

(1) 独立性,$\{Y_i(D_{0i},0),Y_i(D_{1i},1),D_{0i},D_{1i}\} \perp Z_i$

(2) 排除性,$Y_i(d,0)=Y_i(d,1)$,$d=0,1$

(3) 第一阶段存在,$E[D_{1i}-D_{0i}] \neq 0$

(4) 单调性,$D_{1i} \geq D_{0i}$

则

$$\frac{E[Y_i \mid Z_i=1]-E[Y_i \mid Z_i=0]}{E[D_i \mid Z_i=1]-E[D_i \mid Z_i=0]} = E[Y_{1i}-Y_{0i} \mid D_{1i}>D_{0i}] \quad (7.23)$$

(7.23)左边是 Wald 估计测度,对应于工具变量估计测度,右边 $D_{1i}>D_{0i}$ 等价于 $D_{1i}=1,D_{0i}=0$,即依从者。因而,定理 7.1 说明,如果满足上述四个基本假设,那么工具变量估计测度估计的是依从者的平均因果效应。[①] LATE 定理 7.1 非常重要,告诉我们工具变量到底估计的是什么参数,工具变量估计量估计的是依从者的平均因果效应。在异质性因果效应框架下,不能简单地将工具变量估计解释为总体的平均因果效应,工具变量只能估计出受工具变量影响的这一部分群体的平均因果效应,那些对该工具变量没有反应的个体的平均因果效应是没有办法利用工具变量法估计出来的。工具变量可以识别因果效应,得到可信的因果效应参数估计,从而具有内部有效性。但由于工具变量只能估计出依从者的平均因果效应,而依从者的因果效应并不一定能推广到其他个体,从而不一定具有外部有效性。利用工具变量法进行因果效应估计时,必须要清楚这一点,不能将工具变量估计量直接推广到其他群体。在 Angrist and Krueger (1991)一文中,工具变量估计量可以解释为那些准备在 16 岁退学的孩子的教育收益率,这些孩子有可能是相对学习能力比较差的学生,也可能是其上学机会成本比较大的学生,他们的教育收益率可能与总体的教育收益率不同。Angrist(1990)估计的是那些没有参军资格就不参军而给予参军资格就会参军的群体的平均因果效应,参军资格工具变量不能估计出自愿参军者或免除参军义务者的平均因果效应。

在异质性因果效应框架下,工具变量估计量估计的是依从者的平均因果效应,因而,工具变量不同,工具变量的依从者通常也会不同,因而,不同的工具变

[①] 如果使用负向单调性假设,则工具变量估计测度表示为叛逆者的平均因果效应。

量将会识别不同的因果效应参数,得到不同的估计结果。工具变量只能识别对其有反应的人群的平均因果效应。如果有多个工具变量,两阶段最小二乘估计量将是各工具变量估计的局部平均因果效应的加权平均值(Angrist and Pischke,2009),很难解释其经济意义,因为不同工具估计不同人群的因果效应,加权平均之后代表的是哪部分群体很难定义,因而,在异质性框架下,最好利用单一的工具来估计特定人群的平均因果效应(Morgan and Winship,2015)。下面给出 LATE 定理的证明。

证明 首先,Wald 估计测度分子部分,

$$E[Y_i \mid Z_i = 1] = E[Y_{0i} + (Y_{1i} - Y_{0i})D_i \mid Z_i = 1]$$
$$= E[Y_{0i} + (Y_{1i} - Y_{0i})D_{1i} \mid Z_i = 1]$$
$$= E[Y_{0i} + (Y_{1i} - Y_{0i})D_{1i}]$$

其中第一行和第二行利用观测结果与潜在结果之间的关系,第三行利用独立性假设。

同样地,

$$E[Y_i \mid Z_i = 0] = E[Y_{0i} + (Y_{1i} - Y_{0i})D_{0i}]$$

两式相减,得:

$$E[Y_i \mid Z_i = 1] - E[Y_i \mid Z_i = 0] = E[(Y_{1i} - Y_{0i})(D_{1i} - D_{0i})] \quad (7.24)$$

单调性假设意味着 $D_{1i} - D_{0i}$ 等于 1 或 0,所以

$$E[(Y_{1i} - Y_{0i})(D_{1i} - D_{0i})] = E[Y_{1i} - Y_{0i} \mid D_{1i} > D_{0i}] \Pr[D_{1i} > D_{0i}]$$

同样地,可以得到:

$$E[D_i \mid Z_i = 1] - E[D_i \mid Z_i = 0] = E[D_{1i} - D_{0i}] = \Pr[D_{1i} > D_{0i}] \quad (7.25)$$

(7.24)/(7.25)即得证。

下面看一下为什么要引入单调性假设,如果没有单调性假设,$D_{1i} - D_{0i}$ 将可以取 0、1、−1 三个值,Wald 估计测度分子上的部分可以写成:

$$E[Y_i \mid Z_i = 1] - E[Y_i \mid Z_i = 0]$$
$$= E[(Y_{1i} - Y_{0i})(D_{1i} - D_{0i})]$$
$$= E[Y_{1i} - Y_{0i} \mid D_{1i} > D_{0i}] \Pr[D_{1i} > D_{0i}]$$
$$- E[Y_{1i} - Y_{0i} \mid D_{1i} < D_{0i}] \Pr[D_{1i} < D_{0i}]$$

其中第一项是依从者的平均因果效应乘以依从者在总体中的比重,第二项为叛逆者的平均因果效应乘以叛逆者在总体中的比重。此时,工具变量估计量估计的是这两类群体平均效应的加权平均,最终结果将无法解释,尤其两者的效应可能相互抵消,从而工具变量得到没有影响的结果,但事实上干预对这两类人

均有影响。正向单调性可以保证总体中没有叛逆者,消除了第二项影响,从而可以将工具变量估计量解释为对依从者平均因果效应的估计。在传统工具变量法中,由于假设因果效应是同质的,单调性假设是不需要的,利用上式,如果假设个体因果效应为常数,即 $\tau_i = \tau$,则

$$E[Y_i \mid Z_i = 1] - E[Y_i \mid Z_i = 0]$$
$$= \tau\{\Pr[D_{1i} > D_{0i}] - \Pr[D_{1i} < D_{0i}]\} = \tau E[D_{1i} - D_{0i}]$$

从而 Wald 估计测度就等于总体平均因果效应 τ。

1. 谁是依从者

LATE 定理告诉我们,工具变量法估计的是依从者的平均因果效应。谁是依从者呢?根据上文的定义,依从者是那些会依从于工具变量取值的个体,即 $Z_i = 0$ 时,其个人选择 $D_{0i} = 0$,$Z_i = 1$ 时,其个人选择 $D_{1i} = 1$。但是,对于任一个体 i,其对应工具变量要么 $Z_i = 0$,要么 $Z_i = 1$,在数据中不可能同时看到个体 i 在两个工具变量取值下的选择,或者说潜在结果 D_{0i}、D_{1i} 只能观测到 1 个,也就是说,一般而言,谁是依从者是无法观测到的。所能观测到的是 D_i,谁接受干预谁没有接受干预是可以观测的,我们关心的因果效应参数往往是定义在可观测的原因变量基础上的,比如干预组平均因果效应(ATT)或控制组平均因果效应(ATC),然而依从者往往与接受干预者和没有接受干预者并不完全相同,因而,LATE 往往不能解释为 ATT 或 ATC。但是,在一些特殊的情况下,可以识别出部分依从者。

首先讨论干预组中个体的构成,因为 $D_i = D_{0i} + (D_{1i} - D_{0i})Z_i$。因而,$D_i = 1$ 等价于 $D_{0i} = 1, (D_{1i} - D_{0i})Z_i = 0$ 或 $D_{0i} = 0, (D_{1i} - D_{0i})Z_i = 1$。在正向单调性假设下,$D_{0i} = 1$ 意味着 $D_{1i} = 1$,从而这部分个体为总是参与者。另一部分 $D_{0i} = 0, D_{1i} - D_{0i} = 1$ 且 $Z_i = 1$,说明 $D_{1i} = 1, D_{0i} = 0$,是依从者。因而,干预组中包括两部分群体:总是参与者和依从者,因而,

$$\underbrace{E[Y_{1i} - Y_{0i} \mid D_i = 1]}_{\text{干预组平均因果效应}} = \underbrace{E[Y_{1i} - Y_{0i} \mid D_{0i} = 1]}_{\text{总是参与者平均因果效应}} \Pr[D_{0i} = 1 \mid D_i = 1]$$
$$+ \underbrace{E[Y_{1i} - Y_{0i} \mid D_{1i} > D_{0i}]}_{\text{依从者平均因果效应}} \Pr[D_{1i} > D_{0i}, Z_i = 1 \mid D_i = 1] \quad (7.26)$$

也就是说,干预组平均因果效应实际上是总是参与者和依从者这两类人的平均因果效应的加权平均,而工具变量法只能识别出依从者的平均因果效应,如果干预组中总是参与者比重非常小,依从者的比重非常大,那么工具变量估计量可以近似地估计出干预组的平均因果效应。

对于控制组中个体的构成,类似地,控制组中也包括两种个体:从不参与者和依从者,因而,控制组平均因果效应可以写为:

$$\underbrace{E[Y_{1i}-Y_{0i}\mid D_i=0]}_{\text{控制组平均因果效应}}=\underbrace{E[Y_{1i}-Y_{0i}\mid D_{1i}=0]}_{\text{从不参与者平均因果效应}}\Pr[D_{1i}=0\mid D_i=0]$$

$$+\underbrace{E[Y_{1i}-Y_{0i}\mid D_{1i}>D_{0i}]}_{\text{依从者平均因果效应}}\Pr[D_{1i}>D_{0i},Z_i=0\mid D_i=0] \quad (7.27)$$

同样地,如果控制组中从不参与者很少的话,工具变量估计量可以近似地解释为控制组平均因果效应。

在一些特殊的设计中,可以识别出部分的依从者。比如,在研究孩子数量对女性劳动力供给的影响时,Angrist et al. (2010)利用第二胎是否是双胞胎作为生育第三个孩子的工具变量。如果第二胎是双胞胎 $Z_i=1$,那么肯定会有第三个孩子 $D_i=1$,不会出现有双胞胎而没有第三个孩子的情形,即不可能出现 $D_{1i}=0$,换言之,不会出现从不参与者,从而在控制组中全部是依从者,这时工具变量估计量可以解释为控制组平均因果效应。另一个例子是 Oreopoulos (2006),作者利用英国 1947 年义务教育法将法定退学年龄由 14 岁提高到 15 岁的自然实验作为工具变量,估计英国的教育收益率。$Z_i=1$ 表示退学年龄提高到 15 岁,$Z_i=0$ 表示退学年龄为 14 岁,D_i 表示受教育程度,受到该工具变量影响的主要是在 14 岁准备退学的个体。由于法律的强制性,当法定退学年龄提高到 15 岁时,14 岁退学的人非常少了,作者数据显示,14 岁退学比例由 1946 年的 60% 下降到 1948 年的不足 10%。这种情况下,也不存在从不参与者,控制组中几乎全部是依从者,工具变量估计量可以解释为控制组平均因果效应,即工具变量估计的是那些 15 岁退学的个体的教育收益率。

一般情况下,依从者是无法观测到的,干预组和控制组中均包含依从者,但又不完全是依从者。因而,了解依从者在总体中的比重及依从者的基本特征有助于了解工具变量估计量的解释能力,为此,可以计算总体中依从者的占比,以及干预组和控制组中依从者的占比。

总体中依从者的占比上文已经计算过,就是第一阶段(7.20)(7.25),即
$$\Pr[D_{1i}>D_{0i}]=E[D_{1i}-D_{0i}]=E[D_i\mid Z_i=1]-E[D_i\mid Z_i=0] \quad (7.28)$$

干预组中依从者的比重为:
$$\Pr[D_{1i}>D_{0i}\mid D_i=1]=\frac{\Pr[D_i=1\mid D_{1i}>D_{0i}]\Pr[D_{1i}>D_{0i}]}{\Pr[D_i=1]}$$
$$=\frac{\Pr[Z_i=1]\{E[D_i\mid Z_i=1]-E[D_i\mid Z_i=0]\}}{\Pr[D_i=1]} \quad (7.29)$$

其中第二行利用了
$$\Pr[D_i=1\mid D_{1i}>D_{0i}]=\Pr[Z_i=1\mid D_{1i}>D_{0i}]$$

即对于依从者而言,原因变量和工具变量完全一致。由独立生假设:
$$\Pr[Z_i = 1 \mid D_{1i} > D_{0i}] = \Pr[Z_i = 1]$$
依从者占总体的比重 $\Pr[D_{1i} > D_{0i}]$ 等于第一阶段参数估计 $E[D_i \mid Z_i = 1] - E[D_i \mid Z_i = 0]$。同样地,控制组中依从者的比重为:

$$\Pr[D_{1i} > D_{0i} \mid D_i = 0]$$
$$= \frac{(1 - \Pr[Z_i = 1])\{E[D_i \mid Z_i = 1] - E[D_i \mid Z_i = 0]\}}{1 - \Pr[D_i = 1]} \quad (7.30)$$

根据上述公式(7.28)(7.29)(7.30)可以估计出依从者在总体中、干预组中及控制组中的比重,从而可以判断依从者的代表性。如果依从者所占比重比较大,那么工具变量估计量的解释力可能会更强。如果依从者所占比重较小,那么,所得到的工具变量估计量就不能简单地解释为总体的平均因果效应或者干预组平均因果效应,只能解释为对工具变量有反应的人群的平均因果效应。

尽管可以计算出依从者的比重,但仍然无法识别出谁是依从者,从而无法将依从者分离出来。但是,可以大概地了解依从者的基本特征,假设 X_i 为一二元变量,比如表示是否为大学教育,则可以计算依从者中是大学教育的可能性,

$$\frac{\Pr[X_i = 1 \mid D_{1i} > D_{0i}]}{\Pr[X_i = 1]} = \frac{\Pr[D_{1i} > D_{0i} \mid X_i = 1]}{\Pr[D_{1i} > D_{0i}]}$$
$$= \frac{E[D_i \mid Z_i = 1, X_i = 1] - E[D_i \mid Z_i = 0, X_i = 1]}{E[D_i \mid Z_i = 1] - E[D_i \mid Z_i = 0]} \quad (7.31)$$

其中分母反映的是总体中依从者的比重,分子表示的是具有大学教育特征的总体中依从者的比重。如果上式大于1,说明依从者中大学教育者可能性更大。通过计算上述公式,可以大概地了解依从者具有什么样的基本特征。

2. 引入协变量

有时无法寻找到满足完全独立于潜在结果的工具变量,我们可以引入条件独立性假设,工具变量满足以协变量为条件后独立于潜在结果,即
$$\{Y_{0i}, Y_{1i}, D_{0i}, D_{1i}\} \perp Z_i \mid X_i \quad (7.32)$$
这里相当于假设工具变量 Z_i 类似于分层随机化实验产生的数据,在相同的协变量层内 $X_i = x$,工具变量独立于潜在结果,可以用因果图 7.5 描述此时的识别方法。Z 本身不是独立于所有潜在结果的,Z 到 D 和 Y 存在后门路径 $Z \rightarrow X \rightarrow D$ 和 $Z \rightarrow X \rightarrow Y$,但是一旦控制协变量 X,这两条后门路径均可以阻断,从而满足 Z 仅通过 D 影响 Y,即满足独立性和排除性假设。因而,可以根据 X 分层,在层内,Z 满足独立性假设。假设在层内也满足正向单调性和第一阶段存

在,则上文的 LATE 定理在协变量 X 层内仍然满足,从而

$$\frac{E[Y_i \mid X_i, Z_i = 1] - E[Y_i \mid X_i, Z_i = 0]}{E[D_i \mid X_i, Z_i = 1] - E[D_i \mid X_i, Z_i = 0]}$$
$$= E[Y_{1i} - Y_{0i} \mid X_i, D_{1i} > D_{0i}] \equiv \tau_c(X_i) \quad (7.33)$$

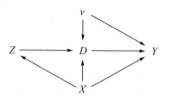

图 7.5　引入协变量后的工具变量识别

即在协变量层内,如果满足独立性、排除性、第一阶段和单调性四个假设,层内工具变量估计量 $\tau_c(X_i)$ 可以解释为具有特征 X_i 的依从者的平均因果效应。如果想得到依从者的无条件平均因果效应,可以利用协变量的分布进行加权,即

$$E[Y_{1i} - Y_{0i} \mid D_{1i} > D_{0i}] = E[\tau_c(X_i) \mid D_{1i} > D_{0i}] \quad (7.34)$$

假设 X_i 为离散变量,则上式可以写成:

$$E[Y_{1i} - Y_{0i} \mid D_{1i} > D_{0i}] = \sum_x \tau_c(x) \Pr[X_i = x \mid D_{1i} > D_{0i}]$$
$$= \sum_x \tau_c(x) \frac{\Pr[X_i = x] \Pr[D_{1i} > D_{0i} \mid X_i = x]}{\Pr[D_{1i} > D_{0i}]}$$
$$= \sum_x \tau_c(x) \frac{\Pr[X = x]\{E[D_i \mid X_i = x, Z_i = 1] - E[D_i \mid X_i = x, Z_i = 0]\}}{E[D_i \mid Z_i = 1] - E[D_i \mid Z_i = 0]}$$
(7.35)

上式中权重正是前面计算的具有特征 $X_i = x$ 依从者所占的相对比重(7.31),可以根据数据计算出来。当然,如果将第一阶段和简化式均表示为饱和回归模型,具有协变量调整的工具变量法也可以用两阶段法估计量来进行表示,即

$$D_i = \pi_X + \pi_{1X} Z_i + \varepsilon_{1i} \quad (7.36)$$

其中 π_X 表示根据 X_i 的取值产生的虚拟变量,相当于 π_X 是一系列取值为 $1(X_i = x)$ 的协变量系数, π_{1X} 是工具变量与一系列协变量取值交叉项的系数,同样地,简化式写为:

$$Y_i = \alpha_X + \tau_c D_i + \eta_i \quad (7.37)$$

则得到的两阶段回归估计量可以表示为:

$$\tau_c = E[w(X_i) \tau_c(X_i)] \quad (7.38)$$

其中,

$$w(X_i) = \frac{\text{Var}(E[D_i \mid X_i, Z_i] \mid X_i)}{E[\text{Var}(E[D_i \mid X_i, Z_i] \mid X_i)]}$$

$$\text{Var}(E[D_i \mid X_i, Z_i] \mid X_i)$$
$$= E\{E[D_i \mid X_i, Z_i](E[D_i \mid X_i, Z_i] - E[D_i \mid X_i]) \mid X_i\}$$

3. 随机化实验与工具变量法

在随机化实验中,通过随机机制可以将个体分配到干预组和控制组。但是在现实的随机化实验中,会出现非依从的现象。分配到干预组的个体有可能不愿意接受积极的干预,而分配到控制组的个体有时希望接受干预,从而随机化分组和实际是否接受干预之间不一致。有些时候,由于控制组往往不需要施加任何积极的干预,因而,实验者可以控制分配到控制组的个体接受积极干预,但是,分配到干预组的个体需要接受积极的干预,如果参与者不愿意接受,实验者往往不能进行强制,从而出现分配到干预组的个体退出积极干预的情况,出现单边的非依从现象,即分配到控制组的个体都会依从于分配,保持在控制组里面,但分配到干预组的个体,有些可能不愿意接受积极干预而不依从于分配,退出干预组,从而回到控制组中。这种情况下,我们不能用接受干预的个体和没有接受干预的个体的结果直接进行比较,因为接受干预的个体可能存在着选择性样本。

考虑例 3.1 提到的关于培训的随机化实验,通过随机机制将有资格的个体分配到干预组和控制组,干预组个体将接受政府资助的职业培训,而控制组个体没有相应的职业培训。被分配到干预组的个体有些没有参与职业培训,可能是他找到了更好的工作,或其他原因。如果退出干预组的个体都是那些相对就业能力更强的个体,那么最终真正接受培训的干预组个体将与控制组个体不相同,由于分配到干预组中的能力较强者退出,剩下的都是相对能力较弱者,这样,实际接受干预的个体和没有接受干预的个体就不再具有可比性,根据实际实施的干预状态进行的比较分析存在着样本选择偏差。

在随机化实验中,出现这种非依从的现象后,不能根据实际实施的干预状态来进行分组比较,在医学中,通常使用所谓的意向性干预分析。意向性干预分析是指不管事后实际分组如何,仍然以原来的随机化分组为基础比较分析两组结果的差异,以避免根据实际分组可能造成的样本选择性偏差。用 Z_i 来表示随机化分配的干预状态,D_i 表示实际实施的干预状态,Y_i 表示事后的观测结果。那么意向性分析主要是考察随机化分配变量 Z_i 与 Y_i 之间的关系,由于 Z_i

是随机化分配的,因而,Z_i 对结果 Y_i 的影响可以用两组结果之差来进行测度,因而,Z_i 对 Y_i 的影响称为意向因果效应(Intention to Treat,ITT),定义为:

$$\tau_{\text{ITT}_Y} = E[Y_i \mid Z_i = 1] - E[Y_i \mid Z_i = 0] \tag{7.39}$$

意向因果效应并不完全是原因变量的因果影响,因为随机化分配的干预组中有一部分没有接受积极的干预。假设因果影响是正向的,那么 ITT 会低估干预组平均因果效应。实际上,在这种随机化实验中,可以利用工具变量法进行估计。由于干预分配的随机性,使 Z_i 独立于所有的潜在结果,而随机化分配的干预状态 Z_i 与实际接受的干预状态 D_i 之间密切相关。如果分配到干预组,则接受干预的可能性会更高,而分配到控制组,则不会接受干预。因而,随机化分配的干预状态 Z_i 天然是接受的干预状态 D_i 的有效工具变量。(7.39)估计出的意向因果效应实际上是工具变量法中简化式估计系数,可以利用第一阶段估计量去修正,只不过在单边非依从的情况下,所有接受干预的个人都是被随机化分配为干预组的个体,不存在被随机化分配到控制组而实际接受干预的个体,因而,

$$\Pr[D_i = 1 \mid Z_i = 0] = E[D_i \mid Z_i = 0] = 0$$

第一阶段简化为:

$$\tau_{\text{ITT}_D} = E[D_i \mid Z_i = 1] - E[D_i \mid Z_i = 0] = E[D_i \mid Z_i = 1]$$

从而,工具变量估计量为:

$$\tau_{\text{IV}} = \frac{\tau_{\text{ITT}_Y}}{\tau_{\text{ITT}_D}} = \frac{E[Y_i \mid Z_i = 1] - E[Y_i \mid Z_i = 0]}{E[D_i \mid Z_i = 1]} \tag{7.40}$$

如果出现双边非依从的现象,被分配到控制组中的个体有人接受了积极的干预,但接受干预的可能性应该更低。那么,仍然可以用随机化分配的干预状态 Z_i 作为实际接受的干预状态 D_i 的工具变量,那么,因果效应估计就是上文导出的结果(7.23)。

第三节 工具变量法的软件实现

1. 数据说明

本节使用的数据来自 Angrist and Krueger (1991)使用的 1980 年美国普查数据 5%的一个随机子样本,我们仅使用其出生在 1930—1939 年的样本,共 329509 个样本点,相应数据集为 angrist.dta。主要变量包括个人收入(LWK-

LYWGE)、个人年龄(AGE)、教育年限(EDUC)、出生年份(YOB)、出生季度(QOB)、8个地区虚拟变量、9个出生年份虚拟变量等信息。

2. Stata 软件中的工具变量估计命令

Stata 软件中的工具变量估计命令为 ivregress,它的基本语法和选项如下:

ivregress estimator depvar [varlist1] (varlist2 = varlist_iv) [if] [in] [weight] [, options]

estimator	Description
2sls	two-stage least squares (2SLS)
liml	limited-information maximum likelihood (LIML)
gmm	generalized method of moments (GMM)

options	Description
SE/Robust	
vce(vcetype)	vcetype may be unadjusted, robust, cluster clustvar, bootstrap, jackknife, or hac kernel
Reporting	
level(#)	set confidence level; default is level(95)
first	report first-stage estimates

ivregress 可以采用三种类型的估计量,除了前面介绍的两阶段最小二乘估计量 2sls,还包括有限信息极大似然估计 liml 和广义矩估计 gmm,这里重点考察两阶段最小二乘估计量。depvar 是被解释变量,varlist1 是观测协变量 X_i,为可选项,(varlist2 = varlist_iv)为必选项,等号左边为内生变量列表,等号右边为工具变量列表,选项 vce(vcetype)可以选择稳健标准误差 robust、聚类到分组变量 clustvar 的标准误差、自抽样标准误差等。选项 first 可以输出第一阶段估计结果。工具变量回归之后,还有三个相关的命令:estat endogenous、estat firststage、estat overid。ivregress 命令之后可以使用这三个命令进行相关的检验,estat endogenous 可以检验内生性是否存在,estat firststage 报告第一阶段回归的相关统计量,包括 R^2、F 检验等,estat overid 可以进行过度识别检验,如果工具变量数多于内生变量数时,在同质性框架下,可以使用过度识别检验检验外生性假设是否成立。

下面,估计一个简单的模型,只有教育一个内生变量,没有任何控制变量,

利用第一季度作为工具变量,两阶段最小二乘估计结果如下:

```
. ivregress 2sls LWKLYWGE (EDUC = QTR1),vce(robust) first
First-stage regressions
```

			Number of obs	=	329509
			F(1, 329507)	=	66.78
			Prob > F	=	0.0000
			R-squared	=	0.0002
			Adj R-squared	=	0.0002
			Root MSE	=	3.2809

EDUC	Coef.	Robust Std. Err.	t	P>|t|	[95% Conf. Interval]	
QTR1	-.1088179	.0133159	-8.17	0.000	-.1349166	-.0827192
_cons	12.79688	.0065712	1947.43	0.000	12.784	12.80976

Instrumental variables (2SLS) regression

			Number of obs	=	329509
			Wald chi2(1)	=	18.01
			Prob > chi2	=	0.0000
			R-squared	=	0.0946
			Root MSE	=	.64591

LWKLYWGE	Coef.	Robust Std. Err.	z	P>|z|	[95% Conf. Interval]	
EDUC	.101995	.0240315	4.24	0.000	.0548941	.1490959
_cons	4.597477	.306889	14.98	0.000	3.995985	5.198968

```
Instrumented: EDUC
Instruments: QTR1
```

因为加上了 first 选项,所以 ivregress 首先报告了第一阶段回归结果,反映了教育与出生季度之间的相关性,工具变量系数为 -0.11,t 值为 8.17,说明出生于第一季度的个体教育年限显著低于出生于其他季度的个体,平均低 0.11 年。接着报告第二阶段的估计结果,结果显示教育收益率为 10.2%,并且非常显著。如果不想报告第一阶段的结果,可以不加 first 选项。如果使用多个工具变量,工具变量估计结果之后可以利用 estat overid 进行过度识别检验以判断工具是否外生。下面用三个关于出生季度的虚拟变量 QTR1、QTR2、QTR3 作为教育的工具,重新估计并进行过度识别检验,结果如下:

```
. ivregress 2sls LWKLYWGE (EDUC = QTR1 QTR2 QTR3),vce(robust)
```

Instrumental variables (2SLS) regression	Number of obs	=	329509
	Wald chi2(1)	=	27.60
	Prob > chi2	=	0.0000
	R-squared	=	0.0937
	Root MSE	=	.64622

LWKLYWGE	Coef.	Robust Std. Err.	z	P>|z|	[95% Conf. Interval]	
EDUC	.1025976	.0195281	5.25	0.000	.0643233	.1408719
_cons	4.589781	.249385	18.40	0.000	4.100996	5.078567

Instrumented: EDUC
Instruments: QTR1 QTR2 QTR3
```
. estat overid
  Test of overidentifying restrictions:
  Score chi2(2)      =  2.88386 (p = 0.2365)
```

结果显示,教育收益率仍然为 10.3%,并且很显著。过度识别检验统计量服从自由度为 2 的卡方分布,可以利用卡方分布的临界值,软件已经计算出了相应的 p 值,p 值为 0.2365,远远高于 5% 的水平,因而,没有办法拒绝原假设,从而外生性条件 $H_0: E[Z_i\eta_i]=0$ 可能成立。

3. 估计教育收益率

在这一节,我们利用 30 年代出生的个体数据,以出生季度作为工具变量,重现 Angrist and Krueger (1991)的图 I、图 V 和表 IV。图 I 和图 V 描述的是平均教育年限、平均对数周工资与出生季度之间的关系,先利用 collapse 命令将数据平均到季度:

```
use angrist, clear // 将数据调入系统
gen year = YOB + (QOB-1)/4 //产生年份季度顺序变量
collapse (mean) EDUC LWKLYWGE, by(year) //将教育年限和收入平均到季度
twoway connected EDUC year, saving(educ, replace) // 画出教育与季度的关系图
twoway connected LWKLYWGE year, saving(lwage, replace) //画出收入与季度关系图
```

上述语句可以重现 Angrist and Krueger (1991)文中的图 I 和图 V,稍加修改即可以得到图 7.2 和图 7.3。下面,我们复制 Angrist and Krueger (1991)的表 IV。表 IV 估计了 8 个模型,4 个 OLS 回归,4 个 IV 回归,模型差别主要在于控制的协变量不同,1、2 列仅控制了出生年份,3、4 列进一步控制了年龄及其平

方、5、6 列控制了出生年份、所在地区、种族、城市及婚姻状态,7、8 列在 5、6 列基础上进一步控制年龄及其平方。使用的工具变量为所有出生季度及出生年份的交叉项,估计程序如下:

```
global YR "YR20 YR21 YR22 YR23 YR24 YR25 YR26 YR27 YR28" // 定义出生年份宏
global RG "NEWENG MIDATL ENOCENT WNOCENT SOATL ESOCENT WSOCENT MT" // 定义地区宏
global IV "QTR120 - QTR129 QTR220 - QTR229 QTR320 - QTR329 YR20 - YR28" // 定义工具变量宏
* * 估计 1、3、5、7 列 * * *
reg LWKLYWGE EDUC $YR
est sto ols1
reg LWKLYWGE EDUC $YR AGEQ AGEQSQ
est sto ols2
reg LWKLYWGE EDUC RACE MARRIED $YR $RG
est sto ols3
reg LWKLYWGE EDUC RACE MARRIED AGEQ AGEQSQ $YR $RG
est sto ols4
* * 估计 2、4、6、8 列 * * *
ivregress 2sls LWKLYWGE $YR (EDUC = $IV)
est sto iv1
ivregress 2sls LWKLYWGE $YR AGEQ AGEQSQ (EDUC = $IV)
est sto iv2
ivregress 2sls LWKLYWGE RACE MARRIED SMSA $YR $RG (EDUC = $IV)
est sto iv3
ivregress 2sls LWKLYWGE RACE MARRIED $YR $RG AGEQ AGEQSQ (EDUC = $IV)
est sto iv4
* * 估计结果表格输出到文件~angrist.rtf * *
esttab ols1 iv1 ols2 iv2 ols3 iv3 ols4 iv4 using angrist.rtf, ///
drop($YR $RG _cons) star( * .10 * * .05 * * * .01) b(%8.4f) se(%8.4f) ar2 ///
mtitle("OLS" "2SLS" "OLS" "2SLS" "OLS" "2SLS" "OLS" "2SLS") nogap replace
```

得到的估计结果见表 7.3:

表 7.3　美国教育收益率估计

	(1) OLS	(2) 2SLS	(3) OLS	(4) 2SLS	(5) OLS	(6) 2SLS	(7) OLS	(8) 2SLS
EDUC	0.0711***	0.0891***	0.0711***	0.0760***	0.0632***	0.0806***	0.0632***	0.0600**
	(0.0003)	(0.0161)	(0.0003)	(0.0290)	(0.0003)	(0.0164)	(0.0003)	(0.0290)
AGEQ			−0.0772	−0.0801			−0.0760	−0.0741
			(0.0621)	(0.0645)			(0.0604)	(0.0626)
AGEQSQ			0.0008	0.0008			0.0008	0.0007
			(0.0007)	(0.0007)			(0.0007)	(0.0007)
RACE					−0.2575***	−0.2302***	−0.2575***	−0.2626***
					(0.0040)	(0.0261)	(0.0040)	(0.0458)
MARRIED					0.2479***	0.2440***	0.2479***	0.2486***
					(0.0032)	(0.0049)	(0.0032)	(0.0073)
SMSA					−0.1763***	−0.1581***	−0.1763***	−0.1797***
					(0.0029)	(0.0174)	(0.0029)	(0.0305)
Year	Yes	Yes	Yes	Yes	Yes	Yes	Yes	Yes
Region	NO	NO	NO	NO	Yes	Yes	Yes	Yes
N	329509	329509	329509	329509	329509	329509	329509	329509
adj. R2	0.1177	0.1101	0.1177	0.1172	0.1650	0.1584	0.1650	0.1647

Standard errors in parentheses

* $p<.10$, ** $p<.05$, *** $p<.01$

第四节　总　　结

当条件独立性假设不成立时,回归和匹配方法都没有办法识别因果效应参数。如果能够找到与原因变量密切相关且不通过原因变量之外的其他途径影响结果变量的工具变量时,仍然可以识别出因果效应参数。在同质性因果效应假设下,满足相关性和外生性假设的工具变量可以识别出总体平均因果效应。但是,在异质性假设下,工具变量只能识别出受工具变量影响的部分群体的平均因果效应。由于不同的工具变量,对其有反应的依从者群体往往也不相同,从而不同的工具变量将识别不同的因果效应参数。因而,在利用工具变量估计因果效应参数时,如果没有足够的证据证明同质性假设成立,所得到的工具变量估计量在解释的时候一定要小心,不能简单地将工具变量估计量解释为总体的因果效应或干预组平均因果效应,必须考察依从者在总体或干预组中的代表性,不能简单地将依从者的因果效应推广到干预组或整个总体。

工具变量的选择非常重要,而工具变量的寻找也有相当的难度,往往是"自然的礼物"(Rosenzweig and Wolpin, 2000),必须对所研究问题和相关制度背景有深入的理解,才能找到合适的"自然实验"构造充分的工具变量。即使是来自于自然实验的工具,也不一定满足外生性(独立性和排除性)条件,比如上文提到的 Angrist（1990）所使用的征兵随机数工具，本身是随机机制产生的，但是如果雇主会根据随机数决定对个体的人力资本投资，使随机数与个人收入发生相关性，从而不满足外生性条件了（Heckman，1997）。

工具变量寻找如此困难，有没有其他办法克服内生性问题。如果有面板数据或多期截面数据，我们会有更多的办法，下一章将介绍多期数据的因果效应识别策略。

 推荐阅读

美国 MIT 教授 Joshua Angrist 在异质性工具变量法方面做出了很多贡献，在其教科书《几乎无害的计量经济学》中花费近 1/3 的篇幅介绍工具变量法，本章很大程度上参考了 Angrist and Pischke（2009）第 4 章的内容，建议读者阅读。Morgan and Winship（2015）第 9 章对工具变量也有较好的介绍。Imbens and Rubin（2015）第 21—23 章从实验的角度介绍了工具变量法。

第八章 面板数据方法

通过前面章节的学习,我们知道,如果条件独立性假设或非混杂性假设成立,可以利用回归分析或匹配方法得到因果效应参数的估计。如果条件独立性假设不成立,但是能够找到与原因变量相关但不通过其他路径(除通过原因变量这一途径)影响结果变量的工具变量,那么,利用工具变量可以得到依从者平均因果效应的估计。然而,工具变量往往很难寻找,它往往是"自然的礼物"。如果找不到合适的工具变量,是否有其他途径识别因果效应参数?如果有同一个体多期的数据或不同个体不同时期的数据,即面板数据或者重复截面数据,我们有新的工具可以解决未观测混杂因素的影响,从而识别因果效应参数。本章主要介绍面板数据的固定效应方法、双重差分法、合成控制法及萧政等人的回归合成方法。

第一节 固定效应方法

面板数据是截面个体有多期的数据,与截面数据每个个体只有一个样本点不同,面板数据中,每个个体都可以看到其多期的信息。为便于描述,仍然关注一个二元原因变量 D_{it} 对结果变量 Y_{it} 的因果影响,这里变量有两个下标,i 表示截面,t 表示时间。用 X_{it} 表示可观测的混杂因素,U_i 表示不可观测的混杂因素,但是未观测混杂不随时间变化。如果所有变量都是可以观测的,那么,可以通过控制所有的混杂因素而获得因果效应参数的估计,换言之,如果所有混杂因素均可观测,那么条件独立性假设成立,即

$$(Y_{1it}, Y_{0it}) \perp\!\!\!\perp D_{it} \mid X_{it}, U_i, t \tag{8.1}$$

其中 Y_{1it}、Y_{0it} 是对应于原因变量 D_{it} 取值的两个潜在结果,与以前章节的符号一致,只是现在有多期数据,因而多了一个下标 t。条件独立性假设成立意味着条件均值独立性成立,即

$$E[Y_{0it} \mid X_{it}, U_i, t, D_{it}] = E[Y_{0it} \mid X_{it}, U_i, t] \tag{8.2}$$

对于潜在结果 Y_{1it} 也有一个类似的公式。如果仅关心干预组平均因果效应,那么,条件(8.2)就可以保证我们识别因果效应参数 τ_{ATT}。条件(8.2)满足,可以根据观测变量 X_{it}、U_i、t 进行匹配,从而得到因果效应参数的估计,

$$\begin{aligned}\tau_{\text{ATT}}(X_{it},U_i,t) &= E[Y_{1it}-Y_{0it} \mid X_{it},U_i,t,D_{it}=1]\\ &= E[Y_{1it} \mid X_{it},U_i,t,D_{it}=1] - E[Y_{0it} \mid X_{it},U_i,t,D_{it}=1]\\ &= E[Y_{it} \mid X_{it},U_i,t,D_{it}=1] - E[Y_{it} \mid X_{it},U_i,t,D_{it}=0]\\ &= E[Y_{it} \mid X_{it},U_i,t,D_{it}=1] - E[Y_{it} \mid X_{it},U_i,t,D_{it}=0] \end{aligned} \quad (8.3)$$

第三行利用了条件(8.2),因而,如果所有混杂因素均可观测,可以根据 X_{it}、U_i、t 进行匹配,并利用 X_{it}、U_i、t 的分布进行加权就可以得到总体的干预组平均因果效应 ATT。如果条件期望为线性函数,那么,可以直接利用回归方法到得到因果效应参数的估计。假设,

$$E[Y_{0it} \mid X_{it},U_i,t] = \mu + \lambda_t + X'_{it}\beta + U'_i\gamma$$

进一步假设,因果效应是同质的,即

$$E[Y_{1it} \mid X_{it},U_i,t] = E[Y_{0it} \mid X_{it},U_i,t] + \tau$$

从而观测结果的条件期望函数可以写为:

$$\begin{aligned} E[Y_{it} \mid X_{it},U_i,t,D_{it}] &= E[D_{it}Y_{1it}+(1-D_{it})Y_{0it} \mid X_{it},U_i,t,D_{it}]\\ &= E[Y_{0it}+\tau D_{it} \mid X_{it},U_i,t,D_{it}]\\ &= \mu + \lambda_t + \tau D_{it} + X'_{it}\beta + U'_i\gamma \end{aligned} \quad (8.4)$$

相应的回归方程可以写为:

$$Y_{it} = \mu + \lambda_t + \tau D_{it} + X'_{it}\beta + U'_i\gamma + \varepsilon_{it} \quad (8.5)$$

或

$$Y_{it} = \mu_i + \lambda_t + \tau D_{it} + X'_{it}\beta + \varepsilon_{it}, \quad i=1,\cdots,N, t=1,\cdots,T \quad (8.6)$$

其中 $\mu_i = \mu + U'_i\gamma$ 通常称为固定效应,(8.6)通常称为固定效应模型。如果 U_i 也可以观测到,在假设(8.2)下,(8.5)可以直接利用回归方法得到因果效应参数 τ 的一致估计或至少是最优线性近似。上式的关键是 U_i 不可观测,仅控制 X_{it} 不能消除所有混杂,U_i 将留在误差项中,从而使复合的误差项与原因变量 D_{it} 相关,CIA 条件不再成立。未观测因素 U_i 或固定效应 μ_i 不随时间变化,我们可以利用面板数据多期数据的特点,消除固定效应的影响。通常具有两种处理方法,差分法或去均值方法(demean),后一种方法通常称为固定效应方法。这里只介绍固定效应方法,(8.6)式针对同一个体内部按时间进行平均,得组间回归方程:

$$\bar{Y}_i = \mu_i + \bar{\lambda}_t + \tau\bar{D}_i + \bar{X}'_i\beta + \bar{\varepsilon}_i \quad (8.7)$$

其中,

$$\bar{x}_i = \frac{1}{T}\sum_{t=1}^{T} x_{it}$$

x 代表上面的 Y、λ、D、X 各变量。(8.6)—(8.7)得组内回归方程：①

$$Y_{it} - \bar{Y}_i = \lambda_t - \bar{\lambda}_t + \tau(D_{it} - \bar{D}_i) + (X_{it} - \bar{X}_i)'\beta + \varepsilon_{it} - \bar{\varepsilon}_i \qquad (8.8)$$

组内回归方程(8.8)已经没有固定效应 μ_i，去均值时已经去掉了，方程(8.8)不再有内生性问题，从而可以直接利用回归方法得到因果效应参数 τ 的一致估计，τ 的估计量通常称为固定效应估计量(fixed effect estimator)或组内回归估计量(within regression estimator)。对于模型(8.6)的分析还有另一种假设，称为随机效应模型(random effect model)，它假设固定效应 μ_i 是随机的，与原因变量 D_{it} 不相关。在随机效应模型假设下，对因果效应参数的估计没有什么影响，CIA 条件仍然是成立的，可以直接利用 OLS 得到因果效应参数的一致估计，唯一的影响是复合的误项 $\mu_i + \varepsilon_{it}$ 会序列相关，会影响参数估计的标准误差，可以利用广义差分法修正序列相关，或者直接采用 Newey and West (1987)序列相关及异方差一致性标准误差，②相关介绍参见 Hsiao (2014)。

固定效应方法也适用于一些其他的情形，不一定是多期数据，i 可以表示不同的群组，比如家庭、地区、城市等，而 t 表示家庭内部的个体，或地区、城市内部的企业、个人等。在教育收益率研究中，为了消除遗漏能力变量偏差，有些学者利用双胞胎的数据估计教育收益率，这时，i 表示不同的家庭，t 代表来自同一家庭的两个双胞胎子女，如果认同双胞胎在基因方面相同(尤其是同卵双胞胎)，家庭背景相同，从而能力也基本相同的假设，那么，我们就可以利用差分法或去均值的方法消除能力偏差的影响。

第二节 双重差分法

在讨论双重差分法(Difference in Difference，DID)之前，我们先讨论一种简单的情形，在某一时刻 t，某一个体受到一项政策干预，我们将探讨该项政策干预对该个体结果的影响。比如，2008 年世界经济危机，为了应对经济危机对中国经济的影响，中央政府在 2008 年底出台了 4 万亿元的经济刺激计划，那么这项经济刺激计划对中国随后的经济增长有什么样的影响呢？

现在关注最简单的情形，假设只有两期，$t-1$ 期表示政策实施之前，t 期表

---

① 在 Stata 软件中可以使用 xtreg 命令加 fe 选项进行这一模型的估计，相应命令用法可以利用 help xtreg 进行查询。

② Angrist and Pischke (2009)指出，利用广义差分法修正序列相关，需要进一步引入一些新的假设，而利用广义差分法获得的收益是否超过引入新的假设所带来的可能损失不得而知，因而，更加安全的做法是直接使用稳健的标准误差，将序列相关直接考虑进去。

示政策实施之后,我们关心政策实施之后对结果的影响。仍然沿用第二章的潜在结果符号,用 Y_{1t}、Y_{0t}、Y_{1t-1}、Y_{0t-1} 分别表示 t 期和 $t-1$ 期的潜在结果,由于这里只有一个个体,因而,省略了个体的下标,并引入了时间的下标。关心的政策影响是 t 期的个体因果效应,即 $Y_{1t}-Y_{0t}$,由于该个体在 t 期受到了政策干预,因而 $Y_{1t}=Y_t$,即其 t 期的观测结果 Y_t 就是其潜在结果 Y_{1t},而 Y_{0t} 是无法观测到的反事实结果。因而,政策评价的关键是如何估计反事实结果 Y_{0t}。

一种简单的办法就是假设如果没有政策干预,t 期的结果将与 $t-1$ 期结果相同,即 $Y_{0t}=Y_{0t-1}=Y_{t-1}$,因为 $t-1$ 期没有政策干预,因而 $t-1$ 期的观测结果就是 Y_{0t-1},在上述假设下,反事实结果 $Y_{0t}=Y_{t-1}$,从而可以得到政策干预的因果效应。当然,上述假设太强了,即使没有政策干预,该个体的观测结果也会随时间变化,如果有多期的数据,比如还有 $t-2$ 期的数据,也许可以引入一个更弱一些的假设,如果没有政策干预,t 期结果的增长率将与 $t-1$ 期的增长率相同,从而我们可以用 $Y_{t-1} \cdot (Y_{t-1}/Y_{t-2})$ 作为反事实结果 Y_{0t} 的估计,可以估计出政策干预的因果效应。这一假设比上一个适应性假设似乎好一点,尤其是当政策干预前时期比较长时,可以利用时间序列得到增长趋势比较好的预测。但是,如果结果变量发生了结构性变化,比如 2008 年经济危机可能使中国经济发生了结构性的变化,利用 2008 年前的经济增长信息去预测 2008 年以后的经济增长就可能出现较大的偏差。因而,这一假设可能没办法克服结构性变化造成的影响。如果还有其他个体,这些个体没有受到政策干预的影响,在时间序列上,它们可能受到相同因素的影响,结构性变化可能也会相似。那么,利用这些没有受到政策影响的个体作为控制组,可能会得到反事实结果 Y_{0t} 更好的估计,这就是双重差分方法的基本思路。

1. 双重差分法

双重差分方法适用于事前所有个体都没有受到政策干预,而事后只有一组个体受到政策干预,受到政策干预的组称为干预组,没有受到政策干预的为控制组。政策实施的时间点和是否受到政策干预这两个变量将样本分成了四组群体,见表 8.1:

表 8.1 双重差分方法的适用场景

	$T=0$	$T=1$
$D=1$	干预组(干预未实施)	干预组(干预实施)
$D=0$	控制组	控制组

在政策评估中,关心的因果效应参数往往是 ATT,即政策干预对受到影响的个体的影响,

$$\tau_{\text{ATT}} = E[Y_{1it} - Y_{0it} \mid D_i = 1] = E[Y_{it} \mid D_i = 1] - E[Y_{0it} \mid D_i = 1], \quad (8.9)$$

其中 Y_{1it}、Y_{0it} 分别表示个体 i 在 t 期的两个潜在结果。因为政策干预仅在一个时间点发生变化,变量 D_i 没有引入时间下标,事后受到干预的个体,$D_i = 1$,事后没有受到干预的个体,$D_i = 0$,这样可以简化符号,从而 D_i 表示是干预组还是控制组。(8.9)右边第 1 项是可以观测的,为干预组事后的平均结果,第 2 项 $E[Y_{0it} \mid D_i = 1]$ 是反事实结果,因而,政策评价的关键是如何将该反事实结果科学地估计出来。

假设条件独立性(8.1)或条件均值独立性(8.2)成立,U_i 是不随时间变化的混杂因素,如果 X_{it}、U_i、t 均可观测,那么直接利用第 t 期的数据,根据观测变量 X_{it}、U_i 进行匹配,即可得到政策影响 ATT,参见(8.3),并且可以利用干预前两组个体的结果检验平衡性是否满足。问题是这里 U_i 是不可观测的,仅仅根据可观测变量 X_{it} 进行匹配不能保证两组个体的相似性,因而,匹配方法在这种情况下不能使用。与固定效应方法类似,双重差分方法通过两期数据的比较,可以消除未观测因素的影响。下面讨论双重差分方法的基本假设。

假设 8.1(共同趋势假设) 干预组个体如果没有接受干预,其结果的变动趋势将与控制组的变动趋势相同,即

$$E[Y_{0it} - Y_{0it-1} \mid X_{it}, D_i = 1] = E[Y_{0it} - Y_{0it-1} \mid X_{it}, D_i = 0] \quad (8.10)$$

或写为:

$$E[\Delta Y_{0it} \mid X_{it}, D_i = 1] = E[\Delta Y_{0it} \mid X_{it}, D_i = 0] \quad (8.11)$$

共同趋势假设(common trend assumption)是双重差分方法的关键假设,它要求如果没有受到政策影响的话,干预组个体的变化模式与控制组个体的变化模式是一样的。换言之,未观测因素对两组个体的影响是相同的。当然,这一要求总体上不一定满足,一个更弱的共同趋势假设是要求控制可观测变量 X_{it} 后满足共同趋势假设。不过这里的协变量 X_{it} 必须是在政策实施之前取值或不受政策干预影响的变量,受政策影响的观测变量将会造成样本选择偏差。

观察假设(8.11),这一假设与我们在匹配方法和回归方法中讨论的条件均值独立性假设(5.41)很相似,不过(5.41)是针对潜在结果的水平量,而(8.11)是针对潜在结果的增加量。因而,DID 方法也可以看作是一种匹配方法,不过,是对增量的匹配,不是直接对水平量的匹配。由于水平量受到未观测混杂因素

U_i 的影响,水平量匹配无法消除未观测混杂因素的影响,但是,进行增量匹配时,由于计算增加量时利用两期结果的差分,消除掉未观测混杂因素 U_i 的影响,从而在共同趋势假设下,获得反事实结果的估计。

共同趋势假设也可以写成另一种形式,即

$$E[Y_{0it} \mid X_{it}, D_i = 1] - E[Y_{0it} \mid X_{it}, D_i = 0]$$
$$= E[Y_{0it-1} \mid X_{it}, D_i = 1] - E[Y_{0it-1} \mid X_{it}, D_i = 0] \quad (8.12)$$

或写为:

$$B_t(x) = B_{t-1}(x) \quad (8.13)$$

其中,

$$B_t(x) = E[Y_{0it} \mid X_{it} = x, D_i = 1] - E[Y_{0it} \mid X_{it} = x, D_i = 0]$$

即如果没有政策干预,两组事前事后结果的差异应该是相同的,因而,共同趋势假设有时也称为不变偏差假设(constant bias assumption)。这一点也说明,干预组与控制组不必相似,与匹配方法不同,只要事前事后两组差别相同,DID方法即可识别因果效应参数。关于共同趋势或不变偏差假设的作用见图8.1:

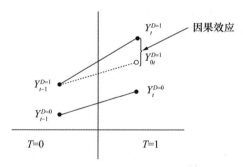

图 8.1 双重差分法的共同趋势假设

图中变量 $Y_{t-1}^{D=0}$、$Y_t^{D=0}$ 表示控制组事前事后的观测结果,$Y_{t-1}^{D=1}$、$Y_t^{D=1}$ 表示干预组事前事后的观测结果,所有观测结果均用实心圆点表示,$Y_{0t}^{D=1}$ 是干预组 t 期的反事实结果,用空心圆点表示。共同趋势假设是说如果没有政策干预,受未观测因素 U_i 的影响,两组结果的变动趋势相同,即图中虚线与连接控制组两期观测结果的线段应该平行,从而干预组结果的变化包括政策的影响和时间趋势两部分,因而,在干预组两期增量中扣除共同趋势后,剩余的部分就是政策的影响,图中空心圆点所表示的结果就是干预组在 t 期的反事实结果,政策影响就是干预组 t 期实际观测结果与反事实结果之差,即图中所示的因果效应。

上文提到共同趋势假设也称为不变偏差假设,即两组个体在干预实施之前,即使控制可观测协变量 X_{it} 后,仍然不完全相似,可以允许这种差异,而这种差异主要是由未观测混杂因素 U_i 造成的,所以在图 8.1 中,政策干预之前,两组观测结果 $Y_{t-1}^{D=1}$ 和 $Y_{t-1}^{D=0}$ 在控制观测协变量 X_{it} 之后,仍然可以有差异,意味着两组根据 X_{it} 匹配后,并不完全相似,这种差异在 DID 方法中是允许的,只要这种差异不随时间变化或影响这一差异的因素 U_i 是不随时间变化的,那么,如果没有政策干预,在 t 期两组结果的差异应该相同,即具有不变偏差。从而事后两组观测结果之差里面包含政策影响和其他因素 U_i 影响的不变偏差,将不变偏差从事后两组观测结果差异中扣除,就可以得到政策干预的因果效应。无论是从共同趋势假设还是从不变偏差假设出发,最终的政策效应都是两次差分,因而,这种因果效应识别方法称为双重差分方法。具体地,

$$\begin{aligned}
\tau_{\mathrm{ATT}}^{\mathrm{DID}}(X_{it}) &= E[Y_{1it} - Y_{0it} \mid D_i = 1, X_{it}] \\
&= E[Y_{1it} \mid D_i = 1, X_{it}] - E[Y_{0it} \mid D_i = 1, X_{it}] \\
&= E[Y_{it} \mid D_i = 1, X_{it}] - \{E[Y_{0it-1} \mid D_i = 1, X_{it}] \\
&\quad + E[Y_{0it} - Y_{0it-1} \mid D_i = 0, X_{it}]\} \\
&= \underbrace{\{E[Y_{it} \mid D_i = 1, X_{it}] - E[Y_{it-1} \mid D_i = 1, X_{it}]\}}_{\text{干预组结果增量}} \\
&\quad - \underbrace{\{E[Y_{it} \mid D_i = 0, X_{it}] - E[Y_{it-1} \mid D_i = 0, X_{it}]\}}_{\text{控制组结果增量}} \quad (8.14) \\
&= \underbrace{\{E[Y_{it} \mid D_i = 1, X_{it}] - E[Y_{it} \mid D_i = 0, X_{it}]\}}_{\text{事后两组结果差异}} \\
&\quad - \underbrace{\{E[Y_{it-1} \mid D_i = 1, X_{it}] - E[Y_{it-1} \mid D_i = 0, X_{it}]\}}_{\text{事前两组结果差异}} \quad (8.15)
\end{aligned}$$

(8.14)是沿用共同趋势假设,从干预组两期结果变化中减去控制组的两期结果的变化,从而扣除了共同趋势的影响,剩下的就是政策效应。(8.15)是沿用不变偏差假设,从事后两组观测结果差异中扣除事前两组观测结果差异,从而扣除了不变偏差的影响,剩下的也是政策效应。总的政策影响可以表示为:

$$\tau_{\mathrm{ATT}}^{\mathrm{DID}} = E[\tau_{\mathrm{ATT}}^{\mathrm{DID}}(X_{it}) \mid D_i = 1]. \quad (8.16)$$

上文我们提到 DID 方法类似于增量上的匹配方法,如果可以根据协变量 X_{it} 进行结果增量的匹配,那么,类似于匹配方法,为了保证根据观测协变量 X_{it} 分层后,层内不能仅有干预组个体,而没有控制组个体,必须满足共同区间假设(common support)。

假设 8.2(共同区间假设)

$$\Pr[D_i = 1] > 0 \quad \text{且} \quad \Pr[D_i T_t = 1 \mid X_{it}] < 1 \quad (8.17)$$

$\Pr[D_i=1]>0$ 要求总体中存在两组个体，$\Pr[D_i T_t=1|X_{it}]<1$ 要求有干预组个体必须也有控制组个体，从而可以进行匹配。

由于 DID 方法类似于匹配方法，如果共同趋势假设成立，或者更强的条件独立性假设 $\Delta Y_{0it} \perp D_i | X_{it}$ 成立，那么，根据 Rosenbaum and Rubin (1983) 提出的倾向指数定理 6.1，也可以根据倾向指数 $p(X_{it})=\Pr[D_i=1|X_{it}]$ 进行匹配。因而，公式(8.14)和(8.15)中的协变量 X_{it} 可以直接更换为 $p(X_{it})$，从而得到倾向指数匹配 DID 估计量，记为 PSM-DID 估计量（Heckman et al., 1997, 1998）。PSM-DID 估计测度可以表示为：

$$\tau_{ATT}^{PSM\text{-}DID}(p) = \underbrace{\{E[Y_{it} \mid D_i = 1, p(X_{it}) = p] - E[Y_{it-1} \mid D_i = 1, p(X_{it}) = p]\}}_{\text{干预组结果增量}}$$

$$- \underbrace{\{E[Y_{it} \mid D_i = 0, p(X_{it}) = p] - E[Y_{it-1} \mid D_i = 0, p(X_{it}) = p]\}}_{\text{控制组结果增量}}$$

(8.18)

$$= \underbrace{\{E[Y_{it} \mid D_i = 1, p(X_{it}) = p] - E[Y_{it} \mid D_i = 0, p(X_{it}) = p]\}}_{\text{事后两组结果差异}}$$

$$- \underbrace{\{E[Y_{it-1} \mid D_i = 1, p(X_{it}) = p] - E[Y_{it-1} \mid D_i = 0, p(X_{it}) = p]\}}_{\text{事前两组结果差异}}$$

(8.19)

为了保证 DID 方法有效，还有两个暗含的假设需要强调，一是要求协变量 X_{it} 不受政策干预的影响，二是政策干预不能有交互影响或溢出效应。

假设 8.3（外生性假设）

$$X_{1it} = X_{0it} = X_{it}$$

这里 X_{1it}、X_{0it} 类似潜在结果的符号，表示可以观测的协变量外生于政策干预，不会受到政策干预的影响。如果协变量受到政策干预的影响，那么控制它将可能产生样本选择偏差，因而，协变量 X_{it} 应该是发生在政策干预实施之前或者不随政策干预而变化的变量。

假设 8.4（SUVTA） 政策干预只影响干预组，不会对控制组产生交互影响，或政策干预不会有溢出效应。

如果政策对干预组产生影响，并且干预组的影响会对控制组个体产生外溢效应，从而使政策干预也会对控制组产生一定程度的影响，那 DID 识别策略将无法识别出真正的政策效应，因为控制组的趋势变化中也包含了政策的部分影响，从而不能用控制组的变化趋势作为构成干预组反事实趋势的基础。

第六章我们介绍过倾向指数匹配方法,倾向指数除了可以用于匹配样本,也可以通过逆概加权的方式得到因果效应参数的估计,DID 方法类似于增量上的匹配方法,因而,DID 估计量也可以用倾向指数进行逆概加权得到。

定理 8.1(Abadie 半参数 DID 估计量)　如果假设 8.1 成立并且 $0<\Pr[D=1|X]<1$,则有

$$E[Y_{1it}-Y_{0it}\mid X,D=1]=E[w\cdot(Y_{it}-Y_{it-1})\mid X] \quad (8.20)$$

从而,

$$E[Y_{1it}-Y_{0it}\mid D=1]=E\left[w(Y_{it}-Y_{it-1})\cdot\frac{\Pr[D=1\mid X]}{\Pr[D=1]}\right]$$

$$=E\left[\frac{Y_{it}-Y_{it-1}}{\Pr[D=1]}\cdot\frac{D-\Pr[D=1\mid X]}{1-\Pr[D=1\mid X]}\right] \quad (8.21)$$

其中,

$$w=\frac{D-\Pr[D=1\mid X]}{\Pr[D=1\mid X](1-\Pr[D=1\mid X])}$$

定理 8.1 证明参见 Abadie(2005)。上述定理说明在假设 8.1 和假设 8.2 下,对两期观测结果之差进行简单的加权平均即可以得到政策干预的因果效应,权重依赖于倾向指数 $p(X)=\Pr[D=1|X]$。公式(8.21)提供了一种简单的两阶段法参数估计方法:首先估计倾向指数模型,得到倾向指数拟合值 $\widehat{p(X)}$,然后,将 $\widehat{p(X)}$ 代入(8.21)得到干预组平均因果效应,在这里我们不再详述。下面看一个 DID 的例子。

Card and Krueger(1994)是一篇较早的 DID 方法的经典文献,作者研究最低工资调整对就业的影响。他们利用 1992 年 4 月发生在新泽西州最低工资调整的自然实验,以最有可能受最低工资影响的快餐业为考察对象,利用与新泽西州相邻的宾夕法尼亚州作为控制组,同期宾州没有发生最低工资调整。作者搜集了 1992 年 2 月和 1992 年 11 月两州相关快餐店的就业信息,并利用 DID 方法估计了新泽西州最低工资调整对快餐业就业的影响。

我们利用他们的平衡样本,包括 76 家新泽西州快餐店和 314 家宾州快餐店的面板数据,估计结果见第 178 页。Baseline 表示政策实施之前,即 1992 年 2 月,控制组宾州快餐店平均就业人数约为 20 人,干预组新泽西州快餐店平均就业人数约为 17 人,事前两者差距约为 3 人,并且非常显著,这是事前的偏差,可能是由于一些未观测因素造成两者的不同。Follow-up 表示政策实施之后,即 1992 年 11 月,控制组和干预组平均就业人数均为 17.5 人,两州就业人数没有显著差异。事后两州结果差异中包含政策干预的影响和其他政策之外因素

的影响,而事前两州就业差异均是其他政策之外因素的影响,因而,如果不变偏差假设成立,那么,事后两组结果差异减去事前两组结果差异,得到的将是政策干预的影响。结果显示,新泽西州最低工资提高,造成快餐业店均雇佣人数反而上升约 3 人,这一结果与经济理论的预测相反,详细讨论参见 Angrist and Pischke(2009)。当然,表中的估计结果也可以换个维度来看,首先可以看控制组宾州店均就业人数事前事后的变化,由事前的 20 人降低到事后的 17.5 人,降低 2.5 人,而干预组新泽西州店均就业人数由事前的 17.1 人增加到事后的 17.5 人,增加 0.4 人,如果新泽西州不调整最低工资,其就业人数变化与宾州具有相同的趋势,那么,新泽西州平均也将降低 2.5 人,现在却增加了 0.4 人,这肯定是政策调整造成的影响,政策的影响为 0.4−(−2.5)=2.9 人。当然,为了证明上述结果能够表示为最低工资调整的影响,必须要求上述设计满足 DID 方法的基本假设,最重要的是共同趋势假设成立。如果有事前多期的数据,则可以利用事前数据检测在没有受到政策影响时,两州是否有共同趋势。另一方面,DID 政策有效的前提是,政策的影响不能具有交互效应,如果新泽西州的最低工资提高,吸引了宾州就业的店员到新泽西州去就业,从而出现溢出效应,溢出效应会使新泽西州就业增加,而宾州就业下降。因而,如果上文的稳定性假设 8.4 不成立,那么 DID 估计量可能高估了政策的影响。

2. 回归双重差分法

在满足上文 4 个基本假设下,可以利用(8.14)(8.15)或(8.18)(8.19)直接计算事前事后干预组和控制组的结果,从而计算出 DID 估计量。在应用中,如果愿意假设条件期望函数为线性函数或者利用线性函数去近似我们关心的条件期望函数,那么,可以利用回归方法估计 DID 估计量。如果使用面板数据或重复截面数据,没有协变量,可以利用下面回归方程得到 DID 估计量:

$$Y_{it} = \alpha + \beta D_i + \delta T + \tau(D_i \times T) + \varepsilon_{it} \tag{8.22}$$

其中,$E[\varepsilon_{it}|D_i, T]=0$,从而,

$$E[Y_{it} \mid D_i, T] = \alpha + \beta D_i + \delta T + \tau(D_i \times T)$$

则
$$E[Y_{it} \mid D_i = 0, T = 0] = \alpha$$
$$E[Y_{it} \mid D_i = 0, T = 1] = \alpha + \delta$$
$$E[Y_{it} \mid D_i = 1, T = 0] = \alpha + \beta$$
$$E[Y_{it} \mid D_i = 1, T = 1] = \alpha + \beta + \delta + \tau$$

即控制组事前平均结果为 α,控制组事后平均结果为 $\alpha+\delta$,控制组事前事后平均结果变化为 δ,干预组事前的平均结果为 $\alpha+\beta$,干预组事后的平均结果为 $\alpha+\beta+$

$\delta+\tau$,干预组事前事后平均结果的变化为 $\delta+\tau$,而干预组事前事后平均结果的变化中包括政策影响和共同趋势,将共同趋势的影响扣除,最终的政策影响为 τ,即

$$\tau = \{E[Y_{it} \mid D_i = 1, T = 1] - E[Y_{it} \mid D_i = 1, T = 0]\}$$
$$- \{E[Y_{it} \mid D_i = 0, T = 1] - E[Y_{it} \mid D_i = 0, T = 0]\}$$

如果共同趋势必须在控制协变量 X_{it} 后才成立,并且这些协变量不会受到政策干预的影响,那么,相应的回归双重差分模型可以写为:[①]

$$Y_{it} = \alpha + \beta D_i + \delta T + \tau(D_i \times T) + X'_{it}\gamma + \varepsilon_{it} \qquad (8.23)$$

下面我们看一项有趣的研究,Abadie and Dermisi(2008)利用回归 DID 方法考察了恐怖袭击威胁对 CBD 经济的影响。2001 年 9 月 11 日,美国纽约世贸大楼受到恐怖分子袭击轰然倒塌,这一事件不但直接影响了纽约市的城市经济,也对其他城市经济产生影响。Abadie and Dermisi(2008)利用美国中部城市芝加哥 1996 年第 2 季度到 2006 年第 1 季度的数据,考察了"9·11"事件对芝加哥市办公写字楼租赁市场的影响。以"9·11"事件作为一项冲击或干预,以芝加哥市最高的三座建筑作为锚点,离三座标志性建筑越近遭受恐怖威胁的可能性越大,半径 0.3 英里(大约 500 米)范围内的办公写字楼定义为干预组,作者称之为阴影区域,[②]0.3 英里之外的作为控制组。写字楼分布见图 8.2。作者主要考察"9·11"事件对芝加哥市办公写字楼出租情况的影响,主要的结果变量是办公室空置率。图 8.3 列出了两类办公楼空置率的变化趋势。从图上可以看出,在"9·11"事件之前,两类办公楼空置率具有基本相似的变化趋势,并且没有非常明显的差异。而"9·11"事件之后,起初两年两类办公楼空置率也没有发生明显的差异,[③]但 2003 年左右开始,两类办公室空置率发生了明显的分化,非阴影区域的空置率基本保持平稳,但阴影区域空置率发生了显著的增加。图 8.3 实际上提供了 DID 策略共同趋势假设的一种验证,可以看出,在"9·11"事件之前,所有年份数据显示两类区域的写字楼基本具有相同的空置率变化趋势,从而事后两类区域写字楼空置率的差异可以解释为"9·11"事件

---

① 如果是面板数据,回归 DID 模型也可以写为 $\Delta Y_{it} = \delta + \tau D_i + X'_{it}\gamma + u_{it}$,详细参考 Card and Krueger(1994)。

② 选择 0.3 英里的依据是在"9·11"事件中倒塌的世贸大楼造成的影响大约是 0.3 英里。芝加哥市的三座标志性建筑是美国最高的建筑西尔斯塔(Sears Tower)、美国第三高的建筑怡安中心(Aon Center)和美国第四高的建筑汉考克中心(Hancock Center),三座建筑是芝加哥市最高的三座写字楼,被恐怖袭击的风险相对于其他较矮的写字楼更高,因而,作者选择以这三座标志性建筑为锚点 0.3 英里范围内的写字楼作为干预组。

③ 由于租赁合同的期限限制,"9·11"事件的影响可能没有马上显现出来,等合同到期后,很多公司可能退出了受恐怖威胁可能性更大的阴影区域,随后导致阴影区域办公楼空置率的上升。

后恐怖袭击威胁对阴影区域写字楼空置率的影响。

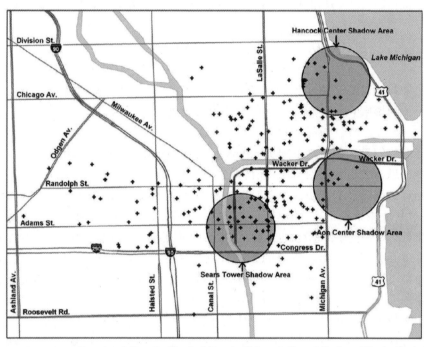

Crosses represent Class A and Class B office buildings in Chicago's Central Business District.Shaded circles represent 0.3-mile radius "shadow areas" surrounding the three main Chicago landmark buildings: the Aon Center, the Hancock Center, and the Sears Tower.

图 8.2　芝加哥市中心商务区办公楼和阴影区域

为了考察恐怖威胁对阴影区域写字楼空置率的影响,作者采用 DID 识别策略,构建下列模型:

$$\text{vacancy rate}_{it} = \tau(\text{shadow}_i \times \text{post-9/11}_t) + f_t + \eta_i + \varepsilon_{it} \quad (8.24)$$

其中 vacancy rate$_{it}$ 表示写字楼 i 在 t 期的空置率,shadow$_i$ 表示写字楼 i 是否在阴影区域,取 1 表示在阴影区域,取 0 表示在非阴影区域,post-9/11$_t$ 表示时间是否在"9·11"事件发生之后,取 1 表示"9·11"事件后,取 0 表示"9·11"事件之前。f_t 控制时间效应,η_i 为个体固定效应。因为有多期的数据,作者采用了类似于固定效应模型的设定,事实上,固定效应方法是 DID 方法的一般形式。为了验证估计结果的稳健性,作者还引入了另外三个模型,分别是:

$$\text{vacancy rate}_{it} = \tau(\text{distance to anchor}_i \times \text{post-9/11}_t) + f_t + \eta_i + \varepsilon_{it} \quad (8.25)$$

$$\text{vacancy rate}_{it} = \tau(\text{distance to non-shadow area}_i \times \text{post-9/11}_t)$$
$$+ f_t + \eta_i + \varepsilon_{it} \quad (8.26)$$

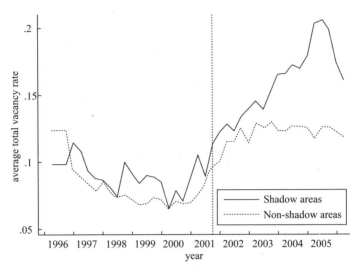

图 8.3 阴影和非阴影区域的办公楼平均空置率

$$\text{vacancy rate}_{it} = c(\text{height}_i \times \text{post 9/11}_t) + f_t + \eta_i + e_{it} \quad (8.27)$$

其中 distance to anchor 表示到锚点的距离,离锚点越近,受到的恐怖威胁越大,公司搬离的可能性越高,从而空置率可能越高,因而其系数预期为负;distance to non-shadow area 是距离阴影边界的距离,因为在阴影之外,距离再增加,恐怖威胁的影响不会再发生变化,所以作者又将考察对象限定在阴影区域内,距离边界越远即离锚点越近,恐怖威胁越大,公司搬离的可能性越高,因而,空置率可能越高,该系数预期为正;height 表示办公楼的高度,这是从另一个维度考察,楼层越高的建筑越有可能成为恐怖分子的袭击目标,因而,恐怖威胁越大,公司搬离高层建筑的可能性越大,空置率越高,影响预期为正。这三个模型实际是 DID 模型的变化,用连续的变量替换了(8.24)的虚拟变量,估计结果见表 8.2:

表 8.2 "9·11"事件和芝加哥市中心商务区办公楼空置率

Dependent variable: Building vacancy rate	(1)	(2)	(3)	(4)
shadow area×post-9/11	.0303*			
	(.0166)			
distance to anchor×post-9/11		−.0617*		
		(.0362)		

(续表)

Dependent variable: Building vacancy rate	(1)	(2)	(3)	(4)
distance to non-shadow area×post-9/11			.2302**	
			(.0633)	
height×post-9/11				.0052**
				(.0022)
R-squared	.39	.39	.39	.39
Number of observation	9922	9922	9922	9922

注:摘自 Abadie and Dermisi (2008)表 2。

表 8.2 第 1 列对应于模型(8.24),系数为 0.0303,显著为正,说明"9·11"事件后显著增加了阴影区域写字楼的空置率,第 2 列对应于模型(8.25),系数为 -0.0617,显著为负,说明离锚点距离越远,"9·11"事件对空置率的影响越小,第 3 列对应于模型(8.26),系数为 0.2302,显著为正,说明在阴影区域离锚点越近,"9·11"事件对空置率的影响越大,与第 2 列的结果相互印证,第 4 列对应于模型(8.27),系数为 0.0052,显著为正,说明楼层越高,"9·11"事件对其空置率影响越大。

上述结果可以解释为"9·11"事件影响的关键是共同趋势假设成立,由于作者有"9·11"事件前多期的数据,于是利用事前的数据做了证伪检验(falsification test)。[①] 他们利用 1996 年到 2001 年的数据,以 1998 年第 4 季度作为虚拟的政策干预时点,重复了前面的分析,估计结果见表 8.3。结果显示,"9·11"事件之前均没有显著的政策影响,从而说明,共同趋势假设有可能成立,至少没有发现不成立的证据。

表 8.3 利用"9·11"事件之前的数据进行的回归:证伪检验

Dependent variable: Building vacancy rate	(1)	(2)	(3)	(4)
shadow area×safter 1998	.0120			
	(.0165)			
distance to anchor×safter 1998		-.313		
		(.0370)		
distance to non-shadow area×safter 1998			.1017	
			(.0839)	
height×after 1998				.0026
				(.0025)

[①] 也称为安慰剂检验(placebo test),这种称谓主要来自于医学实验。

(续表)

Dependent variable: Building vacancy rate	(1)	(2)	(3)	(4)
R-squared	.48	.48	.48	.48
Number of observation	5324	5324	5324	5324

注:摘自 Abadie and Dermisi(2008)表 5。

3. 小结

在满足共同趋势假设、共同区间假设、外生性假设及无交互影响(SUVTA)等四个假设下,双重差分策略可以识别出政策干预效应。在四个假设中,最关键的是共同趋势假设。上文讨论过,共同趋势假设相当于增量上的条件均值独立性假设,因而,DID 方法类似于匹配方法,但是两者仍然有很大的不同,匹配方法要求条件独立性或至少是条件均值独立性假设成立,但是 DID 方法允许 CIA 不成立,允许存在不随时间变化的未观测混杂因素,因而,DID 可以解决部分的内生性问题,可以解决由于不随时间变化的因素造成的内生性,这一点类似于固定效应方法,通过两期的差分或去均值可以消除未观测混杂因素的影响,从而识别出因果效应参数。

当共同趋势假设不能满足时,可以理解为存在时变的混杂因素 U_{it},使得即使没有政策干预时,干预组和控制组两组结果也不会平行变化。如果我们还能找到与我们关心的干预组和控制组相似的另外两组个体,不妨称为类干预组和类控制组,在没有政策干预时,干预组和控制组由于 U_{it} 造成的差异与另外一对类干预组和类控制组差异相似,或者说,此时增量不满足共同趋势,但是增量的增量满足共同趋势,此时可以采用三重差分策略(DDD)来识别因果效应参数。直观理解,这种情况下,一重差分不能消除未观测因素的影响,即 ΔU_i 不为零,但是 ΔU_i 在我们关心的组里和类组里相同,从而可以通过再进行一次差分的方式,将 ΔU_i 的影响消除掉,相应的关键假设可以写为:

$$E[\Delta^2 Y_{0it} \mid X, D=1] = E[\Delta^2 Y_{0it} \mid X, D=0]$$

但基本的思想仍然与双重差分类似,因而,不再展开。

从上文的分析也看到,关键的共同趋势假设具有函数依赖性(scale dependence),是结果水平量的增量相同,还是结果取对数后增量相同,或其他函数形式变化后增量相同,不同函数的共同趋势假设,将得到不同的估计。从这种意义上而言,DID 方法是一种半参数识别策略,并且函数形式的选择往往要依赖于所研究的问题。因而,在利用 DID 方法估计因果效应参数时,需要仔细思考共同趋势假设应该在哪种函数形式上更有可能成立。

DID方法比较适合于面板数据,对于重复截面数据也可以使用DID策略。当利用重复截面数据时,需要仔细考察政策干预前后两组个体的构成是否发生变化,即事前的干预组与事后的干预组是否相似,事前的控制组与事后的控制组是否相似。如果两组事前事后的构成不同,可能出现样本选择偏差,从而使DID策略失效,这一点是利用重复截面数据估计DID时需要注意的。

第三节 合成控制法

在很多比较研究中,往往关注一个地区、城市或国家加总的信息,这种情况下,政策干预的个体往往只有一个,如何科学地评价政策干预对该个体的影响成为一个重要的议题。比如评价2008年我国出台的4万亿刺激方案对我国宏观经济的影响,出台4万亿刺激方案的只有中国,如何评价这一政策对中国经济的影响。这个时候,潜在的控制组个体,如用其他发展中国家或OECD国家数据作为控制组,这些国家同期没有出台4万亿刺激方案,但是其中任何国家与中国均存在着较大的差异,如何才能构造更好的控制组,从而估计中国的反事实结果呢?Abadie and Gardeazabal (2003)、Abadie et al. (2010)提出一种新的方法,称为合成控制法(synthetic control methods)。它的基本思想是,尽管控制组中的任何个体与干预组个体都不相似,但是通过为每个控制组个体赋予一个权重,加权平均后构造出一个合成的控制组。权重的选择使得合成控制组的行为与干预组政策干预之前的行为非常相似,从而期望事后干预组如果没有受到政策干预,其行为仍然与合成控制组非常相似,即合成控制组事后的结果可以作为干预组个体的反事实结果,干预组和合成控制组事后结果的差异就是政策干预的影响。

1. 合成控制法的基本设定

合成控制法的适用场景类似于双重差分法,某一时刻起一项政策影响了干预组,但对控制组个体没有产生影响,从而事前两组个体均没有受到政策的影响,而事后只有干预组个体受到政策影响。与双重差分法适用场景不同的地方在于合成控制法中干预组只有一个个体,往往是一个城市、地区或国家。基本的设定如下,假设有$N+1$个地区,区域1在T_0期后受到政策干预,其他N个地区没有受到政策干预。沿用以前的符号,Y_{1it}表示个体i在t期接受政策干预时的潜在结果,Y_{0it}表示个体i在t期没有受到政策干预时的潜在结果,从而个体因果效应为:

$$\tau_{it} = Y_{1it} - Y_{0it}, \quad i = 1, \cdots, N+1, \ t = 1, \cdots, T$$

D_{it} 表示个体 i 在 t 期的干预状态,个体 i 在 t 期受到政策干预,$D_{it}=1$,其他取 0。个体 i 在 t 期的观测结果为:

$$Y_{it} = D_{it} Y_{1it} + (1 - D_{it}) Y_{0it} = Y_{0it} + \tau_{it} D_{it}$$

为叙述方便,假设第 1 个个体在 T_0($1 \leqslant T_0 < T$)期后受到政策干预,而其他 N 个个体所有时期均没有受到政策影响,即

$$D_{it} = \begin{cases} 1 & i = 1, \ t > T_0 \\ 0 & \text{其他} \end{cases}$$

我们的目标是估计政策影响($\tau_{1T_0+1}, \cdots, \tau_{1T}$),对于 $t > T_0$,

$$\tau_{1t} = Y_{11t} - Y_{01t} = Y_{1t} - Y_{01t}$$

第 1 个个体受到政策干预,因而,在 $t > T_0$ 期,我们可以观测到潜在结果 Y_{11t},但无法观测到如果它没有受到政策干预时的潜在结果 Y_{01t},因而,政策评价的关键是如何估计出个体 1 T_0 期后的反事实结果 Y_{01t}。为了估计个体 1 的反事实结果,假设 Y_{0it} 可以用下列模型表示:

$$Y_{0it} = \delta_t + \theta_t Z_i + \lambda_t \mu_i + \varepsilon_{it}, \quad i = 1, \cdots, N+1, \ t = 1, \cdots, T \quad (8.28)$$

其中 δ_t 是一未知的公共因子,对所有个体具有相同的影响,Z_i 是 $K \times 1$ 维(不受政策影响的)可观测协变量向量(可能是混杂因素),θ_t 是 $1 \times K$ 维未知系数向量,λ_t 是 $1 \times F$ 维的未观测公共因子,μ_i 是 $F \times 1$ 维系数向量,ε_{it} 是未观测的暂时性冲击,假设在地区层面满足零均值。

考虑 $N \times 1$ 的权重向量 $W = (w_2, \cdots, w_{N+1})$,满足 $w_j \geqslant 0$,$j = 2, \cdots, N+1$,并且 $w_2 + \cdots + w_{N+1} = 1$。这里将权重限制为非负,相当于用控制组个体的凸组合来合成控制组,是为了避免外推造成的可能偏差。每个特定的权重向量 W 代表一个特定的合成控制,对于权重 W,合成控制模型为:

$$\sum_{j=2}^{N+1} w_j Y_{jt} = \delta_t + \theta_t \sum_{j=2}^{N+1} w_j Z_j + \lambda_t \sum_{j=2}^{N+1} w_j \mu_j + \sum_{j=2}^{N+1} \varepsilon_{jt}$$

假设存在权重向量 $W^* = (w_2^*, \cdots, w_{N+1}^*)$,使得

$$\sum_{j=2}^{N+1} w_j^* Y_{j1} = Y_{11}, \quad \sum_{j=2}^{N+1} w_j^* Y_{j2} = Y_{12}, \cdots,$$

$$\sum_{j=2}^{N+1} w_j^* Y_{jT_0} = Y_{1T_0}, \quad \sum_{j=2}^{N+1} w_j^* Z_j = Z_1 \quad (8.29)$$

Abadie et al. (2010)在其附录 B 中证明,如果 $\sum_{t=1}^{T_0} \lambda_t' \lambda_t$ 是非奇异的,则有

$$Y_{01t} - \sum_{j=2}^{N+1} w_j^* Y_{jt} = \sum_{j=2}^{N+1} w_j^* \sum_{s=1}^{T_0} \lambda_t \left(\sum_{n=1}^{T_0} \lambda_n' \lambda_n \right)^{-1} \lambda_s' (\varepsilon_{js} - \varepsilon_{1s})$$

$$-\sum_{j=1}^{N+1} w_j^* (\varepsilon_{jt} - \varepsilon_{1t}) \tag{8.30}$$

可以证明,当干预之前时期足够长($T_0 \to \infty$),(8.30)式趋近于零,从而干预组个体 1 的反事实结果近似可以用合成控制组来进行表示,即

$$\hat{Y}_{01t} = \sum_{j=2}^{N+1} w_j^* Y_{jt}$$

因而干预组个体 1 的政策干预效应可以表示为:

$$\hat{\tau}_{1t} = Y_{1t} - \sum_{j=2}^{N+1} w_j^* Y_{jt}, \quad t = T_0 + 1, \cdots, T \tag{8.31}$$

条件(8.29)是关键,如果存在权重向量 W^*,使得干预前各期合成控制组的观测结果与干预组观测结果相等,所有可观测因素相同,从而意味着事前合成控制组的未观测因素也会与干预组未观测因素相同,即 $\sum_{j=2}^{N+1} w_j^* \mu_j = \mu_1$。这意味着合成控制组与干预组将非常相似,从而可以将合成控制组的行为模式作为干预组个体反事实结果的估计。事实上,条件(8.29)中的等式一般不会完全相等,除非干预组事前信息$(Y_{11}, \cdots, Y_{1T_0}, Z_1')$在$\{(Y_{21}, \cdots, Y_{2T_0}, Z_2'), \cdots, (Y_{N+11}, \cdots, Y_{N+1T_0}, Z_{N+1}')\}$的凸包内。在应用中,很难保证条件(8.29)等号恰好成立,一般是保证(8.29)等号近似成立,如果干预组向量$(Y_{11}, \cdots, Y_{1T_0}, Z_1')$在控制组凸包之外,可能无法找到合适的权重向量,这时,将无法找到合适的合成控制组,需要使用其他的方法,比如允许权重为负(回归合成方法)。

与双重差分法类似,合成控制法也有一些暗含的假设。首先,干预组和控制组无交互影响,如果政策干预对干预组的影响会溢出到控制组,那么,控制组就会受到污染,控制组事后的结果就部分地体现了政策的影响,因而,合成控制组的事后结果就不是干预组很好的反事实结果的估计,得到的因果效应也将产生偏差。其次,构造合成控制组时,两组个体特征变量 $Z_1, \cdots, Z_{N+1}$ 必须是干预前的变量或不受政策干预影响的变量。如果有事后变量,则可能会受到政策干预的影响,从而造成样本选择性偏差。

2. 合成控制法的实施

合成控制法实施的关键是找到满足条件(8.29)的权重向量:

$$W = (w_2, \cdots, w_{N+1}), \quad w_j \geqslant 0, j = 2, \cdots, N+1$$

且 $\sum_{j=2}^{N+1} w_j = 1$,即合成控制组是控制组个体的一个凸组合。令 X_1 是干预组个体事前的特征,包括可观测协变量 Z_1 和事前结果的若干线性组合,为 $M \times 1$ 维

的向量。同样地,令 X_0 为控制组的事前特征,为 $M \times N$ 的矩阵。① 合成控制权重 $W^* = (w_2^*, \cdots, w_{N+1}^*)'$ 最小化下面距离,

$$\| X_1 - X_0 W \| = \sqrt{(X_1 - X_0 W)' V (X_1 - X_0 W)}$$
$$= \sqrt{\sum_{m=1}^{M} v_m (X_{1m} - X_{0m} W)^2} \qquad (8.32)$$

其中 V 是一个 $M \times M$ 的对称正定矩阵,通常是对角阵,对角元素为 $v_m, m=1, \cdots, M$, v_m 是一个权重,反映了在干预组和控制组协变量差异中的相对重要性,X_{jm} 是个体 j 的第 m 个协变量。V 的选择很重要,合成控制 W^* 将依赖于 V 的选择,不同的 V 将得到不同的合成控制组 W^*。合成控制 $W^*(V)$ 的目的是复制干预组在没有受到政策干预时的行为,因而,$v_1, \cdots, v_M$ 的选择应该反映协变量的预测能力。$v_1, \cdots, v_M$ 的选择可以根据研究者对各协变量预测力的主观评价,也可以利用回归分析看看哪些协变量具有更强的预测能力。一个较好的办法是选择使事前均方预测误差(mean squared predicted error, MSPE)最小的矩阵 V(Abadie et al., 2010),即选择 V 最小化

$$\sum_{t=1}^{T_0} \left(Y_{1t} - \sum_{j=2}^{N+1} w_j^*(V) Y_{jt} \right)^2$$

如果事前时期足够长,也可以使用交叉验证的方法,将事前样本分成训练期(training period)和验证期(validation period)。给定任意矩阵 V,利用训练期数据计算权重矩阵 $W^*(V)$,然后利用验证期数据最小化 $W^*(V)$ 的 MSPE。

3. 合成控制法假设检验

在利用合成控制法进行比较研究中,一般个体数不会太多,因而,基于大样本的假设检验方法往往不合适。Abadie et al.(2010)提出了一种类似于置换检验(permutation test)的推断方法,与 Fisher(1935)的精确 P 检验方法相似(Imbens and Rubin, 2015)。为了检验合成控制法得到的参数估计是否显著,原假设是政策效应不显著,即假设政策干预对个体没有因果影响,将干预组个体放

---

① X_1 和 X_0 可以包括事前结果或事前结果的线性组合。具体地,定义向量 $M=(m_1, \cdots, m_{T_0})'$, 干预前结果的一个线性组合表示为 $\bar{Y}_i^M = \sum_{s=1}^{T_0} m_s Y_{is}$,比如 $m_1 = m_2 = \cdots = m_{T_0-1} = 0, m_{T_0} = 1$,则 $\bar{Y}^M = Y_{1T_0}$。如果 $m_1 = m_2 = \cdots = m_{T_0} = 1/T_0$,则 $\bar{Y}^M = T_0^{-1} \sum_{s=1}^{T_0} Y_{is}$。假设 W 个这样的线性组合,分别为 $M_1, \cdots, M_W$,则 $X_1 = (Z_1', \bar{Y}_1^{M_1}, \cdots, \bar{Y}_1^{M_W})'$ 是 $(K+W \equiv M) \times 1$ 维干预组个体的事前特征向量,同样地,X_0 是 $M \times N$ 维控制组个体的事前特征矩阵,其 j 行向量为 $(Z_j', \bar{Y}_j^{M_1}, \cdots, \bar{Y}_j^{M_W})'$。详细参考 Abadie et al.(2010)。

到控制组个体中,随机抽出一个个体,利用上文的合成控制方法,估计出相应的政策效应。这样,对应于 N 个控制组个体,会得到 N 个相应的政策效应的估计,从而可以得到政策效应估计的一个具体分布(exact distribution)。然后检测估计的干预组个体因果效应在整个分布中所处的位置,如果处于分布的尾部,比如处于尾部的 5%,则说明如果原假设成立,那么观测到估计的政策效应的可能性低于 5%,原假设可能为假,如果设定 5% 的显著性水平,则可以拒绝没有政策影响的原假设,从而说明估计是显著的。如果发现估计的政策效应参数在整个精确分布的中间位置,则意味着随机抽取一个个体作为干预组,就可以以较大的概率得到观测到的因果效应,说明无法拒绝原假设,从而估计的因果效应参数不显著。①

这种检验方法实际上是一种安慰剂检验(placebo test)或证伪检验(falsification test)。为了检验估计的政策效应是否显著,随机从控制组中抽出一个个体作为一个伪干预组,利用同样的合成控制方法去估计政策效应。对伪干预个体,它事实上没有受到政策干预,如果估计的结果发现也有较大的政策效应,则说明前面的分析可能存在着问题,因为没有受到政策影响的个体作为伪干预组也可以发现类似于利用真实干预组得到的政策效应,从而说明这一效应可能不是政策干预的影响,而是其他因素造成的影响。相反,利用所有控制组个体作为伪干预组,均无法得到类似于利用真实干预组得到的政策效应,则证明得到的政策效应是显著的。

上面的类置换检验实际上是在截面个体上进行的安慰剂检验。如果事前时期很长,还可以构造另一种形式的安慰剂检验,根据时间随机置换的安慰剂检验,称为伪干预时间检验(pseudo treatment)。因为所使用的数据都是干预之前的信息,所有个体都没有受到真正的干预,利用同样的合成控制方法,如果得到显著的政策效应,则说明,前面的估计可能存在着问题。相反,如果发现没有显著的政策效应,则证明,前面的合成控制方法可能是有效的,未观测的混杂因素利用合成控制法基本得到充分控制。

4. 案例:加州香烟控制项目对其香烟消费的影响

Abadie et al. (2010)考察了美国加州香烟控制 99 法案对加州香烟消费的

---

① Abadie et al. (2010)还提出了另一种检测指标,计算事后均方预测误差与事前均方误差的比率,利用随机置换估计,可以得到这一比率的精确分布,检测利用真实干预组进行合成控制得到的比率,在比率分布中的位置。推断过程一样,如果观测到的比率处于精确分布的尾端,则说明在原假设下出现的可能性较小,而现在出现了,说明原假设可能为假,从而合成控制结果显著。相反,如果观测到的比率处于中间位置,则说明在原假设下出现的可能性较大,从而没有办法拒绝原假设,参数估计不显著。

影响。为了限制香烟消费，1988年11月，加州政府通过了99法案，主要内容是将香烟消费税每包提高25美分，该法案1989年1月正式生效，作者主要考察这一政策对香烟消费的抑制作用有多大。干预组为加州，美国其他州为潜在控制组（donor pool），为了避免其他类似政策污染控制组，作者删除了在考察期出台相似香烟控制政策的州，最终得到38个州作为控制组。作者使用的数据为1970—2000年州层面的年度面板数据，结果变量为州年度人均香烟消费量，协变量包括香烟平均零售价格、州人均收入（取对数）、州人口中15—24岁所占百分比、州人均啤酒消费量，这些协变量均用1980—1988年平均值。另外，还引入了1975、1980、1985年三个年份的人均香烟消费量作为协变量，详细数据信息请参考Abadie et al. (2010)。

图8.4显示的是加州的人均香烟销售量趋势和其他控制州的人均香烟销售量平均值变化趋势。可以看出，两组在事前变动趋势并不完全相同，因而，控制组州并不是加州很好的反事实估计。由于变动趋势不同，也不大适用于双重差分策略。下面利用合成控制方法构建合成控制组，采用上文所述的估计步骤，最后得到的合成控制权重见表8.4。可以看到，在合成控制组中，很多州的权重为0，只有5个州最终进入了合成控制组，事前加州可以用0.332个Utah、0.234个Nevada、0.196个Montana、0.167个Colorado、0.07个Connecticut进行合成。合成效果可以参见表8.5，可以看到，加州的主要协变量与38个控制州的协变量平均值还是有较大差异，尤其是1975、1980、1988三年的人均香烟销售量差异非常大，合成的加州各协变量与实际的加州已经非常相似，除人均收入有一点差别。图8.5显示的是加州与合成加州的人均香烟销量趋势图，从图上可以看出，在99法案实施之前，图中合成加州与真实加州的人均香烟销售几乎完全重合，合成加州较好地拟合了加州99法案实施之前人均香烟销售的变动趋势，说明合成加州较好地控制了未观测混杂因素（包括随时间变化的未观测混杂因素）的影响，因而，有理由相信，如果加州没有实施99法案，那么随后加州人均香烟销售量也应该基本能够用合成加州人均香烟销售量的变化来进行拟合，从而，合成加州人均香烟销售量可以作为真实加州人均香烟销售量反事实结果的估计。事后真实加州与合成加州两条曲线的差异反映的就是99法案的政策影响，图8.5显示，真实加州人均香烟销售量1989年起就开始低于合成加州的人均香烟销售量，并且差距越来越大。

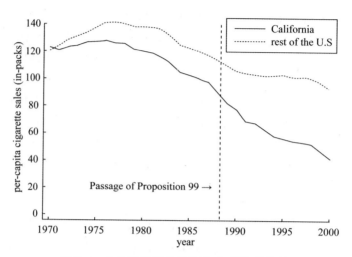

图 8.4　人均香烟销售量趋势：加州和其他州

表 8.4　合成控制组各州权重

State	Weight	State	Weight	State	Weight
Alabama	0	Arkansas	0	Colorado	.167
Connecticut	.07	Delaware	0	Georgia	0
Idaho	0	Illinois	0	Indiana	0
Iowa	0	Kansas	0	Kentucky	0
Louisiana	0	Maine	0	Minnesota	0
Mississippi	0	Missouri	0	Montana	.196
Nebraska	0	Nevada	.234	New Hampshire	0
New Mexico	0	North Carolina	0	North Dakota	0
Ohio	0	Oklahoma	0	Pennsylvania	0
Rhode Island	0	South Carolina	0	South Dakota	0
Tennessee	0	Texas	0	Utah	.332
Vermont	0	Virginia	0	West Virginia	0
Wisconsin	0	Wyoming	0		

注：复制 Abadie et al.(2010) 表 2。

表 8.5 协变量均值

Variables	California		Average of 38 control states
	Real	Synthetic	
Beer consumption per capita	24.28	24.19	23.46
Ln(GDP per capita)	10.08	9.85	9.86
Retail price	89.42	89.33	108.04
Percent aged 15—24	0.17	0.17	0.18
Cigarette sales per capita 1988	90.10	91.67	113.22
Cigarette sales per capita 1980	120.20	120.46	137.63
Cigarette sales per capita 1975	127.10	127.02	136.68

注:复制 Abadie et al.(2010)表 1。

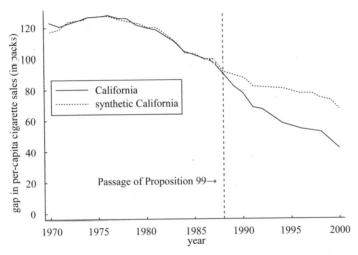

图 8.5　人均香烟销售量:加州与合成加州

图 8.6 是利用加州的人均香烟消费减去合成加州的人均香烟消费得到的政策效应,与图 8.5 提供了相同的信息,可以看到,在 99 法案实施之前,政策效应基本为零,而在法案实施之后,政策效应开始显现,99 法案使加州人均香烟消费量逐年下降,1989—2000 年,年人均香烟消费量平均下降约 20 包,降幅接近 25%(Abadie et al.,2010)。但是,这一政策效应在统计上是否显著呢? 作者采用了上文提到的随机置换检验方法,从控制组中随机抽出一个州作为伪干预组个体,利用与上文同样的合成控制方法,估计政策效应,可以得到类似图 8.6 的政策效应路径,对于 38 个控制州,共可以得到 38 个另外的政策效应路径。将上文估计的政策效应路径放到这 38 个政策效应路径中,看看它在政策效应

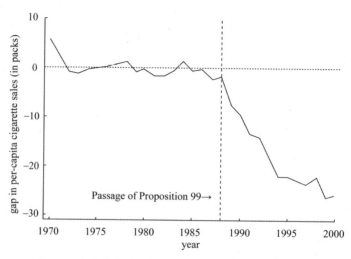

图 8.6 政策效应：加州与合成加州人均香烟销售量差异

路径分布中的位置，如果非常极端，说明上文估计的政策效应是显著的，否则则不显著。图 8.7 显示的是相应的显著性检验，图中黑色实线与图 8.6 相同，是 99 法案对加州人均香烟消费的影响，其他浅色的线为以其他 38 个州为伪干预个体得到的伪政策效应，如果 99 法案对加州人均香烟消费没有影响的原假设成立，那么上文估计的政策效应路径出现的可能性应该比较大，但是在图中可以看出，实线处在所有路径分布的比较极端的部分，只有一个州在实线的下方，因而，在没有政策影响的原假设下，得到实线的政策效应的可能性只有 $2/39=$

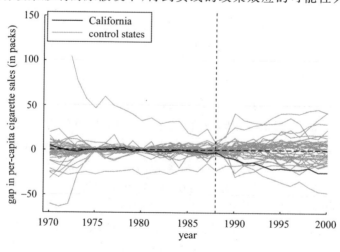

图 8.7 随机置换检验

5.13%,因而,在 10% 的显著性水平下,我们可以拒绝没有政策效应的原假设。在 Abadie et al.(2010)文章中,还作了进一步的处理,比如删除事前拟合比较差的情况,只利用事前拟合度比较好的或均方预测误差比较低的结果,看看上文得到的政策效应路径在其他伪干预路径分布中的位置,发现 99 法案的政策影响路径更加极端,从而证明上文的估计在政策上是显著的。

5. 小结

合成控制法是一种政策评估方法,它适用于政策干预在某一时刻只影响某一个地区或国家等,而其他地区或国家在所有时期都没有受到政策影响。适用场景类似于双重差分策略,但干预组只有一个,并且往往是针对加总的变量,而非个人或单个企业的信息。另外,双重差分策略可以解决不随时间变化的未观测混杂因素造成的内生性问题,但往往不能克服具有时变性的未观测混杂因素造成的内生性问题。在合成控制中,允许时变未观测混杂因素的存在,通过合成控制,将未观测混杂因素的影响也可以考虑进去,潜在结果模型(8.28)允许未观测因素 $\lambda_t \mu_i$ 随时间和个体而变化。由于合成控制法要求权重必须在 0—1 之间,因而,如果干预组观测特征远远大于或小于控制组个体特征,将无法找到合适的权重拟合干预组个体,即干预组特征向量无法用控制组特征向量的凸组合进行构建,此时,将无法使用合成控制法。当然,如果愿意放松假设,允许负的权重,从而允许外推,那么,仍然可以通过类似合成控制法的方法,得到一个合成的控制组(Abadie et al.,2015)。Hsiao et al.(2012)的面板政策评估方法就允许负的权重,下一节我们介绍 Hsiao et al.(2012)的面板政策评估方法。

第四节 回归合成方法

Hsiao et al.(2012)提出了一种面板数据政策评估方法,与 Abadie et al.(2010)的合成控制方法类似,也是利用未受到干预的控制组个体的信息来估计干预组个体的反事实结果。为了叙述方便,Hsiao et al.(2012)提出的面板数据政策评估方法后文中简称为"回归合成方法"。回归合成方法的基本思想是利用截面个体之间的相关性估计干预组个体事后的反事实结果,他们将这种相关性归因于驱动截面个体的共同因子。从这种意义上而言,回归合成方法与合成控制法有共同之处,合成控制法实际上也是利用共同因子的推动来预测干预组反事实结果的,但是,二者权重不同——在合成控制方法中,权重非负,不允许外推,合成控制组为控制组个体的凸组合,而在回归合成方法中,允许权重为负,并且允许常数项的存在以修正合成控制组与干预组之间的差异。

1. 回归合成方法的基本设定

与合成控制法设定类似,也是只有一个干预组个体在某一时刻受到政策干预,而其他个体在所有考察时期均没有受到政策干预。同样地,假设有 $N+1$ 个个体,第 1 个个体在 $t>T_0$ 期受到政策干预,其他 N 个个体为潜在的控制组,没有受到政策干预。用 D_{it} 来表示个体 i 在 t 期的干预状态,则有

$$D_{it} = \begin{cases} 1 & i=1, t>T_0 \\ 0 & \text{其他情况} \end{cases}$$

同样,用 Y_{1it}、Y_{0it} 表示两个潜在结果,Y_{it} 表示观测结果,则

$$Y_{it} = D_{it}Y_{1it} + (1-D_{it})Y_{0it} = Y_{0it} + \tau_{it}D_{it}$$

其中,$\tau_{it} = Y_{1it} - Y_{0it}$,为个体 i 第 t 期的政策效应。这里关心的是干预组个体 1 在政策干预之后的政策效应,即

$$\tau_{1t} = Y_{1it} - Y_{0it} = Y_{it} - Y_{0it} \quad t = T_0+1,\cdots,T \tag{8.33}$$

假设所有个体的基线潜在结果服从下列共同因子模型:

$$Y_{0it} = \mu_i + b_i'f_t + \varepsilon_{it} \quad i=1,\cdots,N+1, \ t=1,\cdots,T \tag{8.34}$$

其中 μ_i 为个体固定效应,f_t 为 $K\times 1$ 维的未观测时变共同因子,b_i 为不随时间变化但可能随个体变化的常数,ε_{it} 为误差项,满足 $E[\varepsilon_{it}]=0$。将模型(8.34)写成矩阵形式:

$$Y_{0t} = \mu + Bf_t + \varepsilon_t \tag{8.35}$$

其中,$Y_{0t}=(Y_{01t},\cdots,Y_{0N+1t})'$,$\mu=(\mu_1,\cdots,\mu_{N+1})'$,$\varepsilon_t=(\varepsilon_{1t},\cdots,\varepsilon_{N+1t})'$,$B=(b_1,\cdots,b_{N+1})'$ 为 $(N+1)\times K$ 的共同因子系数矩阵。引入下列假设:

假设 1 对于所有个体 i,有 $\|b_i\|=c<\infty$。

假设 2 $\varepsilon_t \sim I(0)$,并且 $E[\varepsilon_t]=0$,$E[\varepsilon_t\varepsilon_t']=V$,$V$ 为对角常数矩阵。

假设 3 $E[\varepsilon_t f_t']=0$。

假设 4 $\text{Rank}(B)=K$。

假设 5 $E[\varepsilon_{js}|D_{it}]=0$,$j\neq i$。

模型(8.34)假设个体结果由两部分构成:影响所有个体结果的时变共同因子 f_t 和个体固定效应 μ_i 及个体扰动项 ε_{it}。假设个体特质部分之间是不相关的,个体结果之间的相关性主要是由共同因子造成的,但是共同因子对个体的影响可以不同,即 $b_i \neq b_j$。对于共同因子的时间序列特征没有施加任何限制,可以是平稳序列,也可以是非平稳序列。假设 4 意味着截面个体数大于共同因子数,即 $N+1>K$。假设 5 对个体同期扰动项 ε_{it} 和政策变量 D_{it} 没有要求,它们可以

相关,也可以独立。如果同期两者相关,则存在根据未观测因素进行的选择(selection on unobservables),如果两者相互独立,则满足 Rosenbaum and Rubin (1983)的条件独立性假设。假设 5 只要求个体 j 的误差项均值独立于 D_{it},$j \neq i$,说明除共同因子之外,个体之间没有溢出效应。

在假设 1—5 下,如果能够识别 μ_1、b_1 和 f_t,则可以利用 $\hat{Y}_{01t} = \mu_1 + b_1' f_t$,$t = T_0 + 1, \cdots, T$ 来预测政策实施后干预组的反事实结果 Y_{01t}。但是,这里个体固定效应、共同因子都是不可观测的,因而,无法直接估计干预组个体事后的政策效应。根据上文的假设,所有个体都受到时变共同因子的影响,事后共同因子的影响将体现在控制组的观测结果中,因而,可以从事后控制组的观测结果中反推出时变因子,并利用事前干预组观测结果与控制组事前观测结果之间受共同因子影响而造成的相关关系,估计出事后如果干预组个体没有受到政策干预的反事实结果。实际上,回归合成方法直接利用控制组观测结果作为干预组个体观测结果的预测变量,其基本逻辑是由于所有个体均受到共同因子的影响,从而造成截面个体之间的相关性,根据事前截面个体之间的相关性,预测干预组和控制组个体之间的关系,如果事后干预组个体没有受到政策干预,那么,各截面个体将维持相似的依赖关系,从而利用这种事前的依赖关系,并利用事后控制组的观测结果估计出如果干预组个体没有接受干预的反事实结果。

具体地,令 $a = (1, -\gamma')$ 为 B 零空间中的一个向量,即 $a'B = 0$,其中 $\gamma = (\gamma_2, \cdots, \gamma_{N+1})'$,模型(8.35)两边同乘以 a',则可消去共同因子 f_t,从而得:

$$Y_{01t} = \gamma_1 + \gamma' Y_t + \varepsilon_{1t}^* \tag{8.36}$$

其中 $\gamma_1 = a'\mu$,$\varepsilon_{1t}^* = a'\varepsilon_t = \varepsilon_{1t} - \gamma'\varepsilon_t$,$\varepsilon_t = (\varepsilon_{2t}, \cdots, \varepsilon_{N+1,t})'$

由于 ε_{1t}^* 依赖于所有的误差项 ε_{jt},$j = 1, \cdots, N+1$,显然,ε_{1t}^* 与 Y_t 相关。为此,可以将 ε_{1t}^* 分解为两部分,$\varepsilon_{1t}^* = E[\varepsilon_{1t}^* | Y_t] + v_{1t}$,其中 $v_{1t} = \varepsilon_{1t}^* - E[\varepsilon_{1t}^* | Y_t]$,因而,$E[v_{1t} | Y_t] = 0$。(8.36)可以写为:

$$Y_{01t} = \gamma_1 + \gamma' Y_t + E[\varepsilon_{1t}^* | Y_t] + v_{1t} \tag{8.37}$$

假设 6 $E[\varepsilon_{1t}^* | Y_t] = \delta_1 + \delta' Y_t$。

由假设 6,(8.37)可以写为:

$$Y_{01t} = \beta_1 + \beta' Y_t + v_{1t} \tag{8.38}$$

其中 $\beta_1 = \gamma_1 + \delta_1$、$\beta = \gamma + \delta$,$E[v_{1t} | Y_t] = 0$,Hsiao et al.(2012)证明,如果 $T_0 \to \infty$,OLS 估计量将是参数的一致估计。可以利用事前数据估计模型(8.38)的参数,得到预测模型:

$$\hat{Y}_{01t} = \hat{\beta}_1 + \hat{\beta}' Y_t \tag{8.39}$$

因而,相应的政策效应为:

$$\hat{\tau}_{1t} = Y_{1t} - \hat{Y}_{01t}, \quad t = T_0 + 1, \cdots, T \tag{8.40}$$

反事实结果 Y_{01t}，$t=T_0+1,\cdots,T$ 依赖于个体固定效应 μ_1、共同因子 f_t、个体对共同因子的反应 b_1，以及个体特质性因素 ε_{1t}。然而，预测模型(8.39)并不需要这些信息，原因在于共同因子的信息已经蕴含在控制组观测结果 Y_t 之中，从而可以利用控制组信息 Y_t 代替共同因子来实现对政策效应的估计。

回归合成方法与上一节的合成控制方法具有很多相似之处，事实上，合成控制法也可以纳入回归合成方法的框架，观察合成控制模型(8.28)，令 $\mu_i=0$，$b_i'=(1,Z_i',\mu_i')$，$f_t'=(\delta_t,\theta_t',\lambda_t')$，则合成控制模型(8.28)也可以写成模型(8.34)的形式，但为了保证(8.36)成立，需要 $a'B=0$，这一条件要求 $\sum_{i=1}^{N+1}a_i=0$，$\sum_{i=1}^{N+1}a_iZ_i'=0'$，$\sum_{i=1}^{N+1}a_i\mu_i'=0$。合成控制法通过 $\hat{Y}_{01t}=\sum_{i=2}^{N+1}a_iY_{it}$ 来构造干预组的反事实结果，不过它要求 $a_i\geqslant 0$ 并且 $\sum_{j=2}^{N+1}a_i=1$，回归合成方法中不需要施加这一限制，从而允许外推。[①]

2. 回归合成控制组的选择

通过上文的讨论，我们知道，回归合成方法主要利用政策实施之前的数据来估计模型(8.38)，将估计的模型参数代入事后的控制组个体信息，得到干预组个体事后反事实结果的估计。当事前时期远远大于控制组个体数时，即 $T_0\gg N$，$N/T_0\to\infty$，可以利用所有控制组个体作为潜在的合成控制。但是，在应用中，T_0 和 N/T_0 往往是有限的，进入模型的控制组个体越多，上述模型的自由度损失越多，估计精度会越低，因而，在模型拟合时存在着拟合程度与估计精度之间的权衡。

Hsiao et al.(2012)提出了一种两步法来解决这一问题，首先，依次选择 1，2，$\cdots$，N 个控制组个体进入模型，利用拟合优度 R^2 或似然值来选择模型。对于有 m 个控制组进入模型时，共需要估计 $C_N^m = m!/[N!(N-m)!]$ 个模型，利用 R^2 或似然值，从中选择拟合最好的一个模型，记为 $M(m)^*$。依次选择下来，共得到 N 个模型即 $M(1)^*,\cdots,M(N)^*$。然后，利用模型选择标准，选择最优的模型。Hsiao et al.(2012)建议利用 AIC 或 AICC 标准进行选择，两个模型选择标准定义如下：

$$\text{AIC}(p) = T_0\ln\left(\frac{e_0'e_0}{T_0}\right)+2(p+2) \tag{8.41}$$

$$\text{AICC}(p) = \text{AIC}(p)+\frac{2(p+2)(p+3)}{T_0-(p+1)-2} \tag{8.42}$$

[①] 两种方法的详细比较可以参见 Hsiao et al.(2012)。

其中 p 为模型中包含的控制组个体数，e_0 为相应模型的 OLS 回归残差向量。

3. 案例：CEPA 对香港经济的影响

Hsiao et al.(2012)考察了 1997 年香港回归以及 2003 年在香港签署的《内地与香港关于建立更紧密经贸关系的安排》(CEPA)对香港经济的影响。作者发现香港回归对香港经济没有明显影响，但 CEPA 对香港经济具有显著的正向影响。

这里主要考察 CEPA 对香港经济的影响。主要的结果变量是经济增长率，CEPA 于 2004 年正式实施，因而，自 2004 年起香港经济可能受到 CEPA 安排的影响。为了估计 CEPA 对香港经济的影响，需要估计如果没有 CEPA 安排，香港的经济会是什么状态，即估计香港经济增长的反事实结果。

因为香港是一个城市，从经济规模上而言，相对较小，香港应该不会对其他经济体有很大的影响，为此，选择澳大利亚、奥地利、加拿大、中国大陆、丹麦、芬兰、法国、德国、印度尼西亚、意大利、日本、韩国、马来西亚、墨西哥、荷兰、新西兰、挪威、菲律宾、新加坡、瑞士、台湾地区、泰国、英国和美国等 24 个国家或地区作为潜在的控制组(donor pool)，使用 1993 年第 1 季度到 2008 年第 1 季度的季度数据进行估计。

首先，利用上文提出的两步法以及 2004 年之前的数据，估计模型(8.38)，对于同样数目的地区进入控制组时，利用 R^2 来选择最优的模型 $M(m)^*$，$m=1$, $\cdots$, 24，然后再利用模型选择校准 AICC 进行比较选择最优的模型。通过这一方法，最终合成的控制组包括奥地利、意大利、韩国、墨西哥、挪威和新加坡等 6 个国家，具体权重见表 8.6。因而，反事实香港地区可以用 −1 个奥地利、−0.3 个意大利、0.3 个韩国、0.3 个墨西哥、0.3 个挪威和 0.2 个新加坡进行合成，与合成控制法要求不同，这里奥地利和意大利的权重为负值。

表 8.6 合成控制组的权重：AICC, 1993:Q1—2003:Q4

	β	std. err.	t-stat
Constant	−0.0019	0.0037	−0.5240
Austria	−1.0116	0.1682	−6.0128
Italy	−0.3177	0.1591	−1.9971
Korea	0.3447	0.0469	7.3506
Mexico	0.3129	0.0510	6.1335
Norway	0.3222	0.0358	5.9912
Singapore	0.1845	0.0546	3.3812

注：复制 Hsiao et al.(2012)的表 XX。

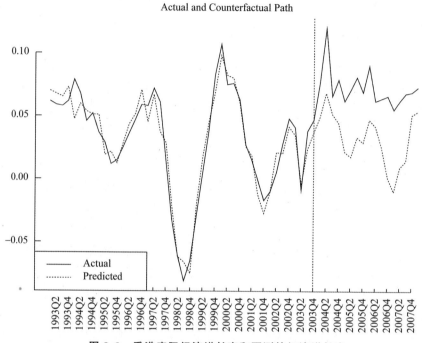

图 8.8 香港实际经济增长率和预测的经济增长率

合成效果和政策效应见图 8.8,图中实线为香港实际的经济增长率,虚线为合成香港的经济增长率,可以看出,2004 年 CEPA 安排正式实施之前,两者几乎完全重合,说明合成控制组基本上与香港的运行模式相一致。2004 年起,两条曲线产生明显的差异,虚线在实线的下方,意味着,如果没有 CEPA 安排,香港的经济增长率将比实际的要低一些,这说明 CEPA 安排促进了香港的经济增长。具体地,CEPA 对香港经济增长率的平均影响为 4.03%,标准误差为 0.0160,因而,政策影响是显著的。

第五节 面板评估方法的软件实现

1. 双重差分方法在 Stata 中的实现

对于双重差分方法,可以使用 Stata 软件的回归命令 regress 进行分析,利用回归 DID 方法估计双重差分估计量。这里介绍一个用户写的命令 diff,diff 除了可以做经典的 DID 回归之外,还可以进行核匹配 DID 和分位数 DID,diff

的语法和基本选项为:①

> diff outcome_var [if] [in] [weight], period(varname) treated(varname) [cov(varlist) kernel id(varname) bw(#) ktype(kernel) rcs qdid(quantile) pscore(varname) logit support addcov(varlist) cluster(varname) robust bs reps(int) test report nostar export(filename)]

outcome_var 是结果变量,必选项 period() 告诉软件时期变量,treated() 告诉软件干预变量。其他选项全部是可选项,如果需要控制协变量,可以加入可选项 cov(varlist),varlist 为协变量列表;如果想利用核匹配方法,可以选择可选项 kernel,用核匹配必须加上选项 id(varname) 告诉软件面板的截面 id 变量,同时 bw(#) 可以选择带宽,默认为 0.06,ktype(kernel) 可以选择核函数类型,如果已经估计出了倾向指数,可以利用选项 pscore(varname) 将估计好的倾向指数提供给软件,如果想让软件自己估计,需要提供进入倾向指数模型的协变量,默认使用 cov(varlist) 提供的协变量列表,如果还需要引入额外的协变量,可以通过选项 addcov(varlist) 添加。软件默认利用 probit 模型估计倾向指数,如果想利用 logit 模型估计,可以使用 logit 选项。如果匹配限制在共同区间上,可以加 support 选项。在核匹配时,如果使用的是重复截面数据,可以使用 rcs 告诉软件,并且不需要加选项 id(varname)。cluster 和 robust 分别可以选择标准误差的形式,如果两者都不选,默认为同方差假设下的标准误差。test 可以进行协变量平衡性检验,report 选项可以报告协变量的系数信息。选项 bs 和 reps(int) 可以利用自助法估计标准误差,reps(int) 选择重复抽样次数,export(filename) 可以将估计结果输出到文本文件。

下面利用 Card and Krueger (1994) 的数据 cardkrueger1994.dta,估计新泽西州最低工资调整对新泽西州快餐业就业的影响,数据为两期面板数据,主要变量含义如下:id 为快餐店 ID;t 为时间,干预前取 0,干预后取 1;treated 为分组变量,1 为新泽西州,0 为宾州;fte 为全职就业人数,主要的协变量 bk、fkc、roys、wendys 为四家快餐店连锁品牌。

首先,估计一个最基本的 DID 模型,不控制任何协变量,结果如下:②

---

① diff 为用户写的命令,在使用之前首先要安装该程序包,可以通过命令 ssc install diff, replace 安装或利用 findit diff 找到安装源进行安装。

② 这一结果实际上可以利用回归命令 reg fte t# #treated, vce(robust) 得到。

```
. diff fte, period(t) treated(treated) robust
```

DIFFERENCE-IN-DIFFERENCES ESTIMATION RESULTS

Number of observations in the DIFF-IN-DIFF: 780

	Baseline	Follow-up	
Control	76	76	152
Treated	314	314	628
	390	390	

Outcome var.	fte	S. Err.	t	P>|t|
Baseline				
Control	20.013			
Treated	17.069			
Diff (T-C)	-2.944	1.440	-2.04	0.041**
Follow-up				
Control	17.523			
Treated	17.518			
Diff (T-C)	-0.005	1.037	-0.00	0.996
Diff-in-Diff	2.939	1.774	1.66	0.098*

R-square: 0.01

— Means and Standard Errors are estimated by linear regression

— Robust Std. Errors

** Inference: *** $p<0.01$; ** $p<0.05$; * $p<0.1$

结果显示,最低工资调整使新泽西州快餐业店均雇佣人员上升3人,并且在10%显著性水平下显著。为了控制不同快餐店连锁品牌的差异,可以通过引入选项cov(bk fkc roys)对快餐店类型进行控制。下面使用核匹配方法估计PSM-DID估计量,估计结果如下:

```
. diff fte, period(t) treated(treated) robust cov(bk kfc roys) kernel id(id)
```
(输出略)

这里让软件自行估计倾向指数模型,软件默认用probit模型进行估计,diff会产生一个新的变量_ps保存拟合的倾向指数。PSM-DID估计量为3.088,仍然在10%水平下显著。如果想看政策干预对不同分位的影响,比如想了解新泽西州最低工资调整对90分位上的快餐店的影响程度,可以利用qdid(quantile)选项,估计结果显示,在90分位上,政策调整对就业有显著影响,工资调整使90分位上的快餐店就业人数增加6.25人!

```
. diff fte, period(t) treated(treated) cov(bk kfc roys) qdid(0.9)
```
（输出略）

可以通过引入选项 test 检验协变量的平衡性,下面的输出结果显示,三个协变量 bk、fkc、roys 在干预组和控制组之间没有显著的差异,因而满足平衡性。

```
. diff fte, period(t) treated(treated) cov(bk kfc roys) test
```
TWO-SAMPLE T TEST

Number of observations (baseline): 390

	Baseline	Follow-up
Control:	76	— 76
Treated:	314	— 314
	390	—

t-test at period = 0:

Variable(s)	Mean Control	Mean Treated	Diff.	|t|	Pr(|T|>|t|)
fte	20.013	17.069	-2.944	2.43	0.0155**
bk	0.447	0.411	-0.037	0.58	0.5634
kfc	0.158	0.217	0.059	1.14	0.2569
roys	0.224	0.248	0.025	0.45	0.6533

*** p<0.01; ** p<0.05; * p<0.1

2. 合成控制法在 Stata 软件中的实现

Abadie et al.(2010)的作者提供了合成控制法的 Stata 软件包 synth,[①]使用之前要先进行安装,可以使用命令 ssc install synth, replace 或通过 findit synth 搜索到程序源后点击安装。synth 命令的语法和基本选项如下:

```
synth depvar predictorvars, trunit(#) trperiod(#) [counit(numlist) xperiod
(numlist) mspeperiod() resultsperiod() nested allopt unitnames(varname) figure
keep(file) customV(numlist) optsettings]
```

depvar 是结果变量,predictorvars 是模型(8.28)的可观测变量 Z_i,有两个必选项,trunit(#)用于设定干预组个体,# 为干预组个体的代码,trperiod# 来设定政策干预时点,# 为 T_0,比如政策干预 1988 年通过,1989 年正式实施,那么,政

[①] 作者还提供了 Matlab 和 R 语言的相应程序包,可以参考 http://web.stanford.edu/~jhain/synthpage.html。

策干预时点为 1988。剩下的全是可选项，counit(numlist)是选择控制组个体的代码列表，如果不加该选项，默认数据中除干预组个体外的所有个体都是控制组个体，如果不想使用全部的控制组作为备选，可以利用该可选项来选择想使用的控制组个体；xperiod(numlist)设定协变量进行平均的时间段，比如想利用 1980—1988 年的平均值作为协变量的取值，则可加选项 xperiod(1980(1)1988)，如果不加该可选项，默认利用政策干预时点前的所有数据进行平均；mspeperiod()用来设定参数估计时使 MSPE 最小化的干预前时期，如果不加该可选项，默认参数估计时利用干预时点前所有时期数据使 MSPE 最小。resultsperiod()用来设定产生的图形中所显示的时期，如果只想显示出 1980—1990 年间的合成情况，可以加上选项 resultsperiod(1980(1)1990)，如果不加该可选项，默认显示数据所有时期；如果加上 nested 选项，程序会在所有对角正定矩阵中进行搜索以找到拟合更优的权重向量；如果选用了 nested 选项，还可以加上 allopt 可选项，得到更稳健的估计结果，当然需要更多的计算时间；unitnames(varname)可以将个体代码显示为它们的名称，varname 是包含个体名称的字符型变量。加上可选项 figure 可以输出干预组及合成控制组的变化曲线图；keep(file)可以将合成控制结果保存到文件 file.dta 中，从而用于后续的分析，如果加上该选项，产生的数据 file.dta 包括以下几个变量：_time 是原始数据的时间变量，_Y_treated 是原始数据中干预组个体的观测结果，_Y_synthetic 是合成控制组结果，即估计的干预组反事实结果，_Co_Number 是控制组名称，_W_weight 为对应控制组个体的合成控制权重。用户可以利用可选项 customV(numlist)来设定初始的矩阵 V，optsettings 可以设定其他的最优化参数。

下面我们使用 Abadie et al.(2010)的数据 smoking.dta，评估加州 99 法案对加州人均香烟消费的影响。smoking.dta 包含 7 个主要变量，state 是州代码，3 为加州，其余为 38 个潜在控制州，year 为年份变量，cigsale 为人均香烟销售量，lnincome 为对数州人均 GDP，beer 为人均啤酒消费量，age15to24 为州人口中 15—24 岁人口所占比重，retprice 为香烟零售价格。图 8.4 显示出 38 个控制州香烟消费的平均值并不是加州人均香烟消费量很好的反事实结果估计。下面使用 synth 命令构造合成控制组。

在使用 synth 命令之前，首先要告诉 Stata 使用的数据为面板数据，可以使用 xtset 或 tsset 命令将数据设置为面板数据，然后才能使用 synth 命令。使用命令 tsset state year 将数据设置为面板数据，下面结果显示，state 是截面个体变量（平衡面板），year 是时间变量，从 1970 到 2000 年，间距为 1 年。

```
. tsset state year
    panel variable: state (strongly balanced)
    time variable: year, 1970 to 2000
        delta: 1 unit
```

利用 38 个潜在的控制组进行合成控制运算,beer(1984(1)1988)表示利用 1984—1988 年的人均啤酒消费量平均值,协变量 lnincome、retprice、age15to24 没有加时间限制,它们是根据后面 xperiod(1980(1)1988)设定的时间计算平均值,另外,还引入了三年的人均香烟消费量作为协变量,分别是 cigsale(1988)、cigsale(1980)、cigsale(1975)。干预组加州代码为 3,使用必选项 trunit(3),政策干预期为 1988 年后,使用必选项 trperiod(1988),并加上可选项 fig 将估计出的合成加州和实际加州人均香烟消费量用线型图呈现出来。这里没有限制备选控制组个体以及数据拟合的时期,因而使用默认的除加州外的所有州作为控制组,并拟合所有时期的结果。

运行结果如下,首先报告数据准备情况,数据准备成功,会显示干预组个体、控制组个体构成,然后报告因变量为 cigsale,在哪些时期上最小化均方预测误差,本例为 1970—1987 年,接着是预测结果时间段,本例没有限制时间段,预测时期为全部时间段,即 1970—2000 年。接着报告主要的协变量,就是在命令中设定的形式,并且指出,如果没有专门设定,对应协变量为 xperiod()设定时间段的平均值,本例为 1980—1988 年,beer 和三个年份的 cigsale 设定了时间,不受该时期限制的影响。至此,数据准备完成。接着进入第二阶段,运用最优化程序,估计合成控制权重 W^*,这里如果加上了可选项 nested、allopt,运行时间会较长。优化完成后,进入第三步,报告结果。首先报告预测均方误差,然后报告合成控制权重,最后报告干预组和合成控制组各变量平均值,进行平衡性比较。如果加上可选项 fig,则会画出干预组实际结果及合成控制组的预测结果,见图 8.5。

```
. synth cigsale beer(1984(1)1988) lnincome retprice age15to24 cigsale(1988) cig
> sale(1980) cigsale(1975) , trunit(3) trperiod(1988) xperiod(1980(1)1988) fig
```

Synthetic Control Method for Comparative Case Studies

First Step: Data Setup

Data Setup successful

```
             Treated Unit: California
             Control Units: Alabama, Arkansas, Colorado, Connecticut,
                     Delaware, Georgia, Idaho, Illinois, Indiana,
                     Iowa, Kansas, Kentucky, Louisiana, Maine,
                     Minnesota, Mississippi, Missouri, Montana,
                     Nebraska, Nevada, New Hampshire, New Mexico,
                     North Carolina, North Dakota, Ohio, Oklahoma,
                     Pennsylvania, Rhode Island, South Carolina, South
                     Dakota, Tennessee, Texas, Utah, Vermont,
                     Virginia, West Virginia, Wisconsin, Wyoming
```

```
             Dependent Variable: cigsale
  MSPE minimized for periods: 1970 1971 1972 1973 1974 1975 1976 1977 1978 1979
                     1980 1981 1982 1983 1984 1985 1986 1987
Results obtained for periods: 1970 1971 1972 1973 1974 1975 1976 1977 1978 1979
                     1980 1981 1982 1983 1984 1985 1986 1987 1988 1989
                     1990 1991 1992 1993 1994 1995 1996 1997 1998 1999
                     2000
```

```
                  Predictors: beer(1984(1)1988) lnincome retprice age15to24
                          cigsale(1988) cigsale(1980) cigsale(1975)
```

```
Unless period is specified
predictors are averaged over: 1980 1981 1982 1983 1984 1985 1986 1987 1988
```

```
Second Step: Run Optimization
```

```
Optimization done
```

```
Third Step: Obtain Results
```

```
Loss: Root Mean Squared Prediction Error
```

RMSPE	1.997492

Unit Weights:

Co_No	Unit_Weight
Alabama	0
Arkansas	0
Colorado	.314
Connecticut	.117
Delaware	0
Georgia	0
Idaho	0
Illinois	0
Indiana	0
Iowa	0
Kansas	0
Kentucky	0
Louisiana	0
Maine	0
Minnesota	0
Mississippi	0
Missouri	0
Montana	0
Nebraska	0
Nevada	.226
New Hampshire	0
New Mexico	0
North Carolina	0
North Dakota	0
Ohio	0
Oklahoma	0
Pennsylvania	0
Rhode Island	0
South Carolina	0
South Dakota	0
Tennessee	0
Texas	0
Utah	.342
Vermont	0
Virginia	0
West Virginia	0
Wisconsin	0
Wyoming	0

Predictor Balance:

	Treated	Synthetic
beer(1984(1)1988)	24.28	23.2213
lnincome	10.07656	9.902686
retprice	89.42222	89.70972
age15to24	.1735324	.1747484
cigsale(1988)	90.1	92.8454
cigsale(1980)	120.2	120.6818
cigsale(1975)	127.1	126.3262

如果想将估计结果保存下来,用于后面的分析,可以加上选项 keep(file),估计结果将会保存到 file.dta 中。可以利用数据 file.dta 的变量 _Y_treated 和 _Y_synthetic 通过命令 generate te = _Y_treated — _Y_synthetic 得到各期的政策效应,然后用命令 line te _time 画出类似图 8.6 的图形。如果想检验估计结果的显著性,可以将每个控制组个体单独拿出来,将它作为伪控制组个体替代加州的位置,将加州放回到控制组,重复上面的过程,可以得到另外 38 个类似于 8.6 的图形,检验加州的政策效应在所有 38 个控制州伪政策效应中的分布情况,如果处于分布的极端,说明加州的政策效应显著,相应图形类似于图 8.7。

3. 回归合成法在 Stata 软件中的实现

Hsiao et al. (2012)的回归合成法在 Stata 软件中很容易实现,主要使用回归命令 regress。回归合成法分成两个步骤,第一步,首先分别引入 1 个控制组个体,2 个控制组个体,$\cdots$,N 个控制组个体作为协变量进行回归,比如对于引入 1 个控制组个体作为协变量,共需要跑 $C_N^1 = N$ 个回归,然后从中取 R^2 或似然值最大的模型作为 $M(1)^*$;对于引入 2 个控制组个体作为协变量,共需要跑 $C_N^2 = N(N-1)/2$ 个回归,同样地,从中选择 R^2 或似然值最大的模型作为 $M(2)^*$,依此类推,直到得到 $M(N)^*$ 为止。第二步,利用 AIC 或 AICC 模型选择标准,从 $M(1)^*,\cdots,M(N)^*$ 中选择 AIC 或 AICC 最小的模型 $M(m)^*$,模型 $M(m)^*$ 对应的权重就是最优的合成控制组权重,相对比较容易实现,不再详述。①

第六节 总 结

本章介绍了面板数据政策评估的主要方法,首先介绍了最常用的固定效应模型,它可以用来克服不随时间变化的混杂因素造成的内生性问题。然后介绍了双重差分法,它实际是固定效应模型的一种变化,但更直观,适用于政策影响部分群体的情形,主要的识别条件是共同趋势假设或不变偏差假设,它与固定效应方法一样,是可以克服不随时间变化的混杂因素造成的内生性问题。合成控制法和回归合成法均类似于双重差分方法,但适用于干预组只有一个个体,往往是地区或国家,两种方法类似,均假设所有个体受到时变未观测混杂因素的共同推动,使干预组个体与控制组个体之间发生依赖关系,从这种依赖关系中估计干预组的反事实结果。两种方法均允许存在随时间变化的未观测混杂因素,从而要求的识别条件比 DID 和固定效应方法弱。

推荐阅读

Angrist and Pischke(2009)第 5 章对 DID 和固定效应方法进行了简要介绍。关于面板数据固定效应方法更详细的讨论可以参考 Wooldridge(2010)和 Hsiao(2014)。Imbens and Wooldridge(2009),Lechner(2010) 对 DID 方法进行了很好的综述。合成控制法可以参考 Abadie and Gardeazabal (2003),Abadie et al. (2010)和 Abadie et al. (2015)等。关于回归合成方法可以参考 Hsiao et al. (2012),Ouyang and Peng (2015)等。

---

① Vega-Bayo(2015)构造了回归合成控制法的 R 语言宏包 pampe,熟悉 R 语言的读者可以使用 pampe 进行回归合成估计,在此不再赘述。

第九章 断点回归设计

断点回归设计(Regression Discontinuity Design,RDD)最早是由 Thistlethwait and Campbell (1960)在研究奖学金对学生未来成绩影响的时候提出的。因为奖学金的评比根据以往的学习成绩,当成绩满足某一特定门槛时,学生将获得奖学金的资助,低于该门槛将得不到奖学金,成绩在门槛附近两边的学生具有很好的可比性,因而可以利用奖学金评比中的成绩门槛形成的断点作为一种自然实验来识别奖学金对学生未来成绩的因果影响。但是,这种方法提出以后没有引起学术界的关注,作者也认为断点回归设计适用场景有限,[1]直到经济学家重新将 RDD 策略挖掘出来,特别是 Hahn et al.(2001)对 RDD 策略的识别条件、估计方法、统计推断进行了理论上的证明,从而使 RDD 策略重新焕发生机,随后有关 RDD 的理论和应用文献大量涌现,在经济学、政治学及社会学等领域广泛应用,成为目前经验分析中最为热门的一种研究设计策略。[2]

本章主要介绍精确断点回归设计(Sharp RDD)和模糊断点回归设计(Fuzzy RDD)[3]的识别条件和估计方法,另外,对弯折回归设计(Regression Kink Design)也会进行简要介绍。

第一节 断点回归设计

断点回归设计的基本思想是一个原因变量或干预(D)完全依赖于一个参考变量(X),[4]参考变量本身可以对结果有影响,也可以没有影响,如果有影响,假设结果变量(Y)与参考变量(X)之间的关系是连续的,其他可能影响结果的因素(Z)在断点处也是连续的,那么,结果变量 Y 在断点处的跳跃就可以解释为原因变量 D 的影响。断点回归设计根据干预的分配规则可以分为两类:精确断点

---

[1] Compbell 认为 RDD 仅适用于教育学领域有限的场景。关于断点回归设计的历史和发展可以参考 Cook(2008)。

[2] 有关 RDD 方法的综述可以参考 van der Klaauw (2008)、Imbens and Lemieux (2008)、Lee and Lemieux (2010)、Keele and Titiunik (2015)、Skovron and Titiunik (2015) 等。

[3] 模糊断点回归的称谓来自于 Trochim(1984)。

[4] 英文中称之为 running variable、forcing variable 或 assignment variable,我们称之为参考变量,因为原因变量或干预的分配完全参考这一变量是否超过一个临界值。

回归和模糊断点回归。精确断点回归是指干预分配完全由参考变量是否超过临界值决定,用公式表示,$D=1(X \geq x_0)$,其中 $1(\cdot)$ 为示性函数,条件成立取 1,条件不成立取 0,x_0 是临界值,因而,如果参考变量超过(或等于)临界值,则个体接受干预,$D=1$,如果参考变量不超过临界值,则个体没有被干预,$D=0$。以 Thistlethwait and Campbell (1960) 关于奖学金的影响为例,如果学生成绩超过门槛则获得奖学金,如果没有超过门槛则没有得到奖学金,这种情况下,是否得到奖学金完全由参考变量——学生分数是否超过门槛值决定。如果干预的分配不是完全由参考变量决定的,干预分配还受到其他研究者看不到的因素影响,但是,断点左右个体接受干预的可能性不同,比如,如果奖学金的评比除了以往学习成绩,还看学生领导能力,但是领导能力不可测度或者能力测度研究者无法观测,那么我们将看到,有些学生成绩超过了门槛,但没有得到奖学金,而有些学生成绩低于门槛,但得到了奖学金。但是总体上看,学生成绩超过门槛得到奖学金的可能性将高于低于门槛的学生,这种情况适用于模糊断点回归。用公式表示,在模糊断点回归中,$D=D(T,\varepsilon)$,其中 $T=1(X \geq x_0)$,ε 是影响干预的其他未观测因素,并且

$$\Pr[D=1 \mid T=1] \neq \Pr[D=1 \mid T=0]$$

即在断点左右个体接受干预的可能性不同。

断点回归设计的因果图可以用图 9.1 表示。图 9.1(a) 表示精确断点回归设计,X 是参考变量,比如表示以前的学习成绩,D 为干预变量或原因变量,表示是否获得奖学金,D 完全由参考变量 X 决定,Y 是未来的学习成绩,U 是其他影响学习成绩的因素,比如学生的能力,它不但影响未来的学习成绩,对以前的学习成绩也会有影响,但是可能不可观测。从图 9.1(a) 可以看出,混杂因素 U 产生一条后门路径 $D \leftarrow X \leftarrow U \rightarrow Y$,$U$ 不可观测,但是 X 是可以观测的,读者可能会想到,我们可以利用后门规则,以 X 为条件阻断该后门路径,从而识别因果路径 $D \rightarrow Y$ 所反映的因果效应。问题是当我们以 X 为条件时,由于参考变量 X 完全决定 D,从而 D 不再有变动性,也就无法识别 D 对 Y 的因果影响。事实上,由于精确断点回归设计情形下,参考变量完全决定了干预分配,从而一旦控制 X,D 也就没有任何变动性了,将独立于任何随机变量,当然也独立于潜在结果,因而在回归方法和匹配方法中要求的识别条件 CIA 在这里显然是满足的,即 $(Y_{1i}, Y_{0i}) \perp\!\!\!\perp D_i \mid X_i$。但是共同区间假设 $0 < \Pr[D_i=1 \mid X_i] < 1$ 是不满足的,参考变量一旦超过临界值,所有个体都进入了干预组,从而 $\Pr[D_i=1 \mid X_i \geq x_0]=1$,而一旦低于临界值,所有个体都进入了控制组,$\Pr[D_i=1 \mid X_i < x_0]=0$,因而,无法利用回归方法或匹配方法获得因果效应的估计。精确断点回归就是利用

个体在断点处如果不能精确控制参考变量,使得在断点附近近似于完全随机化实验,从而在断点附近两边的个体具有非常相似的特征,可以利用两边个体结果的差异来估计干预的因果效应。从图上看,如果我们将关注的个体集中在断点附近的区域,相当于切断了图中的后门路径 $D \leftarrow X \leftarrow U \rightarrow Y$,从而可以利用随机化实验中的分析方法来进行因果效应的分析,问题是应该选择多近的区域,在后文中我们会进行详细讨论。

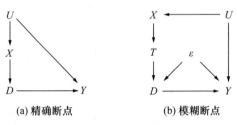

(a) 精确断点　　　　(b) 模糊断点

图 9.1　RDD 因果图

图 9.1(b)描述的是模糊断点回归设计。个体的干预状态不完全取决于参考变量,还受到其他未观测因素的影响,干预状态 D 同时受到 T 和 ε 的影响,$T=1(X \geqslant x_0)$ 是完全由参考变量 X 决定的。同样地,未观测混杂因素 U 可能同时影响 X 和结果变量 Y。此外,影响 D 的未观测因素 ε 也可能同时影响结果变量 Y。我们关心的是因果路径 $D \rightarrow Y$ 所体现的因果效应,但混杂了两条后门路径 $D \leftarrow T \leftarrow X \leftarrow U \rightarrow Y$ 和 $D \leftarrow \varepsilon \rightarrow Y$ 的影响。仍然用奖学金的例子,现在假设奖学金的评比除了参考以往的成绩 X,还参考学生领导能力等平时表现 ε,但这一因素研究者无法观测;T 表示学生以往分数是否超过临界点,会直接影响学生是否能获得奖学金,但与精确断点回归设计不同,它并不完全决定最终的奖学金分配状态 D;未观测因素 U 表示学生的学习能力,同时影响学生以往的学习成绩 X 和未来的学习成绩 Y,而 ε 可能也会影响个人成绩。这时,我们可以利用后门规则,以 X 或 T 为条件,可以阻断后门路径 $D \leftarrow T \leftarrow X \leftarrow U \rightarrow Y$ 的影响,但是后门路径 $D \leftarrow \varepsilon \rightarrow Y$ 造成的混杂影响仍然无法消除。如果个体不能精确地控制参考变量 X,在断点附近近似于完全随机化实验,T 近似于完全随机化分配的,在断点附近两边的个体具有较好的可比性。与精确断点回归设计不同的地方在于,断点两边的个体与实际接受的干预状态并不一致,即在断点右边的个体不一定接受干预,断点左边个体也有可能接受干预。不妨假设断点右边个体接受干预的可能性更大,奖学金的例子中,分数超过临界点则获得奖学金的可能性会更高。但是,获得奖学金的个体和没有获得奖学金的个体即使在断点附近也可能不可比,比如获得奖学金的个体很多可能在平时表现上获得了

加分,而未获得奖学金的学生在平时表现上可能会差一些。但是,对于断点附近群体,以往成绩是否超过断点,即变量 T,会对最终是否获得奖学金 D 有着重要的影响,或密切相关,但 T 在断点附近近似于随机化分配的,从而使得 T 成为 D 天然的工具变量。在图 9.1(b)中,当我们将样本限制在断点附近较小的领域内时,近似相当于固定了 X 值,从而阻断了后门路径 $D \leftarrow T \leftarrow X \leftarrow U \rightarrow Y$ 造成的混杂影响,但是另一条后门路径 $D \leftarrow \varepsilon \rightarrow Y$ 造成的混杂影响仍然存在,当第一条后门路径的影响消除之后,T 就成为 D 的一个有效的工具变量,从而可以识别出 D 对 Y 的因果影响。至于如何选择断点附近较小的领域,我们后文进行讨论。下面,我们讨论断点回归设计的基本识别条件。

假设 9.1(断点假设) 假设极限

$$p^+ = \lim_{x \to x_0^+} E[D_i \mid X_i = x], \quad p^- = \lim_{x \to x_0^-} E[D_i \mid X_i = x]$$

存在,并且 $p^+ \neq p^-$。其中 $D_i = D(T_i, \varepsilon)$,$T_i = 1(X_i \geqslant x_0)$,如果是精确断点,则 $D_i = T_i$;$p(x) \equiv E[D_i \mid X_i = x] = \Pr[D_i = 1 \mid X_i = x]$ 为倾向指数,表示参考变量为 x 的个体进入干预组的概率,如果是精确断点,则 $p^+ = 1, p^- = 0$,即断点右侧个体都进入干预组,左侧个体进入控制组。[①]

假设 9.1 是说个体分配概率在临界值左右有跳跃,存在断点。如果是精确断点,那么个体干预状态 D_i 与断点 T_i 完全依从,在右侧均进入干预组,在左侧均进入控制组。如果是模糊断点,则存在着不完全依从的现象,从而 $D_i \neq T_i$,这时我们要求断点左右的分配概率存在间断,比如要求断点右侧个体接受干预的概率高于断点左侧的概率。

假设 9.2(连续性假设) $E[Y_{0i} \mid X_i = x]$、$E[Y_{1i} \mid X_i = x]$ 是 x 的函数,并且在 x_0 处是连续的,即

$$\lim_{\varepsilon \to 0} E[Y_{ji} \mid X_i = x_0 + \varepsilon] = \lim_{\varepsilon \to 0} E[Y_{ji} \mid X_i = x_0 - \varepsilon], \quad j = 0, 1$$

如果只关心干预组的平均因果效应(ATT),那么只需要 $E[Y_{0i} \mid X_i = x]$ 在 x_0 处连续。通常假设两潜在结果的条件期望函数均是连续函数,只假设在一点连续而在其他点不连续是比较奇怪的,因而,应用中通常假设在所有点上连续(Imbens and Lemieux, 2008)。

[①] 当然也可以反过来,右侧个体均进入控制组,而左侧个体均进入干预组,即有 $p^+ = 0, p^- = 1$,只要满足断点左右的分配概率存在间断就满足该基本假设,但正向性依从的假设往往更符合现实。

假设 9.3(局部随机化假设) 假设在断点附近近似于完全随机化实验,即
$$(Y_{1i}, Y_{0i}) \perp\!\!\!\perp D_i \mid X_i \in \delta(x_0) \tag{9.1}$$
其中 $\delta(x_0) = (x_0 - \delta, x_0 + \delta)$ 为 x_0 的 δ 邻域,$\delta > 0$ 为任意小的正数。

局部随机化假设要求个体不能精确控制或操纵参考变量使之超过临界值,在奖学金的例子中,学生对学习成绩具有一定的控制能力,学生知道未来奖学金会根据学习成绩进行分配,从而努力学习以超过临界成绩,当然对于成绩很好或成绩很差者,即离断点很远的学生存在着很大的差异,但是在断点附近,成绩是否能够超过临界点,可能存在着运气的成分,在断点附近,比如在百分制成绩中,超过临界点 1 分和低于临界点 1 分的学生学习能力等特征可能非常相似,1 分差异可能是偶然的成分或运气的成分造成的,但是高于临界点 1 分的就获得了奖学金,而低于 1 分的就没有拿到奖学金。只要学生不能精确地控制成绩,那么,在临界点附近的学生干预状态的分配就近似于完全随机化实验的结果。正是基于这一点,Lee and Lemieux(2010)认为 RDD 策略更加透明,估计结果更加令人信服,他们指出 RDD 是随机化实验的近亲,[1]他们还比较分析了 RDD 策略和随机化实验的相似性以及与其他识别方法的差别,读者可以参考他们的原文。如果个体能够精确地控制参考变量,比如学生可以通过找老师或其他方式修改自己的成绩,这样在断点附近两边的学生就可能出现较大差异,那么局部随机化假设将不再满足,从而 RDD 策略失效。局部随机化假设是 RDD 策略有效的关键假设之一,可以利用参考变量分布在断点处是否连续进行判断,McCrary(2008)提出了一种基于非参数的密度函数检验方法,后文会进行介绍。

定理 9.1(Hahn et al.,2001,定理 2) 如果断点假设 9.1、连续性假设 9.2 和局部随机化假设 9.3 成立,则有
$$E[\tau_i \mid X_i = x_0] = \frac{\mu^+ - \mu^-}{p^+ - p^-} \tag{9.2}$$
其中 $\tau_i = Y_{1i} - Y_{0i}$ 为个体因果效应,$\mu(x) = E[Y_i \mid X_i = x]$,$Y_i = Y_{0i} + \tau_i D_i$,$\mu^+ = \lim_{x \to x_0^+} \mu(x)$,$\mu^- = \lim_{x \to x_0^-} \mu(x)$。

定理 9.1 说明如果干预分配概率在临界点处有间断,但总体而言潜在结果是参考变量的连续函数,并且个体没有能力对参考变量进行精确的操纵,从而

---

[1] 原文是"…, namely that RD designs are particularly compelling because they are close cousins of randomized experiments"(Lee and Lemieux,2010,p. 285)。

在断点局部近似于完全随机化实验,那么,我们可以识别出在断点处的平均因果效应。如果是精确断点,断点完全决定干预分配状态,则 $p^+=1, p^-=0$,从而在断点处的平均因果效应为 $E[\tau_i|X_i=x_0]=\mu^+-\mu^-$,即在断点处结果平均值的跳跃可以解释为干预的影响。下面我们给出该定理的证明:

证明 考虑在断点左右观测结果的期望值变化,对于 $0<\varepsilon<\delta$,

$$E[Y_i \mid X_i = x_0 + \varepsilon] - E[Y_i \mid X_i = x_0 - \varepsilon]$$
$$= E[Y_{0i} + \tau_i D_i \mid X_i = x_0 + \varepsilon] - E[Y_{0i} + \tau_i D_i \mid X_i = x_0 - \varepsilon]$$
$$= \{E[Y_{0i} \mid X_i = x_0 + \varepsilon] - E[Y_{0i} \mid X_i = x_0 - \varepsilon]\}$$
$$+ \{E[\tau_i D_i \mid X_i = x_0 + \varepsilon] - E[\tau_i D_i \mid X_i = x_0 - \varepsilon]\} \quad (9.3)$$

其中第一行等号利用观测结果与潜在结果之间的关系

$$Y_i = D_i Y_{1i} + (1 - D_i) Y_{0i} = Y_{0i} + (Y_{1i} - Y_{0i}) D_i$$

当 $\varepsilon \to 0$,根据连续性假设 9.2,(9.3) 第二行第一项将趋近于 0,即

$$\lim_{\varepsilon \to 0} \{E[Y_{0i} \mid X_i = x_0 + \varepsilon] - E[Y_{0i} \mid X_i = x_0 - \varepsilon]\} = 0 \quad (9.4)$$

考虑 (9.3) 第二项,利用局部随机化假设 9.3,$X_i \in \delta(x_0)$,有 $\tau_i \parallel D_i | X_i$,则

$$E[\tau_i D_i \mid X_i = x_0 + \varepsilon] - E[\tau_i D_i \mid X_i = x_0 - \varepsilon]$$
$$= E[\tau_i \mid X_i = x_0 + \varepsilon] E[D_i \mid X_i = x_0 + \varepsilon]$$
$$- E[\tau_i \mid X_i = x_0 - \varepsilon] E[D_i \mid X_i = x_0 - \varepsilon]$$

两边取极限,由连续性假设 9.2 得

$$\lim_{\varepsilon \to 0} \{E[\tau_i D_i \mid X_i = x_0 + \varepsilon] - E[\tau_i D_i \mid X_i = x_0 - \varepsilon]\}$$
$$= \lim_{\varepsilon \to 0} \{E[\tau_i \mid X_i = x_0 + \varepsilon] E[D_i \mid X_i = x_0 + \varepsilon]\}$$
$$- \lim_{\varepsilon \to 0} \{E[\tau_i \mid X_i = x_0 - \varepsilon] E[D_i \mid X_i = x_0 - \varepsilon]\}$$
$$= E[\tau_i \mid X_i = x_0] p^+ - E[\tau_i \mid X_i = x_0] p^-$$
$$= E[\tau_i \mid X_i = x_0](p^+ - p^-) \quad (9.5)$$

对 (9.3) 两边求极限,并利用 (9.4) 和 (9.5) 得

$$\mu^+ - \mu^- = \lim_{\varepsilon \to 0} \mu(x_0 + \varepsilon) - \lim_{\varepsilon \to 0} \mu(x_0 - \varepsilon)$$
$$= E[\tau_i \mid X_i = x_0](p^+ - p^-)$$

从而,

$$E[\tau_i \mid X_i = x_0] = \frac{\mu^+ - \mu^-}{p^+ - p^-}$$

定理 9.1 依赖于局部随机化假设,即假设在断点附近干预变量的分配 D_i 近似于完全随机化实验,从而排除了个人根据预期收益进行的自选择问题。这一假

设有可能不成立,尤其是在模糊断点情形下,断点可以激励一部分个体进入干预组,但由于其他未观测因素的影响,或一些个体出于自身原因,即使参考变量超过断点,也可能选择不接受干预。相反地,一些个体尽管在断点左侧,仍然可能有激励选择进入干预组,这样,我们可能就没有办法保证在断点附近,干预的分配独立于潜在结果,个体有可能根据潜在的预期收益决定是否接受断点给予的激励,这种可能的自选择行为使断点左右的个体不具有可比性,从而局部随机化假设可能不满足。在精确断点情况下,如果个体不能精确地控制参考变量,局部随机化假设满足。但在模糊断点情况下,局部随机化假设往往不能满足,下面,针对模糊断点识别引入另外的假设替代局部随机化假设。

定义 $D_i(x)$ 表示参考变量为 x 个体的干预状态,$D_{1i}(x)=D_i(x)$,$x \geqslant x_0$ 表示参考变量在断点右侧时个体 i 的参与状态。同样地,定义 $D_{0i}(x)=D_i(x)$,$x<x_0$ 表示参考变量在断点左侧时个体的参与状态,则

$$D_i = \begin{cases} D_{1i}(x) & x \geqslant x_0 \\ D_{0i}(x) & x < x_0 \end{cases}$$

假设 9.4(独立性假设) 假设潜在结果 $Y_{1i}, Y_{0i}, D_{1i}(x), D_{0i}(x)$ 在断点附近独立于参考变量 X_i,即

$$(Y_{1i}, Y_{0i}), D_{1i}(x), D_{0i}(x) \perp\!\!\!\perp X_i, \quad X_i \in \delta(x_0) \tag{9.6}$$

独立性假设要求断点独立于所有的潜在结果,断点本身不会受到潜在结果或个人选择的影响,断点是外生的。用 $T_i=1(X_i \geqslant x_0)$ 表示断点的分配,独立性假设9.4 实际上说明所有潜在结果独立于断点的分配,即 T_i 的分配近似于完全随机化实验。独立性假设仍然要求个体不能完全精确控制参考变量,从而在断点附近左右 T_i 分配近似于完全的随机化实验。

假设 9.5(单调性假设) 假设断点对所有个体的影响方向是相同的,这里我们假设正向单调性成立,即存在 $\delta>0$,使得对于任意 $x\in\delta(x_0)$,有

$$D_{1i}(x) \geqslant D_{0i}(x) \tag{9.7}$$

定理 9.2 (Hahn et al., 2001, 定理 3) 如果断点假设9.1、连续性假设9.2、独立性假设9.4 和单调性假设9.5 成立,则

$$\lim_{x \to x_0} E[\tau_i \mid D_{1i}(x) > D_{0i}(x)] = \frac{\mu^+ - \mu^-}{p^+ - p^-} \tag{9.8}$$

证明 考虑(9.3)第二项,对于 $0<\varepsilon<\delta$,

$$E[\tau_i D_i \mid X_i = x_0+\varepsilon] - E[\tau_i D_i \mid X_i = x_0-\varepsilon]$$
$$= E[\tau_i D_{1i}(x_0+\varepsilon) \mid X_i = x_0+\varepsilon] - E[\tau_i D_{0i}(x_0-\varepsilon) \mid X_i = x_0-\varepsilon]$$

$$= E[\tau_i D_{1i}(x_0+\varepsilon)] - E[\tau_i D_{0i}(x_0-\varepsilon)]$$
$$= E[\tau_i(D_{1i}(x_0+\varepsilon) - D_{0i}(x_0-\varepsilon))]$$
$$= E[\tau_i \mid D_{1i}(x_0+\varepsilon) > D_{0i}(x_0-\varepsilon)]$$
$$\cdot \Pr[D_{1i}(x_0+\varepsilon) > D_{0i}(x_0-\varepsilon)]$$

第一行利用潜在结果的定义,第二行利用独立性假设9.4,第四行利用单调性假设9.5,其中,

$$\Pr[D_{1i}(x_0+\varepsilon) > D_{0i}(x_0-\varepsilon)]$$
$$= E[D_{1i}(x_0+\varepsilon) - D_{0i}(x_0-\varepsilon)]$$
$$= E[D_{1i}(x_0+\varepsilon) \mid X_i = x_0+\varepsilon] - E[D_{0i}(x_0-\varepsilon) \mid X_i = x_0-\varepsilon]$$
$$= E[D_i \mid X_i = x_0+\varepsilon] - E[D_i \mid X_i = x_0-\varepsilon]$$

第二行利用独立性假设9.4,第三行根据原因变量观测结果与潜在结果的定义。因而,

$$\lim_{\varepsilon \to 0}\{E[Y_i \mid X_i = x_0+\varepsilon] - E[Y_i \mid X_i = x_0-\varepsilon]\}$$
$$= \lim_{\varepsilon \to 0}\{E[Y_{0i} \mid X_i = x_0+\varepsilon] - E[Y_{0i} \mid X_i = x_0-\varepsilon]\}$$
$$+ \lim_{\varepsilon \to 0} E[\tau_i \mid D_{1i}(x_0+\varepsilon) > D_{0i}(x_0-\varepsilon)]$$
$$\cdot \{E[D_i \mid X_i = x_0+\varepsilon] - E[D_i \mid X_i = x_0-\varepsilon]\}$$

根据连续性假设9.2,上式等号右边第一项为零,因而,

$$\lim_{\varepsilon \to 0} E[\tau_i \mid D_{1i}(x_0+\varepsilon) > D_{0i}(x_0-\varepsilon)]$$
$$= \frac{\lim_{\varepsilon \to 0} E[Y_i \mid X_i = x_0+\varepsilon] - \lim_{\varepsilon \to 0} E[Y_i \mid X_i = x_0-\varepsilon]}{\lim_{\varepsilon \to 0} E[D_i \mid X_i = x_0+\varepsilon] - \lim_{\varepsilon \to 0} E[D_i \mid X_i = x_0-\varepsilon]}$$
$$= \frac{\mu^+ - \mu^-}{p^+ - p^-}$$

(9.8)右边实际上是Wald估计测度(Imbens and Angrist,1994),因为断点独立于潜在结果,并且假设9.1保证第一阶段存在,因而,这里断点相当于个体干预变量的工具变量。在单调性假设下,断点和个体选择变量可以将个体分成三种类型:对于$x \in \delta(x_0)$,$D_{1i}(x) = D_{0i}(x) = 1$为总是参与者,无论个体参考变量是否超过临界点,个体都会接受干预;$D_{1i}(x) = D_{0i}(x) = 0$为从不参与者,无论个体参考变量是否超过临界点,个体都不会接受干预;$D_{1i}(x) = 1$,$D_{0i}(x) = 0$为依从者,个体参考变量超过临界点就接受干预,不超过临界点就不接受干预。定理9.2说明如果干预分配概率存在断点,潜在结果在断点处连续,断点独立于潜在结果,并且断点对个体选择的影响是同方向的,那么,可以用断点作为干

预变量的工具变量,并且可以识别出在断点上依从者的平均因果效应。定理 9.2 实际上是第七章的 LATE 定理在断点回归设计情形下的应用。

再举个熟悉的例子,比如考察研究生教育对个体收入的影响,这是经典的教育收益率问题,可以利用推免资格作为一种断点回归设计。根据学生的综合成绩是否超过一个临界点来确定推免资格,从而使得在断点附近的学生比较相似,但是学生最终是否选择读研究生,还取决于其个体的一些未观测因素,这些未观测因素会影响个体的选择,也可能影响到个体的收入,从而是未观测的混杂因素,直接利用读研和未读研学生的比较显然有问题。如果成绩临界点是由学校官方给定的,可能满足外生性的假设,断点独立于学生个体的潜在结果,并且推免资格显然影响个体的读研行为,因而断点可以作为是否读研的工具变量。那些无论是否有推免资格都会读研的学生为总是参与者,那些无论是否有推免资格都不会读研的为从不参与者,而那些有资格会读研,没有资格就不读研的学生是依从者。如果读研的因果效应存在个体异质性,那么,工具变量估计量所识别出的是依从者的平均因果效应,即在断点附近,那些有资格就读研,没有资格就不读研的学生的平均因果效应。

第二节 断点回归设计的图形分析

断点回归设计与其他识别方法不同的地方在于其设计的透明性和清晰性,根据上文的理论分析,RDD 的基本识别条件是干预分配概率在临界点会有跳跃,结果变量在临界点也会有跳跃,而其他影响结果的变量在临界点没有跳跃,从而可以将结果变量的跳跃归因为干预变量的影响。因而,在进行具体的实证分析之前,通常可以画出干预分配概率与参考变量之间的关系图,判断是适用精确断点回归还是模糊断点回归。然后,可以画出结果变量与参考变量之间的关系图,看看结果变量在断点处是否有跳跃,另外也可以检测在参考变量的其他位置是否也存在着跳跃,从而作为一种证伪检验,即如果在非断点位置,发现结果变量有跳跃,则说明可能是其他因素引起的,那么,我们就怀疑在断点处的跳跃可能混杂了其他因素的影响,则间断回归设计就可能存在问题。另外,为了验证间断回归设计的有效性,如果存在其他影响结果的可观测协变量,则可以画出这些协变量与参考变量之间的关系图,检验它们在临界点处是否有间断,如果其他协变量在间断点处有跳跃,那么,结果的跳跃有可能是这些协变量造成的,就不能完全将结果的跳跃归因为干预变量的影响,从而,RDD 会存在问题,相反,如果其他协变量在断点处是连续的,则 RDD 结果更为可信。最后,为了保证RDD设计的有效性,个体不能精确控制参考变量,一种图形检验方法是画出参考变量的分布图,如果个体不能精确控制参考变量,其分布在断点处应该是连续的,如果发现参考变量集中于断点的一侧,则个体可能可以精确控制参考变量。

Lee(2008)分析了美国各地区众议员选举中在位党在竞选中是否具有优势。美国具有两大党派,一党所获选票份额如果超过竞争对手,那么,该党在该地区将成为在位党,Lee以民主党所获选票份额与共和党所获选票份额的差额作为参考变量,间断点为0,只要上次竞选中,参考变量大于临界点0即意味着民主党在位,否则共和党在位。由于两党选票份额差额不可能大于1,作者将参考变量限制在断点左右0.5范围内,因为0.5之外的样本点较少。结果变量为未来竞选中民主党所获得的选票份额,各党的竞选经费、候选人质量等是竞选选票份额的其他协变量。由于民主党份额超过共和党,民主党就成为在位党,不存在不依从的情况,因而Lee(2008)利用精确断点回归分析在位党派的在位优势。下面,我们利用他的例子,探讨断点回归中的图形分析。

1. 结果变量与参考变量关系图

首先可以画出结果变量与参考变量之间的关系图,看看结果变量是否在间断点处跳跃,但避免直接利用原始数据画图,原始数据中噪音太多,可以通过适当的平均后再画图。通常可以将参考变量划分为一系列区间,区间的宽度相同,并且保证断点左边和右边分别在不同的区间里,避免将处于不同干预状态的个体混在同一区间。然后将所有区间里个体结果变量的平均值与区间的中点进行描点,可以得到结果变量相对于参考变量的关系图,可以通过多项式分别对断点两边的点进行拟合,同时将拟合的曲线描在图上。

具体地,选择某一带宽h,相应断点左右所划分的区间数分别为K_0和K_1,目的是构造一系列区间$(b_k, b_{k+1}]$, $k=1,\cdots, K=K_0+K_1$,其中
$$b_k = x_0 - (K_0 - k + 1)h$$
区间k中个体结果的平均值为:
$$\bar{Y}_k = \frac{1}{N_k} \sum_{i=1}^{N} Y_i \cdot 1(b_k < X_i \leqslant b_{k+1}) \tag{9.9}$$
其中N_k为区间k中个体的数量,可以表示为:[①]
$$N_k = \sum_{i=1}^{N} 1(b_k < X_i \leqslant b_{k+1}) \tag{9.9}$$

[①] 该数量可以用于检测个体是否可以精确控制参考变量,参见McCrary(2008)。

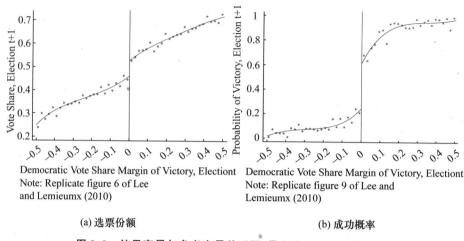

(a) 选票份额　　　　　　　　(b) 成功概率

图 9.2　结果变量与参考变量关系图，带宽为 0.02(50 个区间)

图 9.2 选择 0.02 的带宽，将参考变量分成了 50 个区间，图中的点为每个区间中结果变量的平均值，横坐标对应于相应区间的中点，图中曲线是利用 4 阶多项式分别对断点左右的点拟合而得的。① 图 9.2(a) 显示，结果变量在断点处有一个非常明显的跳跃，在断点右侧，民主党选票份额超过 50%，而在断点左侧，民主党选票份额为 45% 左右，相差 8% 左右，并且在参考变量的其他位置没有发现明显的跳跃。如果将下一次民主党竞选成功的概率作为结果变量，断点则更加明显，图 9.2(b) 显示，断点右侧民主党竞选成功的概率超过 60%，而断点左侧民主党竞选成功的概率仅有 20%，相差接近 40%，即如果民主党为在位党，那么民主党在下一次众议员选举中成功的概率会提高 40%，在参考变量的其他位置没有发现明显的跳跃。

结果变量与参考变量之间的关系图可以帮助我们观测结果变量在临界点处是否出现间断，另外，也可以帮助我们检测在参考变量的其他位置结果变量是否出现间断。正是由于这一点，使得 RDD 方法与其他识别方法相比，更加清晰透明，避免研究者在研究设计上有意或无意的主观偏差，从而使 RDD 的识别结果更加可信。在 Lee(2008) 选票的例子中，是精确断点回归设计，如果是模糊断点回归设计，还可以画出干预分配状态与参考变量之间的关系图，检验干预分配概率是否在断点处跳跃。当然，在画这类图形时，面临着应该划分多少

---

① 具体地，拟合方程为 $\overline{Y}_k = \alpha + \sum_{j=1}^{4}(\overline{X}_k - x_0)^j + \varepsilon_k$。其中 X_k 为区间 k 的中点，即 $\overline{X}_k = (b_k + b_{k+1})/2$。

区间以及每个区间应该多宽的问题,如果区间过窄,可能无法消除噪音,从而无法将断点位置的跳跃呈现出来,如果区间过宽,则可能造成较大的偏差,从而扭曲跳跃的幅度。一种简单的方法是通过采用不同的带宽,试画相应的图形,检验相应的间断点跳跃是否仍然存在,如果存在,说明断点跳跃可能是稳健的。另一种更为正式的方法是利用交叉验证方法(cross validation),同时权衡估计偏差和估计精度,选择一个最优的带宽,下文将对该方法进行详细讨论。

结果变量与参考变量关系图、干预变量与参考变量关系图使我们看到结果变量和干预变量在断点处的行为,但是为了建立结果变量与干预变量之间的因果关系,我们还需要其他影响结果变量的因素在断点处连续变化,因而,我们可以画出其他协变量与参考变量的关系图。

2. 可观测协变量与参考变量关系图

为了检验连续性假设 9.2 是否成立,我们可以采用与上一节同样的方法,画出可观测协变量与参考变量之间的关系图。Lee(2008)用以前民主党在众议员席位竞选中的选票份额来反映民主党的竞争力,相应的关系图如下:

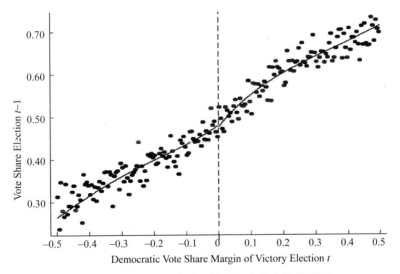

图 9.3 前一期民主党选票份额与参考变量关系图

图 9.3 显示,民主党候选人的总体竞争力在临界点处并没有明显的跳跃,从而说明民主党竞选前的竞争力是连续的。如果还可以观测到其他的协变量,比如竞选经费,也可以画出类似的图形检验是否在断点处连续。当然,我们期望其他未观测因素在断点处也是连续的,但无法进行检验,只能利用那些所有

可能影响结果的可观测因素进行检测,以期望未观测因素也是符合连续性要求的。如果发现有些协变量在临界点处有间断,那么,说明 RDD 设计可能存在问题,结果变量在断点的跳跃有可能是由这一观测因素的跳跃造成的,而不完全是干预的影响。

3. 参考变量分布图

RDD 的另一个关键识别条件是个体不能精确地控制或操纵临界点,如果个体能够精确控制断点,那么可能使得断点左右个体分布差异很大,因而,可以通过画出参考变量分布图进行检验,如果参考变量分布在断点处是连续的,说明个体不能精确地控制断点,如果参考变量在断点处不连续,则说明个体可能可以操纵断点,从而使得断点左右个体具有较大差异。Lee(2008)的参考变量分布图见图 9.4。图 9.4 显示,参考变量分布在断点 0 处并没有明显的跳跃,当然,图 9.4 只是一种直观的显示,图形的模式与带宽的选择也有关系,McCrary(2008)提出了一种参考变量分布在断点处是否连续的非参数统计检验方法,可以使用 McCrary(2008)的密度检验统计量进一步检验参考变量是否在断点处有跳跃。

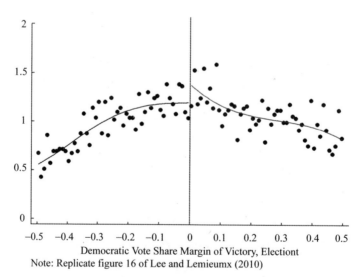

Democratic Vote Share Margin of Victory, Electiont
Note: Replicate figure 16 of Lee and Lemieumx (2010)

图 9.4　民主党选票份额边际分布图

经过上面三种图形的分析,如果发现结果变量在临界点有跳跃,其他协变量在临界点没有明显的跳跃,并且参考变量分布在断点处也没有明显的间断,那么,我们基本可以建立起干预变量与结果变量之间的因果关系,将结果变量的跳跃归因为干预的影响。当然,具体的因果效应需要进一步的估计。但是,利用断点回归设计,图形分析往往是具体估计之前的第一步,图形分析可以帮助了解所研究的问题是否适用断点回归设计,以及适用于哪种类型的断点回归设计。

第三节 断点回归设计的估计

RDD 的估计方法主要有边界非参数回归(nonparametric regression at the boundary),局部线性回归(Local Linear Regression,LLR)和局部多项式回归(Local Polynomial Regression,LPR),由于非参数回归在边界上收敛速度比较慢,在断点处的估计并不理想,Hahn et al. (2001),Imbens and Lemieux (2008),Lee and Lemieux (2010)等建议采用非参数局部线性回归方法(LLR),从而避免在边界上收敛速度慢的问题。下面我们分别对三种估计方法进行介绍。

1. 边界非参数回归

以精确断点回归的估计为例,要估计的因果效应参数为断点处的平均因果效应,[①]

$$\tau_{\text{ATE}}^{\text{SRD}} = E[Y_{1i} - Y_{0i} \mid X_i = x_0] = \mu^+ - \mu^- \tag{9.10}$$

可以利用标准的非参数回归估计 μ^+ 和 μ^-,假设我们使用核 $K(u)$ 满足 $\int K(u) = 1$,则在点 x 处的非参数回归函数可以写成:

$$\hat{\mu}^-(x) = \frac{\sum_{i: X_i < x} Y_i \cdot K((X_i - x)/h)}{\sum_{i: X_i < x} K((X_i - x)/h)}$$

---

① 在定理 9.1 的假设下,
$$\begin{aligned}\tau_{\text{ATE}}^{\text{SRD}} &= E[\tau_i \mid X_i = x_0] = E[Y_{1i} \mid X_i = x_0] - E[Y_{0i} \mid X_i = x_0] \\ &= \lim_{\varepsilon \to 0} E[Y_{1i} \mid X_i = x_0 + \varepsilon] - \lim_{\varepsilon \to 0} E[Y_{0i} \mid X_i = x_0 - \varepsilon] \\ &= \lim_{\varepsilon \to 0} E[Y_i \mid X_i = x_0 + \varepsilon] - \lim_{\varepsilon \to 0} E[Y_i \mid X_i = x_0 + \varepsilon] \\ &= \mu^+ - \mu^-\end{aligned}$$
其中第三行利用连续性假设,第四行利用局部随机化假设。只有满足局部随机化假设,个体无法完全精确地控制参考变量,左右两边个体结果的分布才能与总体潜在结果的分布相同,也可以写成:
$$\lim_{\varepsilon \to 0} E[Y_{1i} \mid X_i = x_0 + \varepsilon, D_i = 1] = \lim_{\varepsilon \to 0} E[Y_i \mid X_i = x_0 + \varepsilon, D_i = 1]$$
$$\lim_{\varepsilon \to 0} E[Y_{0i} \mid X_i = x_0 - \varepsilon, D_i = 0] = \lim_{\varepsilon \to 0} E[Y_i \mid X_i = x_0 - \varepsilon, D_i = 0]$$

$$\hat{\mu}^+(x) = \frac{\sum_{i:X_i \geqslant x} Y_i \cdot K((X_i-x)/h)}{\sum_{i:X_i \geqslant x} K((X_i-x)/h)}$$

其中 h 为带宽。

比如,利用矩形核函数 $K(u)=1/2 \cdot 1(|u|<1)$,相应估计量可以写为:

$$\hat{\mu}^-(x) = \frac{\sum_{i=1}^{N} Y_i \cdot 1(x-h \leqslant X_i < x)}{\sum_{i=1}^{N} 1(x-h \leqslant X_i < x)}$$

$$\hat{\mu}^+(x) = \frac{\sum_{i=1}^{N} Y_i \cdot 1(x < X_i \leqslant x+h)}{\sum_{i=1}^{N} 1(x < X_i \leqslant x+h)}$$

则 RDD 估计量为:

$$\hat{\tau}_{\text{ATE}}^{\text{SRD}} = \hat{\mu}^+(x_0) - \hat{\mu}^-(x_0) \tag{9.11}$$

对于矩形核函数,RDD 估计量实际上是断点左右 h 范围内观测结果平均值之差,即断点右边 $[x_0, x_0+h]$ 结果变量 Y 的平均值与断点左边 $[x_0-h, x_0]$ 结果变量 Y 平均值之差。① 图 9.5 是利用计算机模拟的数据画出的,带宽为 1 的矩形核估计对应于图中的两条水平线段,而两线段间的差距就是 RDD 估计量。② 如果在带宽 h 范围内满足局部随机化假设,我们完全可以使用第三章分析随机化实验数据的方法,上述矩形核非参数估计量实际上是随机化实验中的两组结果平均值之差。但问题是局部随机化假设要求在断点附近很小的范围内成立,而现实中,断点附近很小的范围内,往往无法得到足够的样本点,从而无法得到较高精度的估计。比如图 9.5 中如果将带宽限制在 0.01 的范围内,几乎没有样本点,也就无法估计出两组结果之差。另外,如果参考变量 X 本身也对潜在结果有影响,那么断点两边的个体必然不相似,至少它们的特征 X 会有所不同,尽管断点附近这种差异可能非常微小。正如在完全随机化实验中一样,即使干预分配是完全随机化的,两组个体在一些观测特征方面仍然可能存在着一定的差异。尽管这些差异不是系统性的,但在一次随机化实验中,这些差异却是可能

---

① 对于其他核函数,对带宽范围内的样本点施加了不同的权重,往往是离断点越近的样本点权重越大,而离断点越远的样本点权重越小。但是非参数估计在内点偏差是 $O(h^2)$,但在边界点上造成的偏差是 $O(h)$,收敛速度慢,偏差较大,往往不建议使用。

② 数据生成过程为 $Y_i = 2 + 2D_i + 2X_i + 3D_i X_i + u_i$,其中 $D_i = 1(X_i \geqslant 3)$,$X_i \sim N(3,2)$,$u_i \sim N(0,1)$,样本数为 100。

出现的。在随机化实验中,可以利用回归调整方法降低协变量差异造成的估计偏差。在这里也是一样,为了避免局部平均可能造成的偏差,可以利用线性回归针对参考变量的差异进行偏差调整,这就是局部线性回归方法。

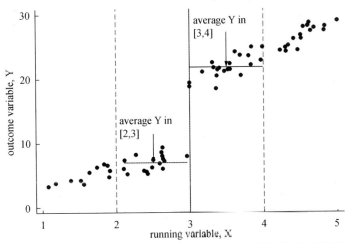

Note: Data is generated by Y=2+2D+2X+3DX+u, u~N(0,1), X~N (3, 2), D=1 (X≥3), Obs=100

图 9.5　矩形核函数 RDD 估计量示意图

2. 局部线性回归

由于非参数回归在边界点上的表现不好,在断点回归设计的估计中,通常建议利用局部线性回归方法(LLR),LLR 方法可以避免边界问题(Hahn et al., 2001)。简单而言,刚才利用矩形核实际上是对断点两边 h 范围内个体进行局部平均,现在分别在断点左右两边 h 范围内利用线性回归进行拟合,利用回归调整参考变量不同而造成的可能偏差。无论真正的潜在结果与参考变量之间是什么样的函数形式,即使是高度非线性的,只要带宽 h 足够小,线性回归函数都将是条件期望函数非常好的近似,这一回归调整在参考变量 X 也会影响结果变量的时候尤其重要。具体地,利用断点左右 h 范围内的样本分别估计下列两个线性回归模型:

$$\min_{a_l,b_l}\sum_{i=1}^N (Y_i - a_l - b_l \cdot (X_i - x_0))^2 \cdot K\left(\frac{X_i - x_0}{h}\right) \cdot 1(X_i < x_0)$$

和

$$\min_{a_r,b_r}\sum_{i=1}^N (Y_i - a_r - b_r \cdot (X_i - x_0))^2 \cdot K\left(\frac{X_i - x_0}{h}\right) \cdot 1(X_i \geq x_0)$$

其中 $K(u)$ 为核函数,如果是矩形核,上述两个方程可以写为:

$$\min_{a_l,b_l} \sum_{i=1}^{N} (Y_i - a_l - b_l \cdot (X_i - x_0))^2 \cdot 1(x_0 - h \leqslant X_i < x_0) \quad (9.12)$$

和
$$\min_{a_r,b_r} \sum_{i=1}^{N} (Y_i - a_r - b_r \cdot (X_i - x_0))^2 \cdot 1(x_0 \leqslant X_i \leqslant x_0 + h) \quad (9.13)$$

估计上述两个方程得到的拟合值为：

$$\hat{\mu}^-(x_0) = \hat{a}_l + \hat{b}_l(x_0 - x_0) = \hat{a}_l$$

和
$$\hat{\mu}^+(x_0) = \hat{a}_l + \hat{b}_r(x_0 - x_0) = \hat{a}_r$$

从而得到在断点处的平均因果效应其实是两条局部线性回归曲线在断点处的截距之差，即

$$\hat{\tau}_{\text{ATE}}^{\text{SRD}} = \hat{\mu}^+(x_0) - \hat{\mu}^-(x_0) = \hat{a}_r - \hat{a}_l \quad (9.14)$$

另外，也可以利用下面的回归方程得到断点处平均因果效应的直接估计(Imbens and Lemieux，2008)：

$$\min_{a,b,\tau,\gamma} \sum_{i=1}^{N} 1(x_0 - h \leqslant X_i \leqslant x_0 + h)$$
$$\cdot (Y_i - a - b(X_i - x_0) - \tau D_i - \gamma D_i(X_i - x_0))^2 \quad (9.15)$$

其中系数 τ 的回归估计量就是 $\hat{\tau}_{\text{ATE}}^{\text{SRD}}$。图 9.6 显示利用局部线性回归方法进行的估计。

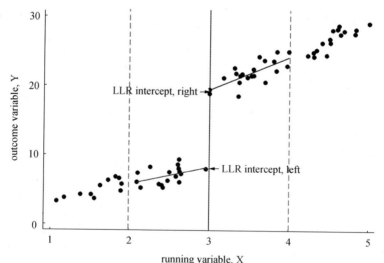

Note: Data is generated by Y=2+2D+2X+3DX+u, u~N(0,1), X~N(3, 2), D=1 (X≥3), Obs=100

图 9.6 RDD 估计的局部线性回归法

如果还存在着其他的协变量 Z_i，在上面的回归方程(9.15)中也可以引入这

些可以观测的协变量,这些协变量在断点处应该连续,通常,是否引入协变量 Z_i 不会影响 RDD 的识别策略,如果样本限制在非常靠近临界点 x_0 的范围,那么近似有 $Z_i \perp D_i | X_i \in \delta(x_0)$,是否引入协变量 Z_i 对估计结果不会有影响。但是,如果使用的样本并不是离临界点足够近,那么引入协变量 Z_i 可以消除由于这些协变量可能造成的部分偏差。如果协变量 Z_i 是影响潜在结果的重要因素,那么,引入 Z_i 将可以提高参数的估计精度。引入协变量 Z_i,RDD 估计量可以直接通过估计下列模型得到:

$$\min_{a,b,\tau,\gamma,\delta} \sum_{i=1}^{N} 1(x_0 - h \leqslant X_i \leqslant x_0 + h) \\ \cdot (Y_i - a - b(X_i - x_0) - \tau D_i - \gamma D_i(X_i - x_0) - \delta' Z_i)^2 \quad (9.16)$$

3. 局部多项式回归

如果断点附近样本量太少,为了得到相对比较精确的参数估计,有时我们不得不选择较大的带宽,带宽较大时,线性近似所造成的偏差可能就会增大,这时局部多项式回归可以捕捉结果变量与参考变量之间的高阶非线性关系,可以得到更好的拟合,从而降低估计偏差。与局部线性回归类似,局部多项式回归也是利用断点左右的样本分别估计下列模型:

$$\min_{b_l} \sum_{i=1}^{N} (Y_i - b_l' x)^2 K\left(\frac{x_i}{h}\right) 1(x_i < 0) \quad (9.17)$$

和

$$\min_{b_r} \sum_{i=1}^{N} (Y_i - b_r' x)^2 K\left(\frac{x_i}{h}\right) 1(x_i \geqslant 0) \quad (9.18)$$

其中,$x_i = X_i - x_0$ 是标准化后的参考变量,临界点变为 0,$b_j = (b_{0j}, b_{1j}, \cdots, b_{pj})'$,$j = l, r$,$x = (1, x_i, x_i^2, \cdots, x_i^p)'$。相应的 RDD 估计量为:

$$\hat{\tau}_{\text{ATE}}^{\text{SRD}} = \hat{\mu}^+(x_0) - \hat{\mu}^-(x_0) = \hat{b}_{0r} - \hat{b}_{0l} \quad (9.19)$$

也可以利用下列模型直接估计 RDD 估计量:

$$\min_{b,c} \sum_{i=1}^{N} (Y_i - b' x - D_i \cdot c' x)^2 K(x_i/h) \quad (9.20)$$

其中 $b = (b_0, b_1, \cdots, b_p)$,$c = (\tau, \gamma_1, \gamma_2, \cdots, \gamma_p)$,参数 τ 的回归估计量就是相应的 RDD 估计量。图 9.7 是利用 4 阶多项式对模拟数据进行的估计,带宽增加为 2,估计结果与局部线性回归相似。

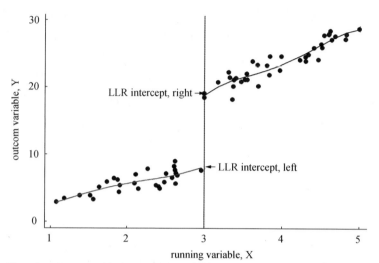

Note: Data is generated by Y=2+2D+2X+3DX+u, u~N(0,1), X~N (3, 2), D=1 (X≥3), Obs=100

图 9.7　局部多项式回归估计 RDD 估计量

4. 模糊断点回归设计的估计

在模糊断点回归中,我们需要估计一个比率,见(9.8)。仍然可以采用上文提到的三种方法,不过需要针对结果变量和干预变量分别对断点进行回归,两个回归得到的参数的比率就是模糊断点回归估计量。下面以局部线性回归为例,另外两种方法类似。

首先利用结果变量对断点进行局部线性回归,得到估计量 $\hat{\tau}_Y$:

$$\min_{a_Y, b_Y, \tau_Y, \gamma_Y} \sum_{i=1}^{N} K\left(\frac{X_i - x_0}{h}\right)$$
$$\cdot (Y_i - a_Y - b_Y(X_i - x_0) - \tau_Y T_i - \gamma_Y T_i(X_i - x_0))^2 \quad (9.21)$$

其中 $T_i = 1(X_i \geqslant x_0)$,然后利用原因变量对断点进行局部线性回归,得到估计量 $\hat{\tau}_D$:

$$\min_{a_D, b_D, \tau_D, \gamma_D} \sum_{i=1}^{N} K\left(\frac{X_i - x_0}{h}\right)$$
$$\cdot (Y_i - a_D - b_D(X_i - x_0) - \tau_D T_i - \gamma_D T_i(X_i - x_0))^2 \quad (9.22)$$

相应的模糊断点回归估计量为:

$$\hat{\tau}_{\text{LATE}}^{\text{FRD}} = \frac{\hat{\tau}_Y}{\hat{\tau}_D} \quad (9.23)$$

Imbens and Lemieux (2008)指出,如果上面(9.21)(9.22)采用矩形核,并且采

用相同的带宽,那么,模糊断点回归估计量也可以用 T_i 作为 D_i 的工具变量,利用两阶段最小二乘法估计下列模型得到:

$$Y_i = \alpha + \tau D_i + \beta(X_i - x_0) + \delta T_i(X_i - x_0) + \varepsilon_i \quad (9.24)$$

其中第一阶段回归为:

$$D_i = a_D + \tau_D T_i + b_D(X_i - x_0) + \gamma_D T_i(X_i - x_0) + \xi_i$$

5. 带宽选择和滞后阶数

RDD 的参数估计依赖于一个重要的参数——带宽 h 的选择,带宽比较小,断点左右的个体特征差异较小,估计偏差较小。但是,带宽小意味着断点左右 h 范围内的样本容量可能较小,估计量的方差较大,估计精度较低。如果带宽较大,断点左右 h 范围内的样本容量较大,估计量方差较小,估计精度提高,但是大的带宽,意味着有些个体特征差异较大,相似度降低,从而估计偏差增大。因而,带宽的选择存在着估计偏差和估计方差的权衡。Ludwig and Miller (2007) 和 Imbens and Lemieux(2008)提出了一种选择最优带宽的交叉验证方法(cross validation)。交叉验证的基本思想是在所有可能的带宽下,选择使拟合的均方误差最小的带宽。具体地,对于给定带宽 h,在 x 处的回归估计为:

$$\hat{\mu}(x) = \begin{cases} \hat{a}_l(x) & x < x_0 \\ \hat{a}_r(x) & x \geqslant x_0 \end{cases}$$

其中 $\hat{a}_l(x)$、$\hat{a}_r(x)$ 分别对应于(9.12)和(9.13)的解 $\hat{a}_l$、$\hat{a}_r$,只是把其临界点 x_0 换成 x。为了模拟 RDD 在边际上的回归估计,在断点左侧只估计 $\hat{a}_l(x)$,右侧只估计 $\hat{a}_r(x)$,并且在估计时,不将边界点 $x=X_i$ 包括在样本中,即只利用 $x-h \leqslant X_j \leqslant x+h$, $x=X_j$, $j \neq i$ 估计回归模型,然后利用估计的回归参数得到在 $x=X_i$ 处的拟合值 $\hat{\mu}(X_i)$。交叉验证标准为:

$$\mathrm{CV}_Y(h) \equiv \frac{1}{N} \sum_{i=1}^{N} (Y_i - \hat{\mu}(X_i))^2 \quad (9.25)$$

相应的最优带宽是最小化上述标准,即

$$h_{\mathrm{CV}}^{\mathrm{opt}} = \arg\min_{h} \mathrm{CV}_Y(h)$$

利用交叉验证方法搜索最优带宽时,不一定利用全部样本进行搜索,可以根据参考变量将样本限制在断点左右一个相对较小的范围内,从而可以提高搜索速度。用 x_δ 表示参考变量在断点左侧的 δ 分位数,$x_{1-\delta}$ 表示参考变量在断点右侧的 $1-\delta$ 分位数。可以将最优带宽搜索限制在 $x_\delta \leqslant X_i \leqslant x_{1-\delta}$ 范围之内,即

$$h_{\mathrm{CV}}^{\delta,\mathrm{opt}} = \arg\min_{h} \frac{1}{N} \sum_{i=1}^{N} (Y_i - \hat{\mu}(X_i))^2 \cdot 1(x_\delta \leqslant X_i \leqslant x_{1-\delta})$$

比如 Ludwig and Miller (2007) 在计算最优带宽时, 将样本限制在断点左右 5% 的数据范围内。对于模糊断点回归, RDD 估计量 (9.8) 分子分母需要进行两次最优带宽选择, 可以采用类似于 (9.25) 的交叉验证标准估计分母的最优带宽,

$$\mathrm{CV}_D(h) \equiv \frac{1}{N} \sum_{i=1}^{N} (D_i - \hat{\mu}(X_i))^2 \quad (9.26)$$

Imbens and Lemieux(2008) 建议分子分母采用相同的带宽, 因而, 可以选择结果方程和选择方程两个最优带宽中最小的那个作为共同的最优带宽, 即

$$h_{\mathrm{CV}}^{\mathrm{opt}} = \min_h \{\arg\min_h \mathrm{CV}_Y(h), \arg\min_h \mathrm{CV}_D(h)\}$$

一般而言, 当干预分配的依从比率较高时, 干预变量的回归方程会比较平坦, 选择方程的最优带宽往往会比较大, 因而, 可以直接将结果方程的最优带宽作为共同的最优带宽 (Lee and Lemieux, 2010)。关于最优带宽的选择, Imbens and Kalyanaraman(2012) 和 Calonico et al. (2014a) 对交叉验证方法作了进一步的改进, 后文我们称为 IK 最优带宽和 CCT 最优带宽。图 9.8 是利用 Lee(2008) 数据画出的交叉验证标准函数图, CV 标准选择的最优带宽为 0.28。

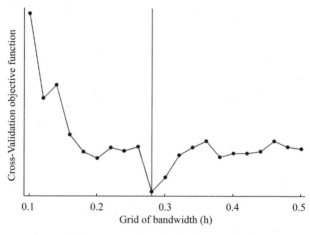

图 9.8 最优带宽的交叉验证标准函数

在利用局部多项式进行 RDD 估计时, 还需要选择滞后阶数 p, 可以采用常用的模型选择标准, 比如 AIC 标准、AICC 标准或 BIC 标准。一般而言, 带宽越大, 需要选择的滞后阶数越大; 带宽越小, 滞后阶数越小。表 9.1 使用图 9.5 的模拟数据, 利用全部样本估计多项式模型, 可以看到 AIC 标准和 BIC 标准都是选择阶数 1, 即局部线性回归是合适的模型。事实上, 数据生成过程就是线性模型, 这也证明两种标准都能选择出正确的模型。

表 9.1 局部多项式阶数选择

阶数	样本容量	自由度	AIC	BIC
1	100	4	300.4775	310.8982
2	100	6	303.3535	318.9845
3	100	8	305.9032	326.7446
4	100	10	309.1177	335.1694

6. 模型设定检验

模型估计完成后,可以进行下列模型设定检验,以判断估计结果的稳健性。

(1) 协变量连续性检验,也称为伪结果检验(pseudo outcome)。以协变量作为伪结果,利用与前面相同的方法,检验相应的 RDD 估计量是否显著,如果显著说明这些协变量不符合连续性假设,上文的 RDD 估计量可能存在问题。

(2) 参考变量分布连续性检验。如果参考变量分布连续,意味着在断点处个体没有精确操纵参考变量的能力,局部随机化假设成立,从而保证断点附近左右样本能够代表断点处的总体。可以采用 McCrary(2008)提出的方法进行检验,将参考变量划分成不同的区间并计算各区间中的个体数量(9.9),如果个体能够操纵参考变量,我们将能观测到断点左右个体数量有较大差别,比如很多个体通过操纵到了断点的右侧,那么,在断点右侧的区间中个体数量可能将大大超过断点左侧区间中个体的数量,利用上文的带宽选择和曲线拟合方法,可以检验在断点处 N_k 是否存在跳跃。

(3) 伪断点检验(pseudo cutoff point)。在参考变量的其他位置,比如断点左右两侧中点位置作为伪断点,利用同样的方法估计 RDD 估计量,我们知道在伪断点干预效应为零,如果发现伪断点的 RDD 估计量不为零,则说明我们的 RDD 设计可能有问题,可能混杂了其他未观测因素的影响,得到的因果效应可能是由其他未观测混杂的跳跃造成的,而不完全是干预的影响。

(4) 带宽选择的敏感性检验。选择不同的带宽对 RDD 估计量进行重新估计,检验估计结果是否有较大的变量,如果差异较大,尤其是影响方向有变化,则说明 RDD 设计可能有问题。

7. 小结:RDD 方法应用步骤

前面讨论了 RDD 方法的基本理论和估计方法,简单总结一下应用步骤:

(1) 图形分析。首先,画出结果变量与参考变量之间的关系图,如果是模糊断点,再画出原因变量与参考变量的关系图,呈现结果变量和原因变量在断点处的行为,为研究设计提供直观的依据。

(2) 因果效应估计。分别利用断点左右的数据估计线性回归模型或多项式模型,可以使用矩形核函数加权(Imbens and Lemieux,2008)或三角核函数加权(Calonico et al. 2014a),其实,核函数选择对估计结果没有太大影响;也可以直接利用(9.15)估计 RDD 参数。如果是模糊断点,可以用断点作为原因变量的工具变量,估计方程(9.24),并且可以直接使用两阶段最小二乘法标准误差进行统计推断(Imbens and Lemieux,2008)。

(3) 稳健性检验。主要进行上文提到的各种稳健性检验。首先是协变量连续性检验,可以画出协变量与参考变量的关系图,检测在断点处是否连续。其次,参考变量分布函数连续性检验,也可以画出参考变量的分布图。再次,伪断点检验,看看在其他位置,RDD 估计量是否显著。最后,可以选择不同的带宽,检验 RDD 估计结果是否稳健。

第四节 弯折回归设计

断点回归设计是利用结果变量和原因变量在断点处的跳跃来识别因果效应,如果其他因素在断点处没有跳跃,我们就可以将结果变量的跳跃归因为原因变量的因果影响。有些时候,结果变量和原因变量往往是连续变量,并没有明显的跳跃,那么,RDD 方法就无法识别因果效应。但是,如果结果变量和原因变量在断点处存在弯折(kink),而在其他位置都是平滑的,并且其他影响因素在断点处也是平滑的,那么,我们仍然可以使用与 RDD 类似的方法,将结果变量在断点处的弯折归因为是由原因变量在断点处的弯折造成的,这种识别策略称为弯折回归设计(Regression Kink Design, RKD)。[①] 弯折回归设计实际上是结果变量和原因变量相对于参考变量导数的断点回归设计,在弯折回归设计中,结果变量和原因变量在断点处没有跳跃,是连续的,但是它们相对于参考变量的导数在断点处有跳跃,RKD 就是利用断点处的导数变化来识别因果效应。下面简单介绍 Dong(2014)提出的概率弯折回归和 Card et al.(2015b)提出的更一般化的弯折回归设计。

1. 概率弯折回归

Dong(2014)考察了一个二元的原因变量在断点处不是间断性的跳跃,而是

---

① Nielsen et al.(2010)首次将这种方法命名为弯折回归设计。

弯折(kink)的时候,在满足平滑性假设下,她证明可以利用弯折识别因果效应。另外,她还进一步给出了存在跳跃或/和弯折的时候更一般的识别方法。因为 Dong(2014)主要关注二元的原因变量,从而干预分配概率在断点处存在弯折,为与 Card et al.(2015b)的弯折回归设计(RKD)相区别,我们称之为概率弯折回归设计(PRKD)。

假设一个二元的原因变量 D_i,其状态分配依赖于参考变量 X_i 是否超过临界点 x_0,但断点并不完全决定干预分配状态,还有其他未观测因素可能影响干预的分配,因而,与模糊断点回归设计的情景相似。令 $T_i=1(X_i\geqslant x_0)$ 表示断点,定义潜在的原因变量为 $D_{1i}(x)$ 和 $D_{0i}(x)$,从而 $T_i=1$ 时,$D_i=D_{1i}(x)$,即参考变量为 $x\geqslant x_0$ 的个体,观测到的原因变量就是 $D_{1i}(x)$。同样地,$T_i=0$ 时,参考变量为 $x<x_0$ 的个体,观测到的原因变量就是 $D_{0i}(x)$,$D_i=D_{0i}(x)$。断点右侧个体的反事实原因变量为 $D_{0i}(x_0)=\lim_{x\to x_0^+}D_{0i}(x)$,断点左侧个体的反事实原因变量为 $D_{1i}(x_0)=\lim_{x\to x_0^-}D_{1i}(x)$。为方便起见,将两个潜在原因变量简写为 D_{1i},D_{0i},观测原因变量 $D_i=T_iD_{1i}+(1-T_i)D_{0i}$。

在断点附近,断点和原因变量将个体分成四类(Angrist et al.,1996):总是参与者 $A=\{i:D_{1i}=D_{0i}=1\}$,从不参与者 $N=\{i:D_{1i}=D_{0i}=0\}$,依从者 $C=\{i:D_{0i}=0,D_{1i}=1\}$,叛逆者 Defiers$=\{i:D_{0i}=1,D_{1i}=0\}$。用 $\Psi=\{A,N,C,\text{Defiers}\}$ 表示四种类型个体的集合。

潜在结果变量仍然用 Y_{1i},Y_{0i} 表示,观测结果为 $Y_i=D_iY_{1i}+(1-D_i)Y_{0i}$。仍然定义

$$\mu(x)=E[Y_i\mid X_i=x],\quad p(x)=E[D_i\mid X=x]$$

则

$$\mu'(x)=\frac{\partial\mu(x)}{\partial x},\quad p'(x)=\frac{\partial p(x)}{\partial x}$$

$$\mu^+=\lim_{x\to x_0^+}\mu(x),\quad \mu^-=\lim_{x\to x_0^-}\mu(x)$$

$$\mu'^+=\lim_{x\to x_0^+}\mu'(x),\quad \mu'^-=\lim_{x\to x_0^-}\mu'(x)$$

$$p^+=\lim_{x\to x_0^+}p(x),\quad p^-=\lim_{x\to x_0^-}p(x)$$

$$p'^+=\lim_{x\to x_0^+}p'(x),\quad p'^-=\lim_{x\to x_0^-}p'(x)$$

定义 9.1 如果 $p^+-p^-\neq 0$,则称干预分配概率 $p(x)$ 在断点 x_0 处跳跃(jump),如果 $p'^+-p'^-\neq 0$,则称干预分配概率 $p(x)$ 在断点 x_0 处弯折(kink)。

下面的讨论没有特别指明,均限制在断点附近一个较小的邻域内,即

$X_i \in \delta(x_0)$。

假设 9.6(平滑性假设) 对于 $X_i \in \delta(x_0)$,$f_{X|\Psi}(x|\psi)$ 和 $f_X(x)$ 是连续可导的,$f_{X|\Psi}(x|\psi)$ 和 $f_X(x)$ 是参考变量的密度函数。

平滑性假设 9.6 要求个体不能精确控制参考变量,与 RDD 不同,这里不但要求参考变量在断点处连续,而且要求其导数也要连续,从而在增量水平上也不能有操纵的可能,这一要求比 RDD 更强。Dong(2014)证明如果满足平滑性假设 9.6 和单调性假设 9.5,那么所有潜在结果在断点处将连续可微。

引理 9.1(Dong, 2014, 引理 1) 如果单调性假设 9.5 和平滑性假设 9.6 成立,那么,$E[Y_j | X_i = x, \Psi]$,$j = 0, 1$ 和 $\Pr[\Psi | X_i = x]$,$\Psi = \{A, N, C\}$ 在断点 x_0 处连续可微。

单调性假设 9.5 排除了叛逆者,引理 9.1 说明在平滑性假设 9.6 下,所有类型个体的潜在结果和分配机制都是连续可微的。引理 9.1 的条件可以识别平均因果效应,假设 9.6 的要求比引理 9.1 的要求更强,它可以用于识别因果效应的分布。如果只关心平均因果效应,那么,可以直接假设引理 9.1 成立,只需要限制参考变量分布连续。

引理 9.2(Dong, 2014, 引理 2) 如果单调性假设 9.5 和平滑性假设 9.6 成立,则

$$p^+ - p^- = \Pr[C | X = x_0], \quad \mu^+ - \mu^- = \tau(p^+ - p^-) \quad (9.27)$$

如果 $p^+ - p^- \neq 0$,则

$$\tau = \frac{\mu^+ - \mu^-}{p^+ - p^-} \quad (9.28)$$

引理 9.2 实际上复制了前面定理 9.2 的结果,在断点处存在跳跃、单调性假设和平滑性假设下,可以识别出断点处依从者的平均因果效应 $\tau = E[Y_{1i} - Y_{0i} | C, X_i = x_0]$。

定理 9.3(Dong, 2014, 定理 1) 如果单调性假设 9.5 和平滑性假设 9.6 成立,则

$$p'^+ - p'^- = \frac{\partial \Pr[C | X_i = x]}{\partial x}\bigg|_{x = x_0} \quad (9.29)$$

假设不存在跳跃,仅存在弯折,即 $p^+ - p^- = 0$,$p'^+ - p'^- \neq 0$,则

$$\tau = \frac{\mu'^+ - \mu'^-}{p'^+ - p'^-} \quad (9.30)$$

定理 9.3 说明,如果在断点处不存在跳跃,而是存在弯折,我们仍然可以利用弯折识别出依从者的因果效应。直观理解,如果看到结果变量在断点处弯折,干预分配概率也在断点处弯折,而其他影响结果变量的因素在断点处平滑,不存在弯折,并且个体不能完全控制断点,那么,我们可以将结果变量的弯折归因为原因变量的弯折造成的,从而可以识别出断点处的平均因果效应。基本思想与断点回归设计相似,不过断点回归是利用断点处的跳跃,概率弯折回归是利用断点处的弯折。

Dong(2014)进一步证明,如果不确定在断点处是跳跃还是弯折,仍然可以利用断点识别出依从者的平均因果效应。

定理 9.4(Dong,2014,定理 2) 如果单调性假设 9.5 和平滑性假设 9.6 成立,假设存在一个断点,或弯折,或同时存在断点和弯折,对于任意非零权重序列 w_n,满足 $\lim_{n\to\infty} w_n = 0$,有

$$\tau = \frac{\mu^+ - \mu^- + w_n(\mu'^+ - \mu'^-)}{p^+ - p^- + w_n(p'^+ - p'^-)} \tag{9.31}$$

如果只存在断点,$\mu'^+ - \mu'^- = 0$,$p'^+ - p'^- = 0$,(9.31)退化为断点回归估计量(9.28)。如果只有弯折,$\mu^+ - \mu^- = 0$,$p^+ - p^- = 0$,则(9.31)退化为概率弯折回归估计量(9.30)。如果同时存在断点和弯折,利用两者得到的估计量为(9.31)。一般而言,两者都存在时,可以利用断点回归估计量得到近似的估计。如果平均因果效应在断点附近较小的邻域内为常数,即对于 $x \in \delta(x_0)$,有 $\tau' = dE[Y_{1i} - Y_{0i} | C, X_i = x]/dx = 0$,那么,断点和弯折可以识别出同样的因果效应参数,即

$$\tau = \frac{\mu^+ - \mu^-}{p^+ - p^-} = \frac{\mu'^+ - \mu'^-}{p'^+ - p'^-}$$

关于权重的选择,可以利用自助法(bootstrap)选择使估计量标准误差最小的权重,也可以用两阶段最小二乘估计量选择合适的权重。

下面讨论上述识别条件与工具变量法之间的关系,与 RDD 估计一样,考虑下列局部线性回归模型:

$$Y_i = a + b(X_i - x_0) + \tau D_i + \varepsilon_i \tag{9.32}$$

其中 a、b、τ 为系数,ε_i 为可能与 D_i 相关的误差项。正如模糊断点回归设计中断点 T_i 可以作为 D_i 的工具变量,在这里 T_i 和弯折 $T_i(X_i - x_0)$ 都可以作为 D_i 的工具变量,因而,因果效应参数(9.31)可以利用两阶段最小二乘法进行估计。第一阶段回归为:

$$D_i = \beta_1 T_i + \beta_2 T_i(X_i - x_0) + \beta_3(X_i - x_0) + \beta_4 + \xi_{1i} \tag{9.33}$$

其中所有 β 为估计系数,将(9.33)代入(9.32)得结果变量简化式:

$$Y_i = \gamma_1 T_i + \gamma_2 T_i(X_i - x_0) + \gamma_3(X_i - x_0) + \gamma_4 + \xi_{2i} \tag{9.34}$$

其中 $\gamma_1 = \beta_1 \tau$, $\gamma_2 = \beta_2 \tau$, $\gamma_3 = a + \beta_4 \tau$, $\xi_{2i} = \tau \xi_{1i} + \varepsilon_i$。由(9.33)和(9.34)得

$$p^+ - p^- = \beta_1, \quad p'^+ - p'^- = \beta_2, \tag{9.35}$$

$$\mu^+ - \mu^- = \gamma_1, \quad \mu'^+ - \mu'^- = \gamma_2. \tag{9.36}$$

因而,标准的断点回归设计估计量为(引理 9.2):

$$\hat{\tau} = \frac{\hat{\gamma}_1}{\hat{\beta}_1} \tag{9.37}$$

概率弯折回归设计估计量为(定理 9.3):

$$\hat{\tau} = \frac{\hat{\gamma}_2}{\hat{\beta}_2} \tag{9.38}$$

断点和弯折同时存在时,同时利用断点和弯折作为干预变量的工具,两阶段最小二乘估计量为:

$$\hat{\tau} = \frac{\hat{\gamma}_1 + \hat{w}\hat{\gamma}_2}{\hat{\beta}_1 + \hat{w}\hat{\beta}_2} \tag{9.39}$$

其中,$\hat{w}$ 是下列权重的样本形式:

$$w = \frac{\mathrm{Cov}(D_i^*, Z_2^*)}{\mathrm{Cov}(D_i^*, Z_1^*)}$$

D_i^* 是 D_i 对 $(X_i - x_0)$ 的回归残差,Z_1^* 是 T_i 对 $(X_i - x_0)$ 的回归残差,Z_2^* 是 $T_i(X_i - x_0)$ 对 $(X_i - x_0)$ 的回归残差。

2. 弯折回归设计

Card et al. (2015b)、Card et al. (2016)提出的弯折回归设计(RKD)的基本思想类似于 Dong(2014)的概率弯折回归设计,不过,Card et al. (2015b)考虑的是连续的原因变量,而非二元变量。他们考察的结果方程具有更一般的形式:

$$Y_i = y(D_i, X_i, U_i) \tag{9.40}$$

其中 Y_i 是结果变量,D_i 是一个连续的原因变量,X_i 是参考变量,U_i 是影响结果的其他未观测因素,函数 $y(D_i, X_i, U_i)$ 是潜在结果方程,如果 D_i 是二元变量,则 $Y_{1i} = y(1, X_i, U_i)$,$Y_{0i} = y(0, X_i, U_i)$。定义 $y_1(d, x, u) = \partial y(d, x, u)/\partial d$,$y_2(d, x, u) = \partial y(d, x, u)/\partial x$,假设边际效应 $y_2(d, x, u)$ 是所有参数的连续函数。

首先讨论精确弯折回归设计(Sharp RKD),与精确断点回归设计一样,原

因变量 D_i 完全由参考变量 X_i 决定,用公式表示为 $D_i=d(X_i)$,这里 D_i 是连续变量,在断点 x_0 处,函数 $d(X_i)$ 发生弯折,即 $\lim\limits_{x\to x_0^+} d'(x) \neq \lim\limits_{x\to x_0^-} d'(x)$。但是其他影响因素 U_i 在断点处是平滑的,不存在弯折,或者说潜在结果在断点处不存在弯折。那么,可以将结果变量在断点处的弯折归因为原因变量的弯折造成的。

假设 9.7(变折假设) $d(\cdot)$ 为已知连续函数,$d(\cdot)$ 在断点两侧是连续可导的,但断点两侧的导数不相同,$\lim\limits_{x\to x_0^+} d'(x) \neq \lim\limits_{x\to x_0^-} d'(x)$,即存在弯折。

弯折假设 9.7 说明研究者知道函数 $d(x)$,并且在断点 x_0 处 D_i 和 X_i 之间存在一个弯折。假设 9.7 要求函数 $d(x)$ 是连续函数排除了 D_i 在断点处存在跳跃的可能。

假设 9.8(平滑性假设) $y_2(d,x,u)$ 在断点 x_0 处是连续的,即
$$\lim_{x\to x_0^+} y_2(d,x,u) = \lim_{x\to x_0^-} y_2(d,x,u)$$

平滑性假设 9.8 是说在断点 x_0 附近,潜在结果 $y(d,x,u)$ 是参考变量 x 的连续可导函数,其对 x 的偏导数 $y_2(d,x,u)$ 在断点处没有跳跃,是连续的,从而潜在结果在 x_0 处不存在弯折。

假设 9.9(密度平滑假设) 条件密度函数 $f_{X|U}(x|u)$ 及其导数 $\dfrac{\partial f_{X|U}(x|u)}{\partial x}$ 在断点 x_0 处连续。

假设 9.9 是保证 RKD 设计有效的另一个重要假设,这里不但要求参考变量密度连续,而且要求参考变量密度函数的导数连续,才能保证弯折断点回归的识别。这一点可以通过估计参考变量的分布来进行检验,如果参考变量的分布在断点处存在跳跃或弯折,则证明上述假设可能不成立。

定理 9.5 如果假设 9.7、9.8、9.9 成立,那么,
(1) $\Pr[U \leqslant u | X = x]$ 在断点处是连续可导的。
(2) 在断点处的因果效应为:
$$\tau = \frac{\lim\limits_{x\to x_0^+} \mu'(x) - \lim\limits_{x\to x_0^-} \mu'(x)}{\lim\limits_{x\to x_0^+} d'(x) - \lim\limits_{x\to x_0^-} d'(x)} = E[y_1(d(x_0),x_0,U) | X_i = x_0]$$

定理 9.5(1) 说明其他影响因素的分布在断点处连续且可导,这一点可以进

行检验,利用数据可以估计其他变量的分布,如果在断点处弯折,那么,则证明上述结果不成立。定理9.5(2)说明平滑性假设和密度平滑假设以及弯折假设下,弯折可以识别出断点处的平均因果效应参数。定理9.5的证明参见Card et al.(2015b)。

在现实应用中,原因变量D_i可能并不是完全由参考变量X_i决定的,还受一些研究者未观测到的因素的影响,即使实际的干预分配规则$D_i=d(X_i)$是完全由参考变量X_i决定的,但由于测量误差,观测到的干预分配往往也不是完全由参考变量决定,实际观测到的干预分配规则可以描述为参考变量X_i和其他未观测因素ε_i共同决定,即$D_i=d(X_i,\varepsilon_i)$。基于此,Card et al.(2015b)进一步引入了模糊弯折回归设计(Fuzzy RKD),并引入单调性假设,证明弯折可以识别出一个局部平均因果效应。

正如RDD估计量可以用局部线性回归(LLR)进行估计,RKD可以用局部二次方程回归(Local Quadratic Regression)进行估计,当然RKD也可以利用局部多项式(LPR)进行估计。具体地,对于精确弯折回归估计量,第一阶段是一个已知的函数$d(\cdot)$,我们只需要在断点左右估计下列两个最优化问题:

$$\min_{\beta_{lj}} \sum_{i=1}^{N}\left(Y_i - \sum_{j=0}^{p}\beta_{lj}(X_i-x_0)^j\right)^2 \cdot K\left(\frac{X_i-x_0}{h}\right) \cdot 1(X_i<x_0) \quad (9.42)$$

$$\min_{\beta_{rj}} \sum_{i=1}^{N}\left(Y_i - \sum_{j=0}^{p}\beta_{rj}(X_i-x_0)^j\right)^2 \cdot K\left(\frac{X_i-x_0}{h}\right) \cdot 1(X_i\geqslant x_0) \quad (9.43)$$

其中$\beta_{lj},\beta_{rj},j=1,\cdots,p$为断点左右回归的回归系数,$K(u)$为核函数,$h$为带宽。关于核函数、带宽和滞后阶数的选择,参照上一节讨论的方法。在精确断点回归中,原因变量的分配规则$d(x)$是已知的,其在断点左右的导数也是已知的,不妨记$\kappa_1^+=\lim_{x\to x_0^+}d'(x)$,$\kappa_1^-=\lim_{x\to x_0^-}d'(x)$,则精确RKD估计量为:

$$\hat{\tau}_{\text{SRKD}} = \frac{\hat{\beta}_1^+ - \hat{\beta}_1^-}{\kappa_1^+ - \kappa_1^-} \quad (9.44)$$

在模糊断点回归中,原因变量的分配规则$d(x,\varepsilon_i)$不再是确定性的,需要估计在断点左右分配规则斜率的变化,可以估计下列两个优化问题:

$$\min_{\{\kappa_{lj}\}} \sum_{i=1}^{N}\left(D_i - \sum_{j=0}^{p}\kappa_{lj}(X_i-x_0)^j\right)^2 \cdot K\left(\frac{X_i-x_0}{h}\right) \cdot 1(X_i<x_0) \quad (9.45)$$

$$\min_{\{\kappa_{rj}\}} \sum_{i=1}^{N}\left(D_i - \sum_{j=0}^{p}\kappa_{rj}(X_i-x_0)^j\right)^2 \cdot K\left(\frac{X_i-x_0}{h}\right) \cdot 1(X_i\geqslant x_0) \quad (9.46)$$

得到的分配函数斜率变化的估计量为$\hat{\kappa}^+-\hat{\kappa}^-$,则模糊RKD估计量为:

$$\hat{\tau}_{\text{FRKD}} = \frac{\hat{\beta}_1^+ - \hat{\beta}_1^-}{\hat{\kappa}_1^+ - \hat{\kappa}_1^-} \quad (9.47)$$

Card et al. (2015a) 利用 RKD 策略估计了失业保险对个人失业持续时间的影响。失业保险制度是在个人失业后一定时期内给予一定保险收入的制度,为失业人员提供短期的保障,以便失业人员度过失业持续期。失业保险收益往往根据个体失业前收入水平的某个比率(替换率)提供,并且一般有最高金额限制,比如美国密苏里州的失业保险金是根据个人失业前4个季度中最高收入的4%支付周保险金(替换率为52%),但周保险金收益最高限为$250(2007年前)或$320 (2008年后)。另外,失业保险也不能太慷慨,有文献认为,失业保险可能降低了失业人员寻找工作的激励,使得失业保险收益越高,失业人员寻找工作的激励越低,失业持续期会越长。由于失业保险支付的制度设计,失业保险金额并不完全是个人失业前收入的线性函数,而是在最高支付限额处弯折,比如密苏里州的失业保险会在失业前季度最高收入为$6250或$8000时发生弯折,Card et al. (2015a)正是利用这一弯折来识别失业保险对失业持续期的影响。作者使用2003—2013年的数据,由于保险金上限的不同,作者分成两个时期进行分析,即2008年金融危机之前和危机之后。

图9.9显示的是失业保险金支付额与个人失业前季度最高收入之间的关系,横轴表示个人最高季度收益,已经通过减去门槛值进行标准化,[①]左图表示危机之前,右图为危机之后。可以看出保险金的支付在0处存在弯折,断点左侧,支付规则斜率为4%;断点右侧,即失业前收入超过门槛值,则按照最高上限支付失业保险金,斜率为0。

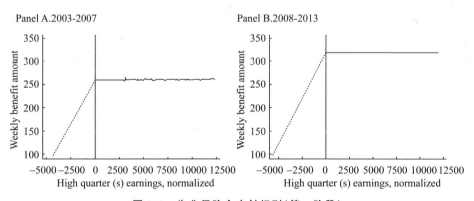

图 9.9 失业保险金支付规则(第一阶段)

---

① 横轴表示标准化季度收入,利用季度最高收入减去门槛值,危机之前门槛值为$6250,危机之后为$8000。

图9.10显示的是失业持续期相对于失业前最高季度收入的关系图,可以看出,失业持续期在断点处有一个明显的弯折。断点左侧,失业前收入越高,失业持续期越长;断点右侧,失业前收入越高,失业持续期越短。如果其他潜在的影响因素在断点处没有弯折,并且个人没有精确操纵断点的能力,那么,我们就可以将失业持续期在断点的弯折归因为失业保险支付规则的弯折造成的。

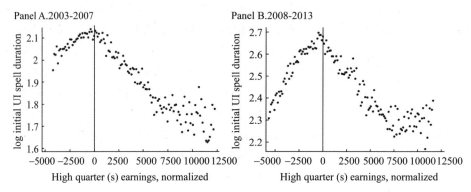

图9.10 对数失业持续期

图9.11给出了相应的参数估计。中间的线为估计结果,上下的线为相应的置信区间。图中垂直实线和虚线分别对应于使用两种最优带宽选择标准所获得的估计,实线为IK方法,虚线为CV方法。左图为危机前的估计结果,IK估计结果为0.373(0.049),CV估计结果为0.356(0.041),括号内为标准误差,两种带宽下所获得的参数估计均为正值,即失业保险越高,失业持续期会越长,危机前弹性在0.356—0.373左右。右图为危机后的估计结果,IK结果为0.882(0.200),CV结果为0.684(0.067),影响方向仍然是正向的,但影响程度增加了,危机后的弹性为0.684—0.882左右。

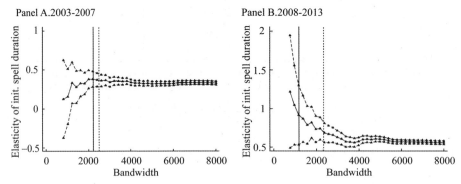

图9.11 不同带宽下的局部线性回归估计

第五节 断点回归设计的软件实现

在 Stata 软件中,断点回归设计的估计很简单,可以使用线性回归命令进行估计。下面我们使用 Lee(2008)的数据 lee.dta 为例,估计在位党的竞选优势。数据 lee.dta 包括两个主要变量:vote 是民主党本次的选票份额,margin 是民主党上次竞选中所获选票边际,即民主党选票份额减去共和党选票份额。margin 是参考变量,如果 margin 大于 0,民主党就是在位党,这是一个精确断点回归设计,我们关心在位党是否因为在位而获得更多的选票,是否具有在位优势。与 Lee and Lemieux(2010)一致,我们将样本限制在民主党上次选票边际在±0.5 之间,共 4900 个样本点。

首先画出结果变量与参考变量之间的关系图,选择带宽 0.01,共 100 个区间,可以利用 egen 的 cut()函数实现这一点:

```
use lee, clear
keep if margin< = .5&margin> = -.5 // 限制样本范围
local h = 0.01 // 改变带宽
egen group = cut(margin), at(-.50('h').50) // 根据参考变量,划分成相同距离区间
collapse (count) n = vote (mean) vote margin,by(group) // 按区间计算平均值,并计算每个区间中的个体数
gen x = -.5+1/_N*_n-1/(_N*2) // 参考变量区间中点
gen x2 = x^2
gen x3 = x^3
gen x4 = x^4
* 利用 4 阶多项式拟合
reg vote x x2 x3 x4 if x<0
predict votel if e(sample)
reg vote x x2 x3 x4 if x> = 0
predict voter if e(sample)
* 画出结果变量(vote)与参考变量(margin)关系图
sc vote x, xline(0) ||line votel x||line voter x, legend(off) ///
xlabel(-0.5(0.1)0.5) xtitle("Democratic Vote Share Margin of Victory, Election t") ///
note(Note: Replicate figure 7 of Lee and Lemieumx (2010))
```

上述命令生成的图形如下图所示,可以看出民主党选票份额在断点处有明显的跳跃,可以选择不同的带宽,检测图形中显示的跳跃是否仍然存在。

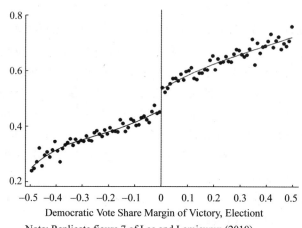

Note: Replicate figure 7 of Lee and Lemieumx (2010)

图 9.12　结果变量与参考变量关系图

上述图形也可以利用用户写的命令 rdplot 画出,具体命令形式为:

rdplot vote margin, c(0) nbins(50)

其中 c(0) 设置断点为 0,nbins(#) 用来设置断点左右区间数,也可以不设定,程序会自动选择最优的带宽,获得相应的区间数。接着上面的程序,也可以画出参考变量的分布图,以判断个体是否能够精确控制断点。

```
replace n = n/4900 * 100  // 换算成概率分布
reg n x x2 x3 x4 if x<0
predict nl if e(sample)
reg n x x2 x3 x4 if x>=0
predict nr if e(sample)
*画出参考变量~margin~的分布图
sc n x, xline(0) ||line nl x||line nr x, legend(off) xlabel(-0.5(0.1)0.5) ///
ylabel(0(.5)2) xtitle("Democratic Vote Share Margin of Victory, Election t") ///
note(Note: Replicate figure 16 of Lee and Lemieumx (2010))
```

得到参考变量密度图 9.4,从点上看,在断点处没有明显的跳跃,但利用 4 次多项式拟合的曲线,似乎存在着跳跃,需要利用 McCrary(2008)密度检验统计量进行检验,以判断在统计上跳跃是否显著,实际上跳跃在断点处是不显著的,从而证明个体没有精确控制断点的能力。

下面进入第二步,估计在断点处的因果效应。可以利用局部简单平均值法,类似于完全随机化实验的分析,也可以采用局部线性回归方法,两种方法都需要选择带宽,第三种方法是多项式回归,可以使用相对较大的带宽或适用于整个样本。另一个相关的是核函数的选择,Imbens and Lemieux(2008)指出矩形核函数所得到的结果与其他核函数得到的结果没有太大差异,由于矩形核比较简单,这里便使用矩形核,对所有个体施加相同的权重。使用用户写的命令 rdbwselect 进行最优带宽选择,该命令提供了 Ludwig and Miller(2007)的交叉验证方法(VC)、Imbens and Kalyanaraman(2012)的带宽选择方法(IK)和 Calonico et al.(2014a)的带宽选择方法(CCT)三种最优带宽选择方法,我们选择交叉验证方法,利用下列命令估计最优带宽,得到的最优带宽为 0.28。

```
rdbwselect vote margin, c(0) kernel(uni) bwselect(CV) cvgrid_min(0.1) cvgrid_max(0.5) cvplot①
```

选项 c(0)表示断点为 0,kernel(uni)可以选择核类型,这里使用矩形核,bwselect()用于选择最优带宽估计方法,包括 CV、IK、CCT 三种方法可供选择,我们使用 CV,cvgrid_min(♯)和 cvgird_max 来限制画出交叉验证目标函数时的起始和结束位置,使用 cvplot 画出交叉验证目标函数图,运行上述命令后,会显示出图 9.8,利用另外两种方法会得到更小的带宽。下面,我们将带宽限制在 0.28 范围内,利用局部平均值法和局部线性回归法估计 RDD 因果效应参数。利用(9.15)估计下列回归:

```
keep if margin>- 0.20&margin<= 0.20
gen d = margin>0
eststo m1: reg vote 1.d, vce(robust)
eststo m2: reg vote d♯ ♯c.margin, vce(robust)
esttab m1 m2 using llr.rtf, star( * .10 * * .05 * .01) nogap nonumber replace ///
mtitle("Local Average" "LLR") se(%5.4f) ar2 keep(1.d margin 1.d♯c.margin _cons)
```

表 9.2 是上述程序估计出的回归结果,d 的系数是 RDD 估计量,第 1 列为局部平均估计量,即两组结果平均值之差,为 0.19。图 9.12 显示,局部平均显示不是很好的估计,图中显示在断点附近,结果变量与参考变量之间呈现正向斜率,因而局部线性回归可能是更好的选择。表 9.2 第 2 列是相应的局部线性

---

① 该命令为老版命令,通过 ssc install rdrobust, replace 或 findit rdrobust 安装使用。

回归,回归系数为 0.084,并且在 1% 水平下显著。这一结果表明,民主党在位会使其获得 8.4% 的选票优势,这一优势仅仅是因为民主党在位而获得的。

表 9.2 局部平均和局部线性回归结果,$h=0.28$

	(1) Local Average	(2) Local Linear Regression (LLR)
d	0.190***	0.0844***
	(0.0044)	(0.0080)
margin		0.366***
		(0.0343)
d#c.margin		0.0560
		(0.0556)
_cons	0.401***	0.451***
	(0.0028)	(0.0052)
N	3075	3075
adj. R^2	0.379	0.422

Standard errors in parentheses, * $p<.10$, ** $p<.05$, *** $p<.01$

下面使用全部样本,利用多项式重新估计 RDD 参数。相应程序如下:

```
use lee, clear
keep if margin<=.5&margin>=-.5
gen d = margin>0
gen x = margin
gen x2 = x^2
gen x3 = x^3
gen x4 = x^4

eststo m1: reg vote d##c.x, vce(robust)
eststo m2: reg vote d##c.(x x2), vce(robust)
eststo m3: reg vote d##c.(x x2 x3), vce(robust)
eststo m4: reg vote d##c.(x x2 x3 x4), vce(robust)
esttab m1 m2 m3 m4 using lpr.rtf, star( * .10 ** .05 *** .01) nogap replace ///
mtitle("p = 1" "p = 2" "p = 3" "p = 4") se(%5.4f) ar2 aic(%10.4f) bic(%10.4f) ///
drop(0b.d 0b.d#co.x 0b.d#co.x2 0b.d#co.x3 0b.d#co.x4)
```

表 9.3 是相应的估计结果,最后一行显示了 AIC 和 BIC 标准,根据 AIC 标准,最优的阶数是 $p=3$,因而,利用全部样本进行回归,最优的多项式模型为三阶多项式,相应的估计结果为 0.0676。BIC 标准显示最优阶数为 $p=1$,即线性

回归,得到的因果效应为 0.0897,与上面的局部线性回归结果相似,表明在位党在竞选中因为在位优势选票份额会增加 6.76%—8.97%。如果其他协变量在断点处连续,并且个体没有精确操纵断点的可能,那么,得到的 RDD 估计量就可以解释为在位党的在位优势。下面进行相关稳健性检验。

表 9.3 多项式估计

阶数	(1) $p=1$	(2) $p=2$	(3) $p=3$	(4) $p=4$
d	0.0897***	0.0824***	0.0676***	0.0659***
	(0.0062)	(0.0092)	(0.0120)	(0.0144)
x	0.362***	0.331***	0.656***	0.632**
	(0.0177)	(0.0653)	(0.1535)	(0.2798)
d#c.x	0.0161	0.171*	−0.108	0.00719
	(0.0256)	(0.0962)	(0.2241)	(0.4241)
x2		−0.0052	1.620**	1.390
		(0.1388)	(0.7660)	(2.4425)
d#c.x2		−0.191	−2.111*	−2.711
		(0.2001)	(1.1099)	(3.7006)
x3			2.314**	1.576
			(1.0705)	(7.8388)
d#c.x3			−1.997	1.364
			(1.5344)	(11.7467)
x4				−0.757
				(8.2240)
d#c.x4				−1.897
				(12.1532)
_cons	0.451***	0.449***	0.462***	0.461***
	(0.0042)	(0.0062)	(0.0082)	(0.0097)
N	4900	4900	4900	4900
adj. R^2	0.551	0.551	0.551	0.551
AIC	−6452.3524	−6452.2448	−6452.4765	−6448.5844
BIC	−6426.3644	−6413.2628	−6400.5005	−6383.6145

Robust Standard errors in parentheses, * $p<.10$, ** $p<.05$, *** $p<.01$

首先是其他协变量的连续性检验，民主党的实力是重要的混杂因素，使用上一期民主党在众议员席位竞选中的选票份额（voteprev）作为民主党实力的代理变量，该协变量相对于参考变量的断点回归图形见图 9.3，可以看出在断点处没有明显的跳跃。将民主党实力作为伪结果变量，进行断点回归，选择 4 阶多项式，估计结果如下，可以看出断点 d 的系数为 0.0015，非常小，并且不显著，因而可以认为该协变量在断点处是连续的。

```
. reg voteprev d# #c.(x x2 x3 x4), vce(robust)
Linear regression                               Number of obs  =      4901
                                                F( 9, 4891)    =  14109.64
                                                Prob > F       =    0.0000
                                                R-squared      =    0.9646
                                                Root MSE       =    .02344
```

voteprev	Coef.	Robust Std. Err.	t	P>|t|	[95% Conf. Interval]	
1.d	.001455	.003431	0.42	0.672	−.0052712	.0081813
x	.655964	.074585	8.79	0.000	.509744	.802184
x2	1.190371	.6318029	1.88	0.060	−.048246	2.428989
x3	1.147626	1.990867	0.58	0.564	−2.755368	5.050621
x4	−.5337773	2.069692	−0.26	0.796	−4.591304	3.523749
d#c.x						
1	−.2721905	.0972093	−2.80	0.005	−.4627643	−.0816166
d#c.x2						
1	1.920351	.8062912	2.38	0.017	.3396579	3.501044
d#c.x3						
1	−14.12467	2.49588	−5.66	0.000	−19.01771	−9.231619
d#c.x4						
1	14.59153	2.554633	5.71	0.000	9.583304	19.59976
_cons	.4877442	.0026102	186.86	0.000	.482627	.4928615

我们还需要检测个体是否能够精确地操纵断点，检验方法是判断参考变量分布在断点处是否存在跳跃，如果在断点左右个体数量显著不同，则某些个体可能具有控制断点的能力，前面图 9.4 画出了参考变量的分布图。图上点没有明显的跳跃，但拟合的曲线显示有一定的跳跃，需要进一步的统计检验，使用用户写的命令 rddensity 估计 McCrary(2008) 密度检验统计量，结果显示统计量为 -0.3032，p 值为 0.7617，说明参考变量在断点处没有显著跳跃。

```
. rddensity margin,c(0)
Computing data-driven bandwidth selectors.
RD Manipulation Test using local polynomial density estimation.
Running variable: margin.
```

Method	T	P>|T|
Robust Bias-Corrected	−0.3032	0.7617

还可以进行伪干预检验,这是另一种形式的安慰剂检验或证伪检验,检验其他位置是否存在跳跃,比如将在断点左右参考变量分别为±0.25的位置作为伪断点,检验在这些位置结果变量是否存在跳跃。可以利用下列语句画出结果变量在伪断点处的关系图:

```
rdplot vote margin if margin<0, c(-.25) graph_options(legend(off) title(""))
xlabel(-.5(.1)0))
rdplot vote margin if margin>=0, c(.25) graph_options(legend(off) title(""))
xlabel(0(.1).5))
```

图9.13是相应的关系图,可以看出无论是在伪断点−0.25还是+0.25,结果变量都没有明显的跳跃。也可以用前面的估计方法估计伪断点的因果效应,看看是否存在显著的影响,具体的检验过程留给读者操作。前面估计主要使用0.28的带宽,还可以选择其他的带宽,更小的和更宽的,看看估计结果是否稳健,估计过程与上文的方法一致,在此省略。

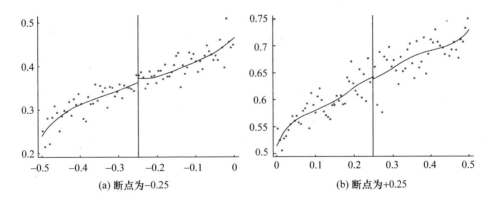

图 9.13　伪断点检验

Calonico et al. (2014b)提供了一个专门进行断点回归分析的程序包 rdrobust,[①]包括三个主要的命令:rdplot,画断点回归图形;rdbwselect,选择最优带宽;rdrobust,估计断点回归估计量。在使用之前首先要进行安装,可以通过 findit rdrobust 搜索到程序包,[②]然后安装使用,Calonico et al. (2017b)对该程序包进行了更新,可以通过命令 net install rdrobust, from(http://www-personal.umich.edu/cattaneo/software/rdrobust/stata) replace 安装。

下面对三个命令的用法进行简要介绍,读者可以参考 Calonico et al. (2014b)和 Calonico et al. (2017b)了解相关命令的具体用法。首先介绍 rdplot 命令,它可以用来画 RDD 图。

```
rdplot depvar indepvar [if] [in] [, c(#) p(#) kernel(kernelfn) weights(weights-
    var) h(# #) nbins(# #) binselect(binmethod) scale(# #) ci(cilevel)
    shade generate(id_var meanx_var meany_var cil_var cir_var) graph_options
    (gphopts) hide ]
```

其中,有两个必选项,depvar 可以是结果变量、原因变量或其他协变量,indepvar 是参考变量,其他的全部是可选项。c(#)用于设定断点位置,默认为 0。p(#)设定多项式阶数,默认为 4。kernel(kernelfn)设定多项式拟合时的核函数,kernelfn 可以有三种选择:三角核函数 triangular、Epanechnikov 核函数 epanechnikov、矩形核函数 uniform,默认为矩形核。h(# #)设定断点左右用于拟合的带宽,如果没有设定带宽,则使用全部数据计算核函数,如果两个数字都已设定,第一个作为断点左边的带宽,第二个作为断点右侧的带宽;如果只有一个数字,则作为断点左右共同的带宽。nbins(# #)设定划分的区间数,提供两个数值,则分别为左右的区间数;提供一个数值,则断点左右使用共同的区间数。binselect(binmethod)设定带宽选择方法,可以根据参考变量划出等份的区间,也可以根据参考变量分位数划分区间,前者每个区间中个体数目不同,后者每个区间个体数目相同,但区间大小不同,默认为前者。ci(cilevel)可以根据设定的 cilevel 画出每个区间拟合点的置信区间,选加 shade 置信区间用阴影表示。选项 generate()可以将划分的区间以及拟合的数值保存在相应的变量中,其中 id_var 为区间 ID,meanx_var 为每个区间中点位置,meany_var 为每个区间 depvar 的样本均值,cil_var 为样本均值置信区间左边界值,cir_var 为样本均值置信区间右边界值。graph_options(gphopts)可以添加 Stata 图形选项。hide 选项不

[①] 详细内容可以参考 https://sites.google.com/site/rdpackages,该地址还提供了 McCrary(2008)的密度检验程序 rddensity,前面已经使用过。

[②] 这种方式安装的是老版程序。

显示 RDD 图。前面图 9.12 也可以用 rdplot 命令画出。

  rdplot vote margin if margin>= - .5&margin<= .5, c(0) nbins(50) graph_options
(legend(off)) ///
  xlabel(-0.5(0.1)0.5) xtitle("Democratic Vote Share Margin of Victory, Election t") ///
  ytitle("Vote Share, Election t + 1") note(Note: Replicate figure 7 of Lee and Lemieumx (2010)))

第二个命令 rdbwselect 用于最优带宽选择,基本语法如下:

  rdbwselect depvar indepvar [if] [in] [, c(#) p(#) q(#) deriv(#) fuzzy(fuzzyvar [sharpbw])
  covs(covars) kernel(kernelfn) bwselect(bwmethod) scaleregul(#)
  vce(vcetype [vceopt1 vceopt2]) all]

其中必选项与 rdplot 相同,可选项 c(#)设置断点,默认为 0,p(#)为多项式阶数,默认取 1 为局部线性回归,q(#)为偏差修正的多项式阶数,默认为 2,[①]de riv(#)可以用于估计弯折回归,默认为 0,即断点回归,取 1 为弯折回归估计 (RKD)。fuzzy(fuzzyvar [sharpbw])用于模糊断点回归或模糊弯折回归, fuzzyvar 是原因变量,其中可选项 sharpbw 表示使用结果变量的最优带宽。covs(covars)可以引入其他的协变量。kernel(kernelfn)设置核函数,与 rplot 一样,有三种类型核函数,此处默认为三角核。bwselect(bwmethod)是最优带宽估计方法,共提供了十种方法,前五种带宽选择使均方误差(MSE)最小,仍然沿用 CV、IK、CTT 的方法,后五种使覆盖误差率最小(Calonico et al.,2017a), 下面只列出前五种使均方误差最小的方法,默认为第一种 mserd。

mserd 断点两侧选择使均方误差(MSE)最小的共同带宽。
msetwo 断点两侧分别选择使 MSE 最小的带宽。
msesum 断点左右估计参数加总的 MSE 最小的共同带宽。
msecomb1 取 min(mserd, msesum)。
msecomb2 取 median(msetwo, mserd, msesum),并且在断点左右分别估计。

scaleregul(#)设定是否带有带宽公式分母上的正则项,取 0 不带,取 1 带,默认取 1。vce()设定标准误差类型,共有 nn、hc0、hc1、hc2、hc3、nncluster、cluster 七种,默认为 vce(nn 3),详细参见 Calonico et al. (2017b)。加上选项 all,会报

---

 ① 关于偏差调整以获得更稳健的置信区间,参考 Calonico et al. (2014a)。

告所有方法估计的最优带宽值。

下面,我们选用矩形核,利用 rdbwselect 提供的所有最优带宽选择方法,估计 Lee(2008)数据中的最优带宽,估计结果如下,前五种方法得到的带宽基本在 0.11—0.13 之间,后五种方法得到的带宽基本在 0.08 左右,比先前采用的交叉验证方法小很多。因而,在具体的应用中,采用不同的带宽检验估计结果的稳健性很有必要。

```
. rdbwselect vote margin, c(0) kernel(uni) all
```

Bandwidth estimators for sharp RD local polynomial regression.

Cutoff c = 0	Left of c	Right of c	Number of obs	=	4900
Number of obs	2354	2546	Kernel	=	Uniform
Min of margin	-0.500	0.000	VCE method	=	NN
Max of margin	-0.000	0.500			
Order loc. poly. (p)	1	1			
Order bias (q)	2	2			

Outcome: vote. Running variable: margin.

	BW loc. poly. (h)		BW bias (b)	
Method	Left of c	Right of c	Left of c	Right of c
mserd	0.114	0.114	0.228	0.228
msetwo	0.113	0.128	0.229	0.238
msesum	0.129	0.129	0.248	0.248
msecomb1	0.114	0.114	0.228	0.228
msecomb2	0.114	0.128	0.229	0.238
cerrd	0.075	0.075	0.228	0.228
certwo	0.074	0.084	0.229	0.238
cersum	0.084	0.084	0.248	0.248
cercomb1	0.075	0.075	0.228	0.228
cercomb2	0.075	0.084	0.229	0.238

第三个命令是 RDD 估计命令 rdrobust,其基本语法和选项为:

```
rdrobust depvar runvar [if] [in] [, c(#) p(#) q(#) deriv(#) fuzzy(fuzzyvar
    [sharpbw])
covs(covars) kernel(kernelfn) h(# #) b(# #) rho(#) scalepar(#) bwselect
    (bwmethod)
scaleregul(#) vce(vcetype [vceopt1 vceopt2]) level(#) all ]
```

rdrobust 的选项与 rdbwselect 的选项相似,下面只简单介绍一下不一样的选项。h(♯♯)可以手动限制断点左右的带宽,b(♯♯)设定估计偏差调整的多项式带宽,带宽和偏差带宽两选项不加,程序会自动利用 rdbwselect 估计带宽。rho(♯)设定带宽与偏差比,默认为 1。scalepar(♯)设定 RDD 参数调整项,默认为 1。level(♯)设定置信区间。加上选项 all,程序会报告三种不同的方差估计量估计的标准误差:通常方差估计量、偏差修正方差估计量和偏差修正的稳健估计量。

下面利用 rdrobust 命令估计在位党竞选优势。结果显示,总样本数为 4900 个,断点左右样本数分别为 2354 和 2546,利用 mserd 选择最优带宽,左右两侧使用相同的带宽,为 0.114,偏差调整的带宽为 0.228,在带宽内断点左右有效样本数为 660 和 695。多项式阶数选择 $p=1$,因而,使用局部线性回归。偏差调整多项式阶数为 $q=2$,使用局部二项式回归。因为加了选项 all,所以报告了三种方法估计的 RDD 参数和标准误差,三种方法得到的结果均在 6% 左右,说明结果比较稳健。

```
. rdrobust vote margin, c(0) kernel(uni) all
```
Sharp RD estimates using local polynomial regression.

Cutoff c = 0	Left of c	Right of c		Number of obs	=	4900
Number of obs	2354	2546		BW type	=	mserd
Eff. Number of obs	660	695		Kernel	=	Uniform
Order loc. poly. (p)	1	1		VCE method	=	NN
Order bias (q)	2	2				
BW loc. poly. (h)	0.114	0.114				
BW bias (b)	0.228	0.228				
rho (h/b)	0.501	0.501				

Outcome: vote. Running variable: margin.

Method	Coef.	Std. Err.	z	P>|z|	[95% Conf. Interval]	
Conventional	.06264	.01141	5.4890	0.000	.040275	.085011
Bias-corrected	.05985	.01141	5.2446	0.000	.037486	.082222
Robust	.05985	.01291	4.6368	0.000	.034554	.085154

rdrobust 也可以估计 Card et al.(2015b)提出的弯折回归设计(RKD)估计量。下面,我们利用一个模拟数据,演示利用 rdrobust 命令估计 RKD 估计量。数据生成过程如下:

$$Y_i = 2D_i - 0.5X_i + \varepsilon_i$$
$$D_i = \min(0.5X_i + u_i, 0.5x_0 + u_i)$$
$$u \sim N(0,1), \varepsilon_i \sim N(0,1), X_i \sim N(10,2), x_0 = 10$$

图 9.14 是模拟数据的 RKD 图形,可以看出在断点 $X=10$ 处,原因变量发生弯折,结果变量也发生弯折,当然,D 并不完全是由 X 决定的,因而,适用于模糊弯折回归设计。

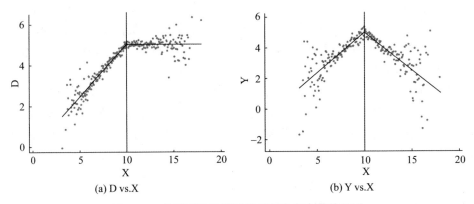

(a) D vs.X (b) Y vs.X

图 9.14 结果变量和原因变量与参考变量关系图

利用 **rdrobust** 估计结果见下页输出表格,选用矩形核,采用默认的 mserd 方法选择最优带宽,结果显示程序选择的最优带宽为 1.563,选择的多项式阶数为 $p=2$,估计的是二阶多项式,第一阶段显示的是断点对原因变量 D 的影响,影响程度为 -0.7 左右,对应于图 9.14(a)中斜率的变化,即模糊 RKD 估计量(9.47)分母上的部分。最后得到的 RKD 估计量为 1.89—1.96 之间,与实际值 2 非常相近,说明上述估计结果具有一定的可信性。

```
. rdrobust Y X, c(10) kernel(uni) all fuzzy(D) deriv(1)
Fuzzy kink RD estimates using local polynomial regression.
```

Cutoff c = 10	Left of c	Right of c			
Number of obs	4979	5021	Number of obs =		10000
Eff. Number of obs	2821	2782	BW type =		mserd
Order loc. poly. (p)	2	2	Kernel =		Uniform
Order bias (q)	3	3	VCE method =		NN
BW loc. poly. (h)	1.563	1.563			
BW bias (b)	2.597	2.597			
rho (h/b)	0.602	0.602			

First-stage estimates. Outcome: D. Running variable: X.

Method	Coef.	Std. Err.	z	P>|z|	[95% Conf. Interval]	
Conventional	-.69886	.23664	-2.9532	0.003	-1.16267	-.235046
Bias-corrected	-.7128	.23664	-3.0122	0.003	-1.17661	-.248993
Robust	-.7128	.31388	-2.2709	0.023	-1.32801	-.0976

Treatment effect estimates. Outcome: Y. Running variable: X. Treatment Status: D.

Method	Coef.	Std. Err.	z	P>|z|	[95% Conf. Interval]	
Conventional	1.9591	.33951	5.7704	0.000	1.29369	2.62456
Bias-corrected	1.8932	.33951	5.5762	0.000	1.22777	2.55865
Robust	1.8932	.45068	4.2008	0.000	1.00989	2.77653

第六节 总 结

本章讨论了断点回归设计和弯折回归设计,由于断点回归设计与完全随机化实验非常相似,是完全随机化实验的近亲(Lee and Lemieux,2010),RDD策略所得到的因果效应参数是最为可信的,因而,RDD策略成为目前经济学实证工具箱中最受欢迎的识别策略。自从20世纪90年代末经济学家将RDD策略重新挖掘出来,特别是Hahn et al.(2001)从理论上严格证明了RDD策略的识别条件和估计方法,RDD策略的理论及应用文献大量涌现。本章介绍了最基本的断点回归设计及弯折回归设计,对多元参考变量的处理(Jacob and Lefgren,2004;Caliendo. et al.,2013),参考变量的测量误差问题(Ping,2012;Pei Shen,2016),分位数断点回归设计(Frandsen et al.,2012),以及断点的自选择问题(Dong,2016)等没有进行讨论,有兴趣的读者可以跟踪最新的文献。

断点回归设计近似于完全随机化实验,具有很强的内部有效性,估计结果具有很强的可信性。但是,也与完全随机化实验一样,RDD策略得到的估计往往只是断点处的平均因果效应,不能简单地推广到其他位置,外部有效性较弱,这是断点回归设计的主要限制,在使用RDD或RKD策略的时候,需要将这一点考虑进来。有些时候断点处的因果效应就是我们感兴趣的,RDD(RKD)策略是回答这类问题的最好工具。但是,如果关心断点之外地方的因果效应,就需要引入一定的假设才能外推,外推有效性依赖于假设是否成立。Dong and Lewbel(2015)提出了一种测度局部RDD估计量变化的方法,称为干预效应导数(Treatment Effect Derivative,TED),它反映的是在断点处,干预效应的变化率,可以测度在断点附近,如果稍微改变断点位置,干预效应会有什么样的变化。如果 TED 为零,则意味着在断点附近其他位置干预效应不变,从而 RDD 估计可以外推到其他的位置。如果 TED 不为零,意味着离开断点,因果效应就会发生变化,因而不能进行简单的外推。Angrist and Rokkanen (2015) 提出了一种外推的方法用于分析在断点之外其他位置的因果效应。他们引入了类似于匹配方法的条件独立性假设,假设引入其他的协变量后,参考变量与潜在结果之间是独立的,从而可以根据其他协变量进行匹配,而无需再考虑参考变量,从而可以估计断点左右任意位置的因果效应。

 推荐阅读

有关 RDD 的理论和应用的综述可以参考 van der Klaauw (2008)、Lee and Lemieux (2010)、DiNardo and Lee (2011)、Keele and Titiunik (2015)、Choi and Lee(2016) 等。关于 RDD 策略应用指导建议可以参考 Imbens and Lemieux (2008)、Lee and Lemieux (2010) 和 Skovron and Titiunik (2015)。Cook (2008) 对 RDD 的前世今生以及在心理学、统计学和经济学领域的发展与应用进行了很好的概括。关于 RKD 理论和应用可以参考 Dong(2014)、Card et al. (2015b) 和 Card et al. (2016)。关于分位数 RDD 可以参考 Frandsen et al. (2012)。关于存在测量误差的 RDD 可以参考 Ping(2012) 和 Pei and Shen (2016)。关于 RDD 外推的文献可以参考 Dong and Lewbel (2015) 和 Angrist and Rokkanen (2015)。还有很多不断增加的文献,在此不再一一列出,有兴趣的读者可以自行网上搜索。

第十章 结　　语

>　　观测研究所提供证据的质量和可信度很大程度上取决于它的研究设计。再好的分析方法也没有办法拯救一个设计糟糕的研究。①
>
>　　　　　　　　　　　　　　　　　　　　——Paul Rosenbaum

　　任何学科的终极目标都是在寻找世界的内在规律,揭示不同变量之间的因果关系,透过自然现象或社会现象寻找其背后的真理。经济学也不例外,然而,在经济学的研究中,往往很难像自然科学研究一样,通过大量实验获取支配自然界各种现象的自然规律。人们往往把各种经济现象的相关性,通过一定的抽象和假设,获得一些理论假说,并用社会现象所表现出的相关性来支撑经济假设的正确性或适用性。对同一个经济现象,会有多种理论学派提供不同的理论体系,都可以在一定时期一定程度上解释特定的经济现象。然而,真理应该只有一个,支配这些经济现象的内在规律和各经济变量之间的因果关系应该只有一种,我们往往无法从经济变量之间的相关性中获得真理的全部知识。特别是在经济学的经验研究中,很少有人相信经济学家的实证研究结果。"计量经济学的艺术就是,研究者在计算机终端中拟合许多(甚至上千个)统计模型,从中选择一个或几个符合作者预期的估计结果在论文中进行报告。""我们发现我们正处于一种令人沮丧和不科学的境地。没有人将数据分析看作严肃的事情,或者更准确地,没有人把别人的数据分析当回事。"(Leamer,1983) Leamer(1983)所描述的是 20 世纪七八十年代美国经济学界的情形,而我国经济学界也曾处于类似的境地。然而,经过三十多年的发展,经济学的实证研究已经大为改观,经济学实证结果的可信度越来越高。在这场经济学经验研究"可信性革命"中扮演重要角色的是随机化实验和潜在结果框架的引入。随机化实验的思想使我们关注研究设计,尤其是 Rubin(2008)等人主张在观测研究的设计阶段,要将结果变量先剔除,就像真正的实验一样,从而避免研究者选择一个适合自己预期的样本或统计模型,减少研究者的自由度,增加研究设计的透明性和

---

①　The quality and strength of evidence provided by an observational study is determined largely by its design. Excellent methods of analysis will not salvage a poorly designed study (Rosenbaum,2010,Preface).

客观性。潜在结果框架的引入使因果的定义更加清晰简洁,使经济学家更容易定义清楚关心的因果效应问题,从而将精力集中在研究设计和识别策略上。

本书介绍的识别策略或研究设计,正是促使经济学经验研究"可信性革命"的主要工具。所有这些策略的一个共同特点,就是通过这些策略的设计,使观测研究近似于随机化实验。回归方法或匹配方法所得到的估计量,要有因果效应的解释,基本的识别条件是非混杂性(unconfoundedness)或条件独立性假设(CIA),在计量经济学中也称为根据观测变量进行的选择(selection on observables),基本的含义是根据可观测的协变量为条件,干预的分配是近似于随机化的,原因变量与潜在结果是独立的。事实上,如果CIA条件成立,数据生成过程就可以看作一个分层随机化实验(stratified randomized experiment)。这里需要强调一点,本质上匹配方法和回归方法是相同的,所要求的识别条件也是一样的,如果CIA条件不成立,匹配方法和回归方法一样都是不能解决内生性问题的。[①] 如果CIA条件不满足,意味着只根据观测变量进行分层,无法保证干预分配独立于潜在结果,仍然有未观测因素影响干预的分配。工具变量法就是寻找一个决定干预分配,但独立于潜在结果的工具变量,工具变量法的本质类似于一个非依从的随机化实验。干预的随机化分配是工具,而个体实际接受的干预状态是原因变量,利用干预分配的随机性可识别出受工具变量影响的个体的因果效应(LATE)。[②] 如果有多期的数据,尤其是面板数据,可以帮助我们克服不随时间变化的未观测混杂因素的影响,通过差分或去均值(demean)的方法,使得增量上满足CIA,因而,DID策略或固定效应方法本质上是增量上的分层随机化实验。[③] RDD策略是最接近完全随机化实验的一种研究设计,它主要的识别条件是局部随机化假设,即个体没有精确控制断点的能力,从而使在断点附近的个体具有高度的相似性,在断点附近,个体在左还是在右,完全是由不可控的随机性造成的,从而干预的分配近似于一个完全随机化实验。[④] RDD策略通过断点来识别因果效应,识别条件非常清晰,也很容易检验,研究者个人操纵的可能性较低,成为最透明和最可信的研究设计,因而,成为经济学家最喜欢的识别工具。自从经济学家从历史的尘埃中把它挖掘出来,迅速焕发生机,理论文献和应用文献大量涌现,现在仍然以指数级别在增加。

当然,这些策略也不是完美的,这些策略模拟随机化实验,从而继承了随机

[①] 在我国经济学的实证研究中,仍然有人认为匹配方法可以解决内生性问题,这是误解,详细讨论参见本书第五章和第六章。
[②] 详细讨论参见第七章。
[③] 详细讨论参见第八章。
[④] 详细讨论参见第九章。

化实验的优势,使因果效应的估计非常可信,具有很强的内部有效性。同时也继承了随机化实验的劣势,估计的因果效应往往很难外推,对经济变量之间的影响机制也很少涉及。政策评估一般包括三种类型,第一种是对已经发生的政策进行效果评估,第二种是对已经采用的政策应用到不同的群体的效果评价,第三种是对从来没有发生过的政策的评价(Heckman,2001,2010)。本书介绍的识别策略往往只能回答第一类政策评估问题,对于第二类政策评估,需要讨论一种政策在另外一种环境或群体中的政策效应,需要外推。本书介绍的方法对于第三类政策评估无能为力,要对一个从来没有的政策进行评价,必须要有一定的结构,才能对未来进行预测,因而必须使用结构计量经济学的工具。从实验出发的计量经济学,主要关注因果效应或原因的结果(effect of cause),关注的重点不是结果的原因(cause of effect),尽管对原因的结果的探讨对理解结果的原因是有帮助的,但在一个特定的研究中,以实验为基础的计量经济学方法只能识别某一特定原因的结果,而不能揭示结果的原因,这也是本书方法的限制。对于变量之间内在机制的分析,仍然需要从经济理论和结构计量经济学中寻找。另外,随机化实验中压制了个体的选择,而经济学的研究对象往往是个人,关注的是个体的选择,因而,实验中所反映的因果效应,往往与现实中政策实施的因果效应是不同的(Heckman,2001,2010;Rücker et al.,2010),详细介绍可以参见第三章第五节"随机化实验的缺陷"。当然,任何方法都不能完成所有的工作,本书介绍的以实验为基础的计量经济学,它的优势就是在于分析第一类的政策评估,对已经实施的政策或干预可以得到当前环境下非常可信的估计,这类研究可以为第二类和第三类政策评估提供一定的参考,为构造合理的结构模型提供依据。Heckman(2010)指出:两种方法[①]相互补充,事实上已有文献将两种方法结合起来,利用实验来验证结构模型的合理性,并利用实验校准的结构模型再进行第二类和第三类的政策评估(Fehr and Goette,2007)。

---

① 即结构计量经济学方法和本书介绍的项目评估方法。

附录　Stata 数据处理编程简介

Stata 软件是目前经济学经验研究中最常用的软件之一，它体积小，具有较强的编辑能力，可以进行数据处理和统计分析，因而，成为经济学家最喜欢的计量经济学软件之一。下面简单介绍一下数据处理过程中的编程问题。假设读者对 Stata 有一些初步的了解，没有接触过 Stata 的读者可以参考 Baum(2006)、Cameron and Trivedi(2010)等，关于 Stata 编程可以参考 Baum(2016)。网络上也有大量关于 Stata 的资料，推荐两个网站，一个是加州大学洛杉矶分校数字研究与教育研究所(idre)的网站：http://www.ats.ucla.edu/stat/stata/，另一个是 Stata 公司官网：http://www.stata.com/support/。Stata 的官方手册可以直接从 Stata 软件帮助菜单中调取。

第一节　常用命令

Stata 用户手册给出了每个用户都应该知道的 42 个命令，我们对其中更常用的命令进行简单介绍。所有 Stata 命令的使用语法基本都符合下列格式：

[prefix:] command [varlist] [= exp][if][in][weight][using filename][, options]

其中的方括号表示可选项，有些命令可以加前缀 prefix，有些命令需要加变量列表 varlist，有些还可以加其他选项，if 表示加条件，in 可以限制使用的样本范围，weight 可以施加权重。

根据本人使用经验，使用最多的两个命令是 help 和 search 或 findit，前一个命令是当知道某一命令，但不知道或忘记了使用方法或具体选项时，可以通过 help command 的方式查询；后者是不知道使用什么命令，但想实现某一种功能，这时可以利用"findit＋关键词"的方式进行搜索，该命令会在 Stata 系统和网络上搜索相应内容。比如想查询是否有进行双重差分估计的命令，可以通过 findit difference in difference 或 search difference in difference，all 进行搜索，运行该命令后会弹出一个 viewer 窗口显示搜索到的相关信息。

在利用 Stata 进行研究分析之前，一般会在工作盘建立一个特定的目录，对应于相应的研究项目。有两个相关的 DOS 命令非常有用：cd 和 dir。cd 是改变当前工作路径,在打开或保存文件时,Stata 一般会在当前工作目录中寻找,如果文件不在当前目录,往往需要加上完整的路径信息,比较麻烦。因而,一般在写处理程序时,第一步就可以利用 cd 命令,将工作路径调整为数据所在或项目所在的目录。dir 用于查询当前目录的文件信息。

关于文件处理,下面 5 个命令可能是最常用的,包括保存文件 save,保存成前一版本可读的文件 saveold,打开 Stata 格式的数据文件 use,追加数据 append,合并数据 merge。还有,数据导入命令 import、infile、odbc;数据呈现命令 display、describe、list、count、table、tabulate;数据处理命令 sumarize、tabstat、generate、replace、rename、clear、drop、keep、sort、recode、reshape、order、collapse、destring/tostring、encode、decode;画图命令[graph twoway] scatter、histogram、kdensity、line,具体使用方法参考各命令的 help 文件。Stata 软件的学习方法,可以结合 help 或 findit 命令的辅助,边用边学,在此不再赘述。

第二节 do 文件

Stata 程序文件包括两种:do 文件和自执行 ado 文件。ado 文件主要用于写类似于 Stata 官方命令的用户命令,do 文件是一般的数据处理程序文件。do 文件很简单,就是在交互命令窗口将直接执行的命令罗列到一个文本文件中,并保存为扩展名为.do 的文件,比如 myfile.do。在命令窗口输入 do myfile.do,Stata 就会读入 myfile.do 中的命令并逐条执行,非常方便。在进行研究项目的分析过程中,很难直接通过交互方式完成整个项目的数据处理和分析过程,一般将整个数据处理和分析过程写到 do 文件中,这样便于修改或后期重现早期的估计结果。

1. 注释

一个研究项目的处理程序最终可能有几百行,甚至上千行。为了增加程序的可读性,适当加一些注释是必要的。尤其当项目是多人合作的时候,为了让别人读懂你的程序,也需要在程序中加入适当的注释。在 Stata 中有三种基本的注释方式,第一种是加星号"＊",＊号后的语句在执行时会自动忽略。第二种是加//,一般用在一行命令后面,进行简要说明。第三种是加/＊ ＊/或///,在/＊ 和 ＊/之间的语句均被 Stata 忽略,因而,可以用/＊ ＊/进行大段的注释或暂时注释掉某些不想执行的语句。Stata 命令是按行来执行的,有时命令行比较长，一行没有办法写完，这时一条命令要分几行写，对于跨行命令，需要告诉 Stata 这几行是一个命令，这时可以利用注释命令/* */或///将多行语句连接成一个命令。举个简单的例子，比如一条命令，先清除系统然后打开数据 auto.dta，写成两行，但它是一个命令，用第三种注释方法把它们连接在一起。下面两种方法都可以：

  use ///   或   use /*
  auto, clear   */ auto, clear

上面两种方式，Stata 看到///或/* */都直接跳到下一行接着读，将两行语句当作一条命令执行。对于跨行命令较多时，还可以利用 #delimit 命令重新设定语句结束符，比如下面语句定义分号为命令结束符，则 Stata 不再按行读入语句，而是寻找分号；分号出现时，命令结束。

  #delimit ; use auto, clear; #delimit cr

2. 两种函数

  Stata 的很多命令会有返回值，返回值会保存在两种函数中，一般估计命令的返回值会保存在 e() 函数中，其他命令的返回值会保存在 r() 函数中，命令后的返回值，可以通过 return list 或 ereturn list 进行查询。比如下面显示的是用 sumarize 命令返回的结果。这些返回结果可以通过新的变量取出来，用于后面的语句中。当运行另外的语句时，r() 函数中储存的值会发生变化，因而，要取出来先保存在特定的变量或宏中，以便后面程序使用。

```
. sysuse auto, clear
(1978 Automobile Data)

. sum mpg

    Variable |     Obs        Mean    Std. Dev.       Min        Max
-------------+--------------------------------------------------------
         mpg |      74     21.2973    5.785503         12         41

. ret list

scalars:
```

```
         r(N)    =    74
     r(sum_w)    =    74
      r(mean)    =    21.2972972972973
       r(Var)    =    33.47204738985561
        r(sd)    =    5.785503209735141
       r(min)    =    12
       r(max)    =    41
       r(sum)    =    1576
```

下面是做了一个简单的线性回归模型后 e() 所保存的结果。

```
. qui reg mpg weight price, vce(robust)
. eret list
scalars:
         e(N)    =    74
      e(df_m)    =    2
      e(df_r)    =    71
         e(F)    =    51.14373982809451
        e(r2)    =    .6531446579233133
      e(rmse)    =    3.454996314099513
       e(mss)    =    1595.932492798133
       e(rss)    =    847.5269666613266
      e(r2_a)    =    .6433740849070686
        e(ll)    =    -195.2169813478502
      e(ll_0)    =    -234.3943376482347
      e(rank)    =    3

macros:
     e(cmdline)  :  "regress mpg weight price, vce(robust)"
       e(title)  :  "Linear regression"
   e(marginsok)  :  "XB default"
         e(vce)  :  "robust"
      e(depvar)  :  "mpg"
         e(cmd)  :  "regress"
  e(properties)  :  "b V"
     e(predict)  :  "regres_p"
       e(model)  :  "ols"
   e(estat_cmd)  :  "regress_estat"
     e(vcetype)  :  "Robust"
```

matrices:
                              e(b)   :   1 x 3
                              e(V)   :   3 x 3
                   e(V_modelbased)   :   3 x 3
functions:
                          e(sample)

3. 两种宏

在数据处理过程中,有时需要一些中间变量,但不想将它保存在数据中,或者有些语句需要重复书写,这时可以考虑使用 Stata 提供的宏命令(macro)。Stata 提供了两种宏:全局宏和局部宏。全局宏会在整个进程中有效,直到关闭 Stata 软件,局部宏只在相应程序中有效,程序结束,局部宏消失。一般应用中很少使用全局宏,因为全局宏比较危险,它可能会影响到所有程序中相同名字宏的调用,一般情况下不建议使用全局宏,除非用户非常清楚全局宏的影响。宏是用一个字符串代替另一个字符串,可以将它理解成一个盒子,而里面会装一些东西,调用时就是用盒子里的东西来替换宏。全局宏用 global 定义,用 $ 调用,局部宏用 local 定义,用''调用。① 下面定义了一个全局宏 xlist 和一个局部宏 xlist2,它们里面都装了字符串 price weight,调用时全局宏用 $xlist,局部宏用'xlist2',都会将宏中的字符串取出来,可以利用 display "$xlist"和 display "'xlist2'"显示宏里面的字符串内容。

```
global xlist "price weight"
di "$xlist"
reg mpg $xlist // 等价于命令 reg mpg price weight
local xlist2 "price weight"
di "'xlist2'"
reg mpg 'xlist2' // 等价于命令 reg mpg price weight
```

使用宏的好处是,有时要重复输入比较长的变量列表,可以用宏来进行代替,这样可以避免不同的模型中变量输入的错误,还可以节约程序输入的字符。另一个好处是,有时需要不断地调整一些参数,而这些参数如果在程序的不同位置,每次变更就会很麻烦,但是如果用宏代替,只需要在程序开始处,对宏的内容进行调整,则此后所有语句中使用的宏的内容也就相应变化。因而,灵活使用宏

---

① 注意这里的左单引号是 PC 键盘左上角~键上的点。

变量可以大大提高编程效率,降低错误率。

4. 三种循环语句

在数据处理过程中,经常遇到一些重复处理的工作,如果基本的处理过程相似,可以通过使用循环语句来提高效率。Stata 中提供了三种循环语句,分别是 foreach、forvalues 和 while。foreach 针对变量列表或宏列表,非常有弹性,进行循环的可以是没有任何规律的变量列表。forvalues 主要针对数值型的循环,while 更加自由,可以根据用户需要设计。下面看一个简单的循环,产生 4 个随机数,并把它们加和起来。先用下列语句生成 4 个标准均匀分布的随机数 x1、x2、x3、x4。

```
clear // 关闭系统中的数据
set obs 100 // 产生 100 个样本点
set seed 1234 // 设定随机产生器种子
gen x1 = runiform() // 产生一个标准均匀分布随机数
gen x2 = runiform()
gen x3 = runiform()
gen x4 = runiform()
```

下面,我们用三种循环语句构造求和,首先利用 foreach 实现:

```
gen sum = 0 // 产生一个变量 sum        gen sum = 0
    作为后面计算和的变量
                                       local xlist "x1 x2 x3 x4"
foreach var of varlist x1 x2 x3 x4 {   foreach var of local xlist {
    qui replace sum = sum + `var'        qui replace sum = sum + `var'
}                                      }
di "The sum of x1 - x4 = " sum         di "The sum of x1 - x4 = " sum
```

上面两个程序都可以实现求和的效果,左边利用变量列表,右边是定义了一个局部宏,然后利用宏列表。可以看到 foreach 后面的参数是一个局部宏,调用时用单引号。

因为 4 个变量具有一定的规律性,其中的数字是按顺序的,因而,也可以利用 forvalues 来实现。

```
replace sum = 0 // 重置变量 sum 为零,作为后面计算和的变量
forvalues i = 1/4 {
```

```
    qui replace sum = sum + x`i'
  }
    di "The sum of x1 - x4 = " sum
```

用 while 也可以实现。

```
replace sum = 0 // 重置 sum = 0
local i = 1 // 设定初始指针
while `i' < = 4{ // 注意这里条件的设定,i 是局部宏,调用时用单引号
    qui replace sum = sum + x`i'
    local i = `i' + 1
  }
    di "The sum of x1 - x4 = " sum
```

上面举了个简单的小例子说明三种循环的使用,具体应用方法可以参考 Stata 的帮助文件或 Baum(2016)。

第三节　结果呈现利器:estout 软件包

在经济学实证分析中,往往需要进行变量的简单统计和估计结果呈现,如果估计的模型比较多,制作符合学术论文要求的表格往往需要花费一定的时间,瑞士苏黎世大学社会学研究所的 Ben Jann 提供了一个非常优秀的结果呈现软件包 estout,[1]共包括 esttab、estout、eststo、estadd、estpost 等命令。esttab、estout 命令将 Stata 估计命令保存在 e() 函数中的信息自动生成基本符合学术期刊要求的表格,稍加修改一般就可以用在学术论文中,对于不提供 e() 的命令,可以使用 estpost 收集相关结果,并将它们推送(post)到 e() 中用于制作表格。[2] eststo 类似于 Stata 的官方命令 estimate store,可以将估计结果保存起来用于后面的分析。estadd 可以将没有包含在 e() 函数中的结果添加到结果中去。因为 estout 软件包不是官方命令,使用之前需要通过命令 ssc install estout, replace 进行安装,或利用 findit estout 搜索后安装。

esttab 的命令语法如下:

```
esttab [ namelist ] [ using filename ] [ , options estout_options ]
```

---

[1]　关于 estout 软件包的详细介绍可以参见 http://repec.org/bocode/e/estout/index.html。
[2]　postfile、post 是另一组有用的命令,具体用法可以参考 Cameron and Trivedi(2010)。

它的作用是将保存的回归结果输出成表格。由于参考选项很多，不再一一介绍，读者可以利用 help esttab 调出其帮助文件进行查询，下面举一些例子，管窥一下它的用途。首先利用 Stata 自带的数据 auto.dta 估计两个线性回归模型，将回归结果保存到 est1、est2 中，并用 esttab 命令将估计结果表格输出到 Stata 结果窗口。

. sysuse auto, clear // 打开系统自带数据 auto.dta
(1978 Automobile Data)
. eststo: qui regress mpg weight price, vce(robust) // 将回归结果保存到 est1 中
(est1 stored)
. eststo:qui regress mpg weight price mpg foreign, vce(robust) //将回归结果保存到 est2 中
(est2 stored)
. esttab // 将刚才估计的两个结果输出到屏幕

	(1)	(2)
	mpg	mpg
weight	−0.00582***	−0.00678***
	(−8.91)	(−7.49)
price	−0.0000935	0.0000566
	(−0.53)	(0.29)
foreign		−1.856
		(−1.44)
_cons	39.44***	41.96***
	(19.56)	(17.65)
N	74	74

t statistics in parentheses
* p<0.05, ** p<0.01, *** p<0.001

上面是 esttab 输出的结果，默认报告估计系数的 t 统计量，也可以通过改变相应选项换成标准误差(se)、p 值(p)、置信区间(ci)或估计中生成的任意参数统计量(参见选项 aux() 的说明)，可以让 esttab 报告调整的 R^2(ar2)，伪 R^2(pr2)、AIC(aic)和 BIC(bic)模型选择标准。另外，可以通过选项 scalars() 添加估计结果中保存的任何标量统计量，比如 p 值、F 值、模型自由度(df_m)和残差自由度(df_r)等，如果想让 t 统计量或标准误差与系数并排排列，可以加上选项 wide,输出宽表。

```
. esttab, wide se ar2 scalars(F df_m df_r)
```

	(1)		(2)	
	mpg		mpg	
weight	−0.00582***	(0.000653)	−0.00678***	(0.000905)
price	−0.0000935	(0.000175)	0.0000566	(0.000192)
foreign			−1.856	(1.289)
_cons	39.44***	(2.016)	41.96***	(2.378)
N	74		74	
adj. R-sq	0.643		0.649	
F	51.14		45.93	
df_m	2		3	
df_r	71		70	

Standard errors in parentheses
* $p<0.05$, ** $p<0.01$, *** $p<0.001$

可以看到，上表的输出结果系数小数位比较长，可以通过修改系数(b(fmt))、标准误差(se(fmt))、拟合优度(ar2(fmt))等参数输出格式改变输出小数位数。可以通过 nostar 选项禁止标出 *，也可以通过 star() 选项改变星号所代表的显著性水平，还可以通过加选项 mtitle() 改变列标题。

```
. esttab, b(%12.4f) se(%5.4f) ar2(%12.4f) star( * .10 ** .05 *** .01)
> mtitle("OLS 1" "OLS 2") wide
```

	(1)		(2)	
	OLS 1		OLS 2	
weight	−0.0058***	(0.0007)	−0.0068***	(0.0009)
price	−0.0001	(0.0002)	0.0001	(0.0002)
foreign			−1.8559	(1.2891)
_cons	39.4397***	(2.0163)	41.9595***	(2.3777)
N	74		74	
adj. R-sq	0.6434		0.6487	

Standard errors in parentheses
* $p<0.10$, ** $p<0.05$, *** $p<0.01$

可以通过加 label 选项，让 esttab 报告变量的标签而非变量名，可以通过 nonumbers 去掉每列的数字，可以通过选项 title() 加表格标题，addnote() 增加脚注。有时需要添加一些 esttab 选项中没有定义的参数，可以利用命令 estadd 添加，利用 stats() 选项调用 estadd 构造的宏变量，用 scalars() 调用 estadd 产生的标量。esttab 也可以将表格输出到文件中,利用 using 选项,可以将表格保存为 Excel 文件(.csv)、Word 文件(.rtf)或 LaTeX 文件(.tex)。

```
. qui reg mpg weight price, vce(robust)
. estadd local Control_foreign = "No" //Control_foreign 显示是否控制 foreign
added macro:
    e(Control_foreign) : "No"
. eststo m1
. qui reg mpg weight price foreign, vce(robust)
. estadd local Control_foreign = "Yes" //Control_foreign 显示是否控制 foreign
added macro:
    e(Control_foreign) : "Yes"
. eststo m2
. esttab m1 m2, b(%12.4f) se(%5.4f) star( * .10 * * .05 * * * .01) mtitle
("OLS 1" " OLS 2") label stats(Control_foreign N r2_a, fmt(%3s %5.0f %5.4f))
title("A si mple regression table") addnote("Source: auto.dta") wide
```

A simple regression table

	(1)		(2)	
	OLS 1		OLS 2	
Weight (lbs.)	−0.0058***	(0.0007)	−0.0068***	(0.0007)
Price	−0.0001	(0.0002)	0.0001	(0.0002)
Car type			−1.8559	(1.4197)
Constant	39.4397***	(2.0163)	41.9595***	(1.7330)
Control_foregin	No		Yes	
N	74		74	
r2_a	0.6434		0.6487	

Standard errors in parentheses
Source: auto.dta
* p<.10, ** p<.05, *** p<.01

其中 stats(,[fmt()])调用 estadd 产生的参数和 esttab 默认的一些统计量,fmt()设定对应参数的显示格式。如果加上 using filename.rtf 选项,上述结果将保存到文件 filename.rtf 中,不再显示在屏幕上,可以用 Word 打开 filename.rtf。下面的命令将上述表格保存在文件 table.rtf 中。

```
. esttab m1 m2 using table.rtf, b(%12.4f) se(%5.4f) star( * .10 * * .05 * * *
.01)
> mtitle("OLS 1" "OLS 2") label stats(Control_foregin N r2_a, fmt(%3s %5.0f %5.
> 4f)) title("A simple regression table") addnote("Source: auto.dta") wide comp
> ress replace
(output written to table.rtf)
```

用 Word 打开 table.rtf 后,显示类似于表格 A.1,经过稍加修改后,即可以粘贴到论文中使用,这样就可以集中精力进行研究设计,而不必在输出结果上花费太多时间,大大提高了生产效率。

表 A.1 A simple regression table

	(1) OLS 1		(2) OLS 2	
Weight (lbs.)	−0.0058***	(0.0007)	−0.0068***	(0.0007)
Price	−0.0001	(0.0002)	0.0001	(0.0002)
Car type			−1.8559	(1.4197)
Constant	39.4397***	(2.0163)	41.9595***	(1.7330)
Control_foregin	No		Yes	
N	74		74	
r2_a	0.6434		0.6487	

Standard errors in parentheses
Source: auto.dta
* $p<.10$, ** $p<.05$, *** $p<.01$

研究论文中一般需要报告变量的简单统计或假设检验,变量的简单统计,在 Stata 软件中可以使用 summarize、tabstat 等命令,但这些命令返回值保存在 r() 函数中,esttab 无法直接调用 r() 构造表格,需要利用 estpost 命令将 r() 函数保存的统计量推送(post)到 e() 函数中,然后可以利用 esttab 输出相应的简单统计表格。

```
. sysuse auto
(1978 Automobile Data)
. estpost summarize mpg weight price foreign
```

	e(count)	e(sum_w)	e(mean)	e(Var)	e(sd)	e(min)	e(max)
mpg	74	74	21.2973	33.47205	5.785503	12	41
weight	74	74	3019.459	604029.8	777.1936	1760	4840
price	74	74	6165.257	8699526	2949.496	3291	15906
foreign	74	74	.2972973	.2117734	.4601885	0	1

	e(sum)
mpg	1576
weight	223440
price	456229
foreign	22

```
. esttab ., cells("mean sd count") noobs nonumber
```

	mean	sd	count
mpg	21.2973	5.785503	74
weight	3019.459	777.1936	74
price	6165.257	2949.496	74
foreign	.2972973	.4601885	74

利用 tabstat 进行分组统计,也可以利用 using filename 选项将结果保存到文件中去。另外,estpost 还可以推送 ttest、tabulate、correlate、ci、margins 等生成的 r() 函数结果,限于篇幅,在此不再一一详述,读者可以自行参考 estpost 帮助文件。

```
. sysuse auto, clear
(1978 Automobile Data)
. estpost tabstat mpg weight price, by(foreign) statistics(mean sd) columns(sta-
> tistics)
Summary statistics: mean sd
     for variables: mpg weight price
  by categories of: foreign
```

foreign	e(mean)	e(sd)
Domestic		
mpg	19.82692	4.743297
weight	3317.115	695.3637
price	6072.423	3097.104
Foreign		
mpg	24.77273	6.611187
weight	2315.909	433.0035
price	6384.682	2621.915
Total		
mpg	21.2973	5.785503
weight	3019.459	777.1936
price	6165.257	2949.496

. esttab ., main(mean) aux(sd) unstack noobs label nogap nonumber

	Domestic	Foreign	Total
Mileage (mpg)	19.83	24.77	21.30
	(4.743)	(6.611)	(5.786)
Weight (lbs.)	3317.1	2315.9	3019.5
	(695.4)	(433.0)	(777.2)
Price	6072.4	6384.7	6165.3
	(3097.1)	(2621.9)	(2949.5)

mean coefficients; sd in parentheses

* $p<0.05$, ** $p<0.01$, *** $p<0.001$

第四节 练 习

1. 随机化实验数据分析

利用美国国家培训示范项目(NSW)实验数据 nsw_dw.dta，估计培训的平均因果效应，请利用下列四种方法估计培训的影响，并写出相应的 do 文件。

1. 两组结果平均值之差 $\hat{\tau}^{dif}$。
2. 简单回归系数 $\hat{\tau}^{ols}$。
3. 控制协变量 age、education、black、married、re74、re75，参考(3.11)。
4. 控制协变量 age、education、black、married、re74、re75 及其与干预变

量 treat 的交叉项,注意交叉项中的协变量要去均值(demean),参见(3.13)。

2. 教育收益率估计

利用第 73 页描述的 2002 年中国居民收入调查(CHIP)城镇数据 chip2002,用回归命令 regress 估计四个模型,并将估计结果生成类似表 5.1 的表格。

第 1 个回归估计基本的 Mincer 方程,控制 educ、exper、expersq,第 2 个回归在模型 1 基础上再控制性别 male 和城市固定效应,第 3 个回归在模型 2 的基础上再控制行业固定效应,前三个模型均使用修正异方差的稳健标准误差 vce(robust),第 4 个回归与模型 3 相同,但使用聚类到城市的标准误差 vce(cluster city),将估计过程所需程序写到 do 文件中。

3. 培训的作用:倾向指数匹配方法

利用 NSW 实验数据 nsw_dw.dta 的干预组和美国人口调查数据 cps_controls.dta 合并为一个数据集(利用 append using 命令),并利用合并好的数据集复制(replicate)Dehejia and Wahba(1999)表 1 的简单统计和表 3 的估计结果。请编写 do 文件完成下列工作:

(1)将随机化实验数据 nsw_dw.dta 的干预组(treat=1),与 CPS 数据 cps_controls.dta(treat=0)合并在一起,并进行简单统计,生成类似于第 110 页的分组(干预组和控制组)简单统计结果。

(2)估计倾向指数,并画出倾向指数分布(根据干预状态进行分组,可以使用 histogram 或 kdensity 命令),比较两组倾向指数分布的差别。

(3)进行样本匹配。利用 1∶1 最近邻匹配,获得与干预组匹配的控制组个体,并构造匹配样本。

(4)检验匹配样本协变量平衡性,并估计干预组平均因果效应(ATT)。

(5)利用随机化实验控制组数据与 CPS 调查数据,检测 CIA 条件是否成立。

4. 教育收益率估计:IV 方法

利用 Angrist and Krueger(1991)提供的数据集 angrist.dta,利用出生季度作为工具变量,估计教育收益率。数据集信息见第 139 页。请编写 do 文件分别利用 OLS 和 IV 方法估计下列 4 组模型,并将最终结果输出为类似于第 143 页的表格。

(1) 只引入教育变量(EDUC)和出生年度(YR20—YR28)的Micer方程。

(2) 在模型1基础上控制年龄及其平方(AGEQ、AGEQSQ)。

(3) 在模型1基础上控制种族(RACE)、婚姻状态(MARRIED)、城市(SMSA)和地区(NEWENG、MIDATL、ENOCENT、WNOCENT、SOATL、ESOCENT、WSOCENT、MT)。

(4) 在模型3基础上控制年龄及平方(AGEQ、AGEQSQ)。

5. 最低工资对就业的影响

利用Card and Krueger(1994)提供的数据cardkrueger1994.dta,利用双重差分法估计最低工资调整对新泽西州快餐业就业的影响。数据说明见第173页。编写do文件,完成下列估计:

(1) 利用回归DID估计最低工资对新泽西州快餐店就业的影响,分别估计不控制和控制快餐店品牌类型的模型。

(2) 比较最低工资调整对就业20%分位和80%分位上的影响差别。

(3) 利用核匹配DID(PSM-DID)方法估计最低工资调整的影响。

6. 加州香烟控制法案的影响:合成控制法

利用Abadie et al.(2010)提供的数据smoking.dta,利用合成控制法估计加州香烟控制99法案对加州香烟消费的影响。编写do文件,完成下列工作:

(1) 重现(replicate)Abadie et alo.(2010)的图1,类似于图8.4。

(2) 估计合成控制组,计算平均因果效应,并复制Abadie et al.(2010)的图2和图3,类似于图8.5和图8.6。

(3) 进行置换检验,画出类似图8.7的图形。

7. 在位党在竞选中是否有在位优势?

利用Lee(2008)的数据lee.dta,数据说明参见第217页。请用断点回归设计(RDD),估计民主党在位是否有助于其在下一轮竞选中获胜。编写do文件,完成下列工作:

(1) 画出结果变量vote与参考变量margin之间的关系图,检验是否在断点处存在跳跃。

(2) 利用局部线性回归方法(LLR)估计在位党竞选优势,用交叉验证方法(CV)估计最优带宽。

(3) 画出参考变量分布图,检查在断点处是否存在跳跃,并利用McCrary

(2008)密度检验法检验个体是否有精确操控断点的能力。

(4)稳健性检验。检验其他协变量在断点处是否连续,检验在参考变量其他位置是否存在跳跃,画出相应图形并进行相应检验。

8. 弯折回归设计(RKD)估计

利用第 228 页的数据生成过程,编写 do 文件,生成一个样本容量为 100 的样本,画出类似于图 9.14 的图形,并利用断点估计 RKD 估计量,讨论估计出的 D 对 Y 的影响与实际值的差异。

参 考 文 献

1. 洪永淼. 高级计量经济学. 北京:高等教育出版社,2011.
2. 丁鹏. 因果推断简介之一至八. http://cos.name/author/dingpeng/,2012.
3. 韩乾、洪永淼. 国家产业政策、资产价格与投资者行为. 经济研究,2014,(12):143—158.
4. 赵西亮. 倾向指数匹配方法:模型设定和变量选择问题. 数量经济技术经济研究,2015,(12):133—147.
5. 赵西亮. 教育、户籍转换与城乡教育收益率差异. 工作论文,2016.
6. 赵西亮. 也谈经济学经验研究的"可信性革命". 经济资料译丛,2017,(2):80—90.
7. Alberto Abadie. Semiparametirc Difference-in-Differences. *Review of Economic Studies*,72:1—19, 2005.
8. Alberto Abadie and Sofia Dermisi. Is Terrorism Eroding Agglomeration Economics in Central Business Districts? Lessons from the Office Real Estate Market in Downtown Chicago. *Journal of Urban Economics*, 64:451—463, 2008.
9. Alberto Abadie and Javier Gardeazabal. The Economic Costs of Conflict: A Case Study of the Basque Country. *American Economic Review*, 93(1):113—132, 2003.
10. Alberto Abadie and Guido W. Imbens. Large Sample Properties of Matching Estimators for Average Treatment Effects. *Econometrica*, 74:235—267, 2006.
11. Alberto Abadie and Guido W. Imbens. Bias-corrected Matching Estimators for Average Treatment Effects. *Journal of Business & Economic Statistics*, 29(1):1—11, 2011.
12. Alberto Abadie, Joshua D. Angrist, and Guido W. Imbens. Instrumental Variables Estimates of the Effect of Subsidized Training on the Quantiles of Trainee Earnings. *Econometrica*, 70:91—117, 2002.
13. Alberto Abadie, David Drukker, Jane Leber Herr, and Guido W. Imbens. Implementing Matching Estimators for Average Treatment Effects in Stata. *The Stata Journal*, 4(3):290—311, 2004.
14. Alberto Abadie, Alexis Diamond, and Jens Hainmueller. Synthetic Control Methods for Comparative Case Studies Estimating the Effect of California's Tobacco Control Program. *Journal of the American Statistical Association*, 105(490):493—505, 2010.
15. Alberto Abadie, Alexis Diamond, and Jens Hainmueller. Comparative Politics and the Synthetic Control Method. *American Journal of Political Science*, 59(2):495—510,2015.

16. Joshua D. Angrist. Lifetime Earnings and the Vietnam era Draft Lottery: Evidence from Social Security Administrative Records. *American Economic Review*, 80(3):313—336, 1990.

17. Joshua D. Angrist and Alan B. Krueger. Does Compulsory Schooling Affect Schooling and Earnings. *Quarterly Journal of Economics*, CVI(4):979—1014, 1991.

18. Joshua D. Angrist and Alan B. Krueger. Instrumental Variables and the Search for Identification: From Supply and Demand to Natural Experiments. *Journal of Economic Perspectives*, 15(4):69—85, 2001.

19. Joshua D. Angrist and Alan B. Kruger. Empirical Strategies in Labor Economics. In A. Ashenfelter and D. Card, Editors, *Handbook of Labor Economics*, Volume 3. Elsevier Science, 1999.

20. Joshua D Angrist and Jörn-Steffen Pischke. *Mostly Harmless Econometrics: An Empiricist's Companion*. Princeton University Press, 2009.

21. Joshua D. Angrist and Jörn-Steffen Pischke. The Credibility Revolution in Empirical Economics: How Better Research Design is Taking the Con out of Econometrics. *Journal of Economic Perspectives*, 24(2):3—30, 2010.

22. Joshua D. Angrist and Miikka Rokkanen. Wanna Get away? Regression Discontinuity Estimation of Exam School Effects away from the Cutoff. *Journal of the American Statistical Association*, 110(512):1331—1344, 2015.

23. Joshua D. Angrist, Guido W. Imbens, and Donald B. Rubin. Identificatin of Causal Effects Using Instrumental Variables. *Journal of the American Statistical Association*, 91(434):444—455, 1996.

24. Joshua D. Angrist, Victor Lavy, and Analia Schlosser. Multiple Experiments for the Causal Link between the Quantity and Quality of Children. *Journal of Labor Economics*, 28(4):773—824, 2010.

25. Joshua D. Angrist and Jörn-Steffen Pischke. Undergraduate Econometrics Instruction: Through our Classes, Darkly. Working Paper 23114, National Bureau of Economic Research, February 2017.

26. Orley Ashenfelter. Estimating the Effect of Training Programs on Earnings. *The Review of Economics and Statistics*, 47—57, 1978.

27. Christopher F. Baum. *An Introduction to Modern Econometrics Using Stata*. Stata Press, 2006.

28. Christopher F. Baum. *An Introduction to Stata Programming*. Stata Press, 2 edition, 2016.

29. Sascha O. Becker and Andrea Ichino. Estimation of Average Treatment Effects Based on Propensity Scores. *The Stata Journal*, 2(4):358—377, 2002.

30. P. J. Bickel, E. A. Hammel, and J. W. O'Connell. Sex Bias in Graduate

Admissions: Data from Berkeley. *Science*, 187:398—404, 1975.

31. Donald E. Bowen, Laurent Frésard, and Jérôme P. Taillard. What's Your Identification Strategy? Innovatin in Corporate Finance Research. *Management Science*, Forthcoming.

32. M. Caliendo., K. Tatsiramos, and A. Uhlendorff. Benefit Duration, Unemployment Duration and Job Match Quality: A Regression-discontinuity Approach. *Jouranl of Appllied Econometrics*, 28(4):604—627, 2013.

33. Sebastian Calonico, Matias D. Cattaneo, and Rocio Titiunik. Robust Nonparametric Confidence Intervals for Regression-discontinuity Designs. *Econometrica*, 82(6):2295—2326, 2014a.

34. Sebastian Calonico, Matias D. Cattaneo, and Rocio Titiunik. Robust Data-driven Inference in the Regression-discontinuity Design. *The Stata Journal*, 14(4):909—946, 2014b.

35. Sebastian Calonico, Matias D. Cattaneo, and Max H. Farrell. On the Effect of Bias Estimation on Coverage Accuracy in Nonparametric Inference. *Journal of the American Satistical Association*, 2017a.

36. Sebastian Calonico, Matias D. Cattaneo, Max H. Farrell, and Rocio Titiunik. rdrobust: Software for Regression-discontinuity Designs. *The Stata Journal*, 2017b.

37. A Colin Cameron and Pravin K Trivedi. *Microeconometrics: Methods and Applications*. Cambridge University Press, 2005.

38. A Colin Cameron and Pravin K Trivedi. *Microeconometrics Using Stata*. Stata Press, 2010.

39. David Card and Alan B. Krueger. Minimum Wages and Employment: A Case Study of the Fast-food Industry in New Jersey and Pennsylvania. *American Economic Review*, 84(4):772—793, 1994.

40. David Card, Andrew Johnston, Pauline Leung, Alexandre Mas, and Zhuan Pei. The Effect of Unemployment Benefits on the Duration of Unemployment Insurance Receipt: New Evidence from a Regression Kink Design in Missouri, 2003—2013. *American Economic Review: Papers & Proceedings*, 105(5):126—130, 2015a.

41. David Card, David S. Lee, Zhuan Pei, and Andrea Weber. Inference on Causal Effects in a Generalized Regression Kink Design. *Econometrica*, 83(6):2453—2483, 2015b.

42. David Card, David S. Lee, Zhuan Pei, and Andrea Weber. Regression Kink Design: Theory and Practice. Working Paper 22781, National Bureau of Economic Research, 2016.

43. Jin-young Choi and Myoung-jae Lee. Regression Discontinuity: Review with Extensions. *Statistical Papers*, 1—30, 2016. doi: 10.1007/s00362-016-0745-z.

44. Thomas D. Cook. "Waiting for Life to Arrive": A History of the Regression-discontinuity Design in Psychology, Statistics and Economics. *Journal of Econometrics*, 142

(2):636—654, 2008.

45. R. Dehejia and S. Wahba. Causal Effects in Nonexperimental Studies: Reevaluating the Evaluation of Training Programs. *Journal of American Statistical Association*, 94(3): 1053—1062, 1999.

46. John DiNardo and David S. Lee. Program Evaluation and Research Designs. Chapter 5, Handbook of Labor Economics, Vol. 4:463—536 (Editor: Orley, Ashenfelter and David, Card), Elsevier, 2011.

47. Yingying Dong. Jump or Kink? Identification of Binary Treatment Regression Discontinuity Design without the Discontinuity. Working paper, University of California Irvine, 2014.

48. Yingying Dong. Regression Discontinuity Designs with Sample Selection. Working Paper, University of California Irvine, 2016.

49. Yingying Dong and Arthur Lewbel. Identifying the Effect of Changing the Policy Threshold in Regression Discountinuity Models. *The Review of Economics and Statistics*, 97(5):1081—1092, 2015.

50. Esther Duflo, Rachel Glennerster, and Michael Kremer. Using Randomization in Devel-opment Economics Research: A Toolkit. In T. Paul Schultz and John Strauss, Editors, *Handbook of Development Economics*, Volume 4, 3895—3962. North-Holland, Amsterdam, 2008.

51. Felix Elwert and Christopher Winship. Endogenous Selection Bias: The Problem of Conditioning on a Collider Variable. *Annal Review of Sociology*, 40: 31—53, 2014.

52. Ernst Fehr and Lorenz Goette. Do Workers Work More if Wages are High? Evidence from a Randomized Field Experiment. *The American Economic Review*, 97(1): 298—317, 2007.

53. Ronald Aylmer Fisher. *The Design of Experiments*. Oliver & Boyd, 1935.

54. Brigham R. Frandsen, Markus Frolich, and Blaise Melly. Quantile Treatment Effects in the Regression Discontinuity Design. *Journal of Econometrics*, 168(2):382—395, 2012.

55. Trygve Haavelmo. The Statistical Implications of a System of Simultaneous Equations. *Econometrica*, 11(1):1—12, 1943.

56. Jinyong Hahn, Petra Todd, and Wilbert Van der Klaauw. Evaluating the Effect of an Antidiscrimination Law Using a Regression-discontinuity Design. Woring Paper 7131, National Bureau of Economic Research, 1999.

57. Jinyong Hahn, Petra Todd, and Wilbert van der Kllaauw. Identification and Estimation of Treatment Effects with a Regression Discontinuity Design. *Econometrica*, 69(1):201—209, 2001.

58. Trevor Hastie, Robert Tibshirani, and Jerome Friedman. *The Elements of*

Statistical Learning: Data Mining, Inference, and Prediction. Springer Series in Statistics. Springer, 2nd edition, 2009.

59. J. A. Hausman and D. A. Wise. Social Experiment, Truncated Distributions and Efficient Estimation. *Econometrica*, 919—938, 1977.

60. Fumio Hayashi. *Econometrics*. Princeton University Press, 2000.

61. James J. Heckman. Sample Selection Bias as a Specification Error. *Econometrica*, 74(1):153—161, 1979.

62. James J. Heckman. Instrumental Variables: A Study of Implicit Behavioral Assumptions Used in Making Program Evaluations. *journal of Human Resources*, 32:441—462, 1997.

63. James J. Heckman. Micro data, Heterogeneity, and the Evaluation of Public Policy: Nobel Lecture. *Journal of Political Economy*, 109(4):673—748, 2001.

64. James J. Heckman. Building Bridges between Sturctural and Program Evaluation Approaches to Evaluating Policy. *Journal of Economic Literature*, 48(2):356—398, 2010.

65. James J. Heckman and Richard Robb. Alternative Methods for Evaluating the Impact of Interventions: An Overview. *Journal of Econometrics*, 30(1):239—267, 1985.

66. James J. Heckman, Hidehiko Ichimura, and Petra Todd. Matching as an Econometric Evaluation Estimator: Evidence from Evaluating a Job Training Programme. *Review of Economic Studies*, 64:605—654, 1997.

67. James J. Heckman, Hidehiko Ichimura, and Petra Todd. Matching as an Econometric Evaluation Estimator. *Review of Economic Studies*, 65:261—294, 1998.

68. David F. Hendry. Econometrics-alchemy or Science? *Economica*, 47(188):387—406, 1980.

69. Miguel A. Hernán and James M. Robins. *Causal Inference*. Boca Raton: Chapman & Hall/CRC, Forthcoming.

70. Paul W. Holland. Statistics and Causal Inference. *Journal of the American Statistical Association*, 81:945—970, 1986.

71. Paul W. Holland and Donald B. Rubin. On Lord's Paradox. Technical Report, Educa-tional Testing Service, Princeton, New Jersey 08541, May 1982.

72. D. G. Horvitz and D. J. Thompson. A Generalization of Sampling without Replacement from a Finite Universe. *Jouranl of the American Statistical Association*, 47(260):663—685, 1952.

73. Cheng Hsiao. *Analysis of Panel Data*. Cambridge University Press, 2014.

74. Cheng Hsiao, H. Steve Ching, and Shui Ki Wan. A Panel Data Approach for Program Evaluation: Measuring the Benefits of Political and Economic Integration of Hongkong with Mainland China. *Journal of Applied Econometrics*, 27(5):705—740, 2012.

75. Guido W. Imbens. Nonparametric Estimation of Average Treatment Effects under Exogeneity: A Review. *Review of Economics and Statistics*, 86(1):4—29, 2004.

76. Guido W. Imbens. Better Late than Nothing: Some Comments on Deaton (2009) and Heckman and Urzua (2009). *Journal of Economic Literature*, 48(2):399—423, 2010.

77. Guido W. Imbens and Joshua D. Angrist. Nonparametric Estimation of Average Treatment Effects under Exogeneity: A review. *Econometrica*, 62(2):467—475, 1994.

78. Guido W. Imbens and Karthik Kalyanaraman. Optimal Bandwidth Choice for the Regression Discontinuity Estimator. *The Review of Economic Studies*, 79(3):933—959, 2012.

79. Guido W. Imbens and Thomas Lemieux. Regression Discontinuity Designs: A Guide to Practice. *Journal of Econometrics*, 142(2):615—635, 2008.

80. Guido W. Imbens and Donald B. Rubin. *Causal Inference in Statistics, Social, and Biomedical Sciences: An Introduction*. Cambridge and New York: Cambridge University Press, 2015.

81. Guido W. Imbens and Jeffrey M. Wooldridge. Recent Developments in the Econometrics of Program Evaluation. *Journal of Economic Literature*, 47(1):1—81, 2009.

82. Brian A. Jacob and Lars Lefgren. Remedial Education and Student Achievement: A Regression-discontinuity Analysis. *The Review of Economics and Statistics*, 86(1):226—244, 2004.

83. Luke J. Keele and Rocío Titiunik. Geographic Boundaries as Regression Discontinuities. *Political Analysis*, 23(1):127—155, 2015.

84. Gary King and Richard Nielsen. Why Propensity Scores Should not be Used for Matching. Working Paper, Harvard University, 2016.

85. Alan B. Krueger. Experimental Estimates of Education Production Functions. *The Quarterly Journal of Economics*, 114(2):497—532, 1999.

86. Rafael Lalive. How do Extended Benefits Affect Unemployment Duration? a Regression Discontinuity Approach. *Journal of Econometrics*, 142(2):785—806, 2008.

87. Robert J. LaLonde. Evaluating the Econometric Evaluations of Training Programs with Experimental Data. *The American Economic Review*, 76(4):604—620, 1986.

88. Edward E. Leamer. Let's Take the Con out of Econometrics. *The American Economic Review*, 73(1):31—43, 1983.

89. Michael. Lechner. The Estimation of Causal Effects by Difference-in-difference Methods. *Foundations and Trends in Econometrics*, 4(3):165—224, 2010.

90. David S. Lee. Randomized Experiments from Nonrandom Selection in U.S. House Election. *Journal of Econometrics*, 142(2):675—697, 2008.

91. David S. Lee and Thomas Lemieux. Regression Discountinuity Designs in Eonomics. *Journal of Economic Literature*, 48(2):281—355, 2010.

92. E. Leuven and B. Sianesi. Psmatch2: Stata Module to Perform full Mahalanobis and Propensity Score Matching, Common Support Graphing, and Covariate Imbalance Testing. http://ideas.repec.org/c/boc/bocode/s432001.html, 2003.

93. F. Lord. A paradox in the Interpretation of Group Comparisons. *Psychological Bulletin*, 68:304—305, 1967.

94. Jens Ludwig and Douglas L. Miller. Does Head Start Improve Children's Life Chances? Evidence from a Regression Discontinuity Design. *Quarterly Journal of Economics*, 122(1):159—208, 2007.

95. Justin McCrary. Manipulaiton of the Running Variable in the Regression Discontinuity Design: A Density Test. *Journal of Econometrics*, 142(2):698—714, 2008.

96. Stephen L. Morgan and Christopher Winship. *Counterfactuals and Causal Inference: Methods and Principles for Social Research*. Cambridge University Press, second edition, 2015.

97. Whitney K. Newey and Kenneth D. West. A Simple, Positive Semidefinite, Heteroskedasticity and Autocorrelation Consistent Covariance Matrix. *Econometrica*, 55(3):703—708, 1987.

98. Jerzy Neyman. On the Application of Probability Theory to Agricultural Experiments. Essay on Principles. Section 9. *Statistical Science*, 5(4):465—472, 1923,1990.

99. H. S. Nielsen, T. Sorensen, and C. R. Taber. Estimating the Effect of Student Aid on College Enrollment: Evidence from a Government Grant Policy Reform. *American Economic Journal: Economic Policy*, 2:185—215, 2010.

100. Philip Oreopoulos. Estimating Average and Local Average Treatment Effect of Education When Compulsory Schooling Laws Really Matter. *American Economic Review*, 96(1):152—175, 2006.

101. Min Ouyang and Yulei Peng. The Treatment-effect Estimation: A Case Study of the 2008 Economic Stimulus Package of China. *Journal of Econometrics*, 188(2):545—557, 2015.

102. Matthew T. Panhans and John D. Singleton. The Empirical Elonomist's Toolkit: From Models to Methods. Working Paper, Duke University, 2016.

103. Judea Pearl. Causal Diagrams for Empirical Research. *Biometrika*, 82(4):669—688, 1995.

104. Judea Pearl. Causation, Action, and Counterfactuals. In *Proceedings of the 6th Conference on Theoretical Aspects of Rationality and Knowledge*, TARK'96, 51—73, San Francisco, CA, USA, 1996. Morgan Kaufmann Publishers Inc. ISBN 1-55860-417-9.

105. Judea Pearl. *Causality*. Cambridge University Press, 2009.

106. Zhuan Pei and Yi Shen. The Devil is in the Tails: Regression Discontinuity Design With

Measurement Error in the Assignment Variable. Working Paper, Cornell Univeristy, 2016.

107. Yu Ping. Identification in Regression Discontinuity Designs with Measurement Error. Working Paper, University of Auckland, 2012.

108. James M. Robins, Steven D. Mark, and Whitney K. Newey. Estimating Exposure Effects by Modeling the Expectation of Exposure Conditional on Confounders. *Biometrics*, 48: 479—495, 1992.

109. Paul R. Rosenbaum. *Observational Studies*. Springer Verlag, 2002.

110. Paul R. Rosenbaum. *Design of Observational Studies*. Springer Series in Statistics. Springer, New York, London, 2010.

111. Paul R. Rosenbaum and Donald B. Rubin. The Central Role of the Propensity Score in Observational Studies for Causal Effects. *Biometrika*, 70:41—55, 1983.

112. Paul R. Rosenbaum and Donald B. Rubin. Constructing a Control Group Using Multivariate Matched Sampling Methods that Incorporate the Propensity Score. *American Statistician*, 39:33—38, 1985.

113. Mark R. Rosenzweig and Kenneth I. Wolpin. Natural "Natural Experiment" in economics. *Journal of Economic Literature*, 38:827—874, 2000.

114. Kenneth J. Rothman, Sander Greenland, and Timothy L. Lash. *Modern Epidemiology*. Philadelphia, PA: Lippincott, Williams & Wilkins, 3rd edition edition, 2008.

115. Andrew Donald Roy. Some Thoughts on the Distribution of Earnings. *Oxford Economic papers*, 3(2):135—146, 1951.

116. Donald B. Rubin. Estimating Causal Effects of Treatments in Randomized and Nonrandomized Studies. *Journal of Educational Psychology*, 66(5):688—701, 1974.

117. Donald B. Rubin. Assignment to Treatment Group on the Basis of a Covariate. *Journal of Educational and Behavioral Statistics*, 2(1):1—26, 1977.

118. Donald B. Rubin. Bayesian Inference for Causal Effects: The Role of Randomization. *The Annals of Statistics*, 6:34—58, 1978.

119. Donald B. Rubin. Randomization Analysis of Experimental Data: The Fisher Randomization Test Comment. *Journal of the American Statistical Association*, 75(371): 591—593, 1980.

120. Donald B. Rubin. For Objective Causal Inference, Design Trumps Analysis. *The Annals of Applied Statistics*, 2(3):808—840, 2008.

121. Duonald B. Rubin. Causal Inference Using Potential Outcomes: Design, Modeling, Decisions. *Journal of the American Statistical Association*, 100(469):322—331, 2005.

122. Gerta Rücker, Erika Graf, and Martin Schumacher. What is Meant by the Effect of a Treatment on the Treated? Letter to the Editor, University Medical Center Freiburg, 2010.

123. John Rust. Mostly Useless Econometrics? Assessing the Causal Effect of Econometric Theory. *Foundations and Trends in Accounting*, 10(2—4):125—203, 2016.

124. Christopher A. Sims. Macroeconomics and Reality. *Econometrica*, 48(1):1—48, 1980.

125. Christopher Skovron and Rocio Titiunik. A Practice Guide to Regression Discontinuity Designs in Political Science. Working Paper, University of Michigan, 2015.

126. Elizabeth A. Stuart. Matching Methods for Causal Inference: A Review and a Look Forward. *Statistical Science*, 25(1):1—21, 2010.

127. Donald L. Thistlethwaite and Donald T. Compbell. Regression-discontinuity Analysis: An Alternative to the Expost Facto Experiment. *Journal of Educational Psychology*, 51(6):309—317, 1960.

128. William M. K. Trochim. *Research Design for Program Evaluation: The Regression-Discontinuity Approach*. Beverly Hills: Sage Publications, 1984.

129. Wilbert van der Klaauw. Regression-discountinuity Analysis: A Survey of Recent Developments in Economics. *Labour*, 22(2):219—245, 2008.

130. Ainhoa Vega-Bayo. An R Package for the Panel Approach Method for Program Evaluation: Pampe. *The R Journal*, 7(2):105—121, 2015.

131. Halbert White. A Heteroskedasticity-consistent Covariance Matrix Estimator and a Direct Test for Heteroskedasticity. *Econometrica*, 48(4):817—837, 1980.

132. Jeffrey M. Wooldridge. *Econometric Analysis of Cross Section and Panel Data*. The MIT Press, 2010.